IT Investment and Its Performance in Japan
Management Strategies and Policy Initiatives

IT投資効果メカニズムの経済分析

IT活用戦略とIT化支援政策

Jitsuzumi Toshiya
実積寿也 著

九州大学出版会

まえがき

　2004年7月に内閣府が発表した「平成16年度年次経済財政報告」[1]は，日本経済について「2002年初から回復を続けているが，とりわけ2003年後半以降，海外経済の復調による輸出の増加や設備投資の増加に伴って，回復の足取りが一段と着実さを増してきている」と力強い評価を下している。同報告では，今回の景気回復局面は，民需の寄与が多いのが特徴であると判断されており，消費の伸びを支えるとともに，投資の牽引役となっている要素として「デジタル家電」についてかなりの紙幅を割いて記述している。また，12月に発表された「日本経済2004」[2]でも基本的には同様の評価が維持され，「景気回復の基調に大きな変化は見られない」とされている。が，他方，懸念材料として，米国や中国経済の動向，原油価格の推移とともに，デジタル家電等のIT関連の消費財をめぐる生産・在庫調整の進展が挙げられている。
　ITは情報技術（information technology）の略称であり，通信技術との融合の側面を強調して，情報通信技術（information and communication technology：ICT）と称される場合もある。近年では，インターネット技術（internet technology）の略称と解される場合も見られるが，いずれにせよ，近年の日本経済を語る上で，ITの要因を無視することは不可能である。事実，ITが日本経済に大きなインパクトを持つものとして着目されたのは今回が初めてではない。2003年以来のITブームは，「規制緩和で増加した通信業界の携帯電話基地局投資や国内企業のパソコン投資等」が注目を浴びた1995

---

[1] 内閣府HP「http://www5.cao.go.jp/j-j/wp/wp-je04/04-00000.html」
[2] 内閣府HP「http://www5.cao.go.jp/keizai3/2004/1219nk/04-00000.html」

年の第1次ブーム,「過熱気味になった米国のIT投資が需要の源」であった2000年の第2次ブームに続く,3回目のブームであり,内需型あるいは外需型の投資需要に支えられたこれまでのものとは異なり,デジタル家電等に対する個人消費が主役となっている点が特徴的であると言われている。

第3次ブームがこれまでのものと同じく単なる一過性の現象になり,ITバブルとよばれた第2次ブームのような末路をたどるのか,あるいは,新たな日本経済のエンジンとなりうるのかは定かではない。しかしながら,第3次ブームを単なるブームに終わらせないためには,過去のブームがなぜ期待しただけの成果を生まなかったかを分析し,その対応策を検討するという地道な作業が必要である。

実際,「平成13年度年次経済財政報告」は,1999年より始まった景気回復局面が,わずか22ヵ月という短期間で終焉を迎えた理由として2000年後半からの米国経済の急減速によるIT需要の減少や,所得の伸び悩み・雇用情勢の悪化による所得低迷,不良債権・過剰債務の存在という諸要因を挙げ,構造改革こそがその処方箋として有効である旨を主張している。

但し第2次ITブームの下,日本企業自体も(米国企業ほどではないにせよ)IT化に対して積極的に取り組んでいたことは事実であるから,第2次ブームの期待はずれの収束は,IT投資が国内企業に対し目に見えるほどのインパクトをもたらさなかった事例と捉えることもできよう。事実,当時のビジネス誌上においては,大金をはたいて導入した最先端のITシステムの活用に苦悩する日本企業の姿が数多く報告されている。また,社会経済生産性本部はOECD加盟国と国際比較を行った上で,日本経済のパフォーマンスの悪さを「豊かさでは他国にひけを取らないが,豊かさを増進する生産性パフォーマンスという面からみればここ10年かんばしくなく,例示9ヵ国の中では最も劣っている」と指摘している(2002, p.21)(図1参照)。

本書は,そういった1990年代における日本経済の現状に対し,現実にIT機器の導入を行った個別企業に着目し,その現状と問題点の分析を行い,IT化を進める企業がその成果を十分に発揮できるための方策について検討を試みたものである。

図1　主要先進7ヵ国等の国民1人当たりGDP（PPPドル，2000年）

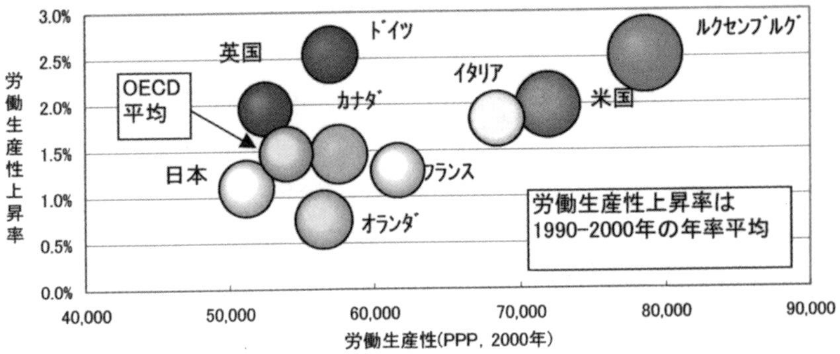

出典：社会経済生産性本部（2002）

　結論を一部先取りする形で言うならば，当時の日本企業は，IT化投資を精力的に進めつつも，その効果発揮は米国企業ほど目覚ましいものではなく，投資効果の発現メカニズムになんらかの問題を抱えていたとみられる。図2はITの進歩がIT供給産業とIT利用産業のコラボレーションを通じて経済全体にメリットをもたらすメカニズムを描写したものである。長期雇用関係を重視するわが国では，IT導入に際し必要となる雇用調整を躊躇しているため，このメカニズムをうまく機能させることができなかった可能性が強い。そのため，せっかくのIT投資のメリットを経済全体に及ぼすことができず，結果として，マクロ経済の不振につながった（図2参照）。

　これは「日本型のIT生産性パラドクス」にほかならず，企業がIT投資の効果を十分に活かす環境を整備することができていなかったことを意味する。このことは，Lucas（1999）が言うところの"conversion effectiveness"に着目する誘因を筆者に与えた。十分な環境整備を行うことで，既存のIT投資の潜在的能力を引き出しうる可能性を示すことができたならば，それは日本企業に生産性改善の余地を提示するもので，マクロ経済的にも大きな意味を持つ実証結果ということになろう。

図2　IT化をめぐる産業連関

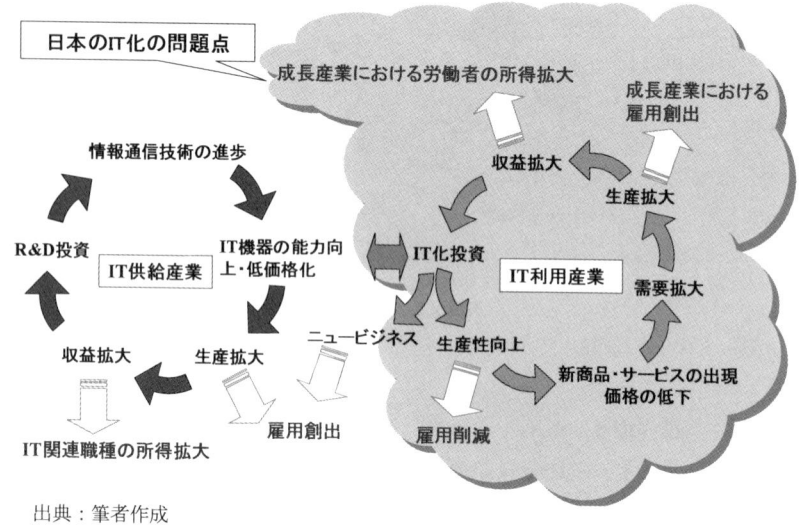

出典：筆者作成

　当時，第2次ITブームの真只中にあった日本企業がIT投資の効果を十分に活かす環境を整備していたのか否かに関する本書の分析が，筆者の願いどおり，IT経済を日本経済の成長エンジンに昇華させていくために有効な知見を幾ばくかでも提示し得ているのであれば望外の幸せである。

　本書は，筆者が三友仁志先生（早稲田大学大学院国際情報通信研究科教授），鬼木甫先生（大阪学院大学経済学部教授，大阪大学名誉教授）の御指導・御助力を得ながら1999年以来取り組んできた研究プロジェクトにその源を発するものであり，ベースとなった原稿は，第7章を除いて，三友先生の御指導のもとで作成された筆者の学位論文である。したがって，本書に開陳されている現状認識は原論文を執筆した2002年時点のものであることに留意されたい。但し，IT政策の展開等については，適宜，コンテンポラリーな情報を補っている。

さて，大学で法律を学び，法律職行政官として霞ヶ関で勤務していた筆者が畑違いの経済学に興味を持つことができたのは，大石泰彦先生（東京大学名誉教授）と關哲雄先生（立正大学）を中心とした研究グループの諸先生方に継続的に学問的刺激を与えていただいたことに大いに依存している。加えて，郵政研究所や長崎大学に勤務していた時期に御指導賜った諸先生方ならびに上司・同輩の皆様からの薫陶や御協力，さらに現在所属している九州大学の同僚からの強い動機付けがなければ，本書が完成の日を迎えることはなかったであろう。

　したがって，本書に対し，なんらかの肯定的評価が与えられるならば，それは筆者を支え励ましてくれた方々と共有すべきものである。もちろん，本書に瑕疵があれば，それは筆者個人の責に帰するものであろう。
　ところで，本書の出版が可能となったのは「南信子」基金からの刊行助成を得ることができた故であり，ご協力いただいた九州大学出版会にも心より御礼を申し上げたい。

　最後に，私事となるが，筆者のこれまでの研究活動を支えてくれた妻に心よりの感謝を捧げたい。

　　平成 17 年初夏

　　　　　　　　　　　　　　　　　　　　　　　　　　　　実 積 寿 也

目　次

まえがき …………………………………………………………… i

第1章　IT投資をめぐる問題点 ………………………………… 1
　1　はじめに ………………………………………………… 1
　2　わが国の現状 …………………………………………… 8
　3　本書の構成 ……………………………………………… 19

第2章　IT投資の効果に関する先行文献 ……………………… 23
　1　米国を中心としたIT投資の効果発揮に関する議論 … 23
　2　わが国における既存研究の動向 ……………………… 50
　3　本章のまとめ …………………………………………… 57

第3章　IT投資の評価フレームワーク ………………………… 59
　1　はじめに ………………………………………………… 59
　2　従来までのアプローチ ………………………………… 60
　3　テレワークによる外部経済性 ………………………… 65
　4　本章のまとめ …………………………………………… 74

第4章　IT投資効果の発現メカニズム ………………………… 77
　1　はじめに ………………………………………………… 77

2	IT投資効果発現メカニズム	79
3	IT投資効果発現メカニズムの効率性を左右する要因	89
4	本章のまとめ	96

第5章 わが国企業のIT化の現状 ... 97
1 アンケート調査方法・回答者属性 ... 97
2 アンケート調査結果 ... 100
3 本章のまとめ ... 120

第6章 ミクロレベルの発現メカニズムI ... 121
1 はじめに ... 121
2 仮説の設定 ... 122
3 IT投資の生産性への影響について ... 126
4 適用分野の差異による影響について ... 131
5 補完的経営施策の採否による影響について ... 133
6 本章のまとめ ... 141

第7章 ミクロレベルの発現メカニズムII ... 145
1 はじめに ... 145
2 調査方法・回答者属性 ... 145
3 アンケート結果 ... 146
4 Williamsonモデルによる分析 ... 156
5 企業行動への影響に係るモデル分析 ... 167
6 本章のまとめ ... 173

第8章 マクロレベルの発現メカニズム ... 175
1 はじめに ... 175

2	競争の強度 ……………………………………	176
3	産業構造の変化 …………………………………	179
4	本章のまとめ ……………………………………	197

第9章 望ましい IT 化支援政策とは ……………………… 199
 1 総括・今後の課題 ………………………………… 199
 2 望ましい IT 化支援政策［試論］………………… 202
 3 結語 …………………………………………………… 211

補論1 第6章で用いたデータの作成方法 …………… 213

補論2 第8章で用いたデータの作成方法 …………… 217

参考文献 ……………………………………………………… 219

第1章　IT投資をめぐる問題点

1　はじめに

　最も単純なミクロ経済モデルにおいて，企業は「生産活動を通じた利潤最大化を目的に合理的意思決定を行う経済主体」として定義される。すなわち，生産物や投入財に係る市場価格を所与として，利潤最大化に最適となるよう，自らの生産販売活動を調整する主体として取り扱われる。生産活動を調整するにあたっては，投入物の水準を決定することが求められるが，合理的意思決定を行う企業であれば，自らが利用可能な技術水準を表象する費用関数（または生産関数）に従い，限界生産性逓減の法則の下，限界価値生産物と生産要素価格が等しくなるまで当該生産要素を利用するという行動をとる。このモデルの下では，企業が行う投資は，利用可能な固定的生産要素のストック水準を調整することを通じて期待利潤を改善する手段として取り扱われる。つまり，当該投資を行うことにより生産活動にとってより望ましい投入ミックスが実現することで，投入要素を生産物に転換する効率（生産効率）が改善され，費用曲線が下方にシフトし，所与の生産物価格の下で最適生産量の水準が上昇する。その結果，当該企業の利潤（より正確には将来にわたる期待利潤の現在価値合計）が増大することが期待されているわけである。

　さて，一企業が投資によって期待利潤を向上させ，超過利潤を享受しうるようになると，競争市場の下，関連する他企業はすぐさまそれに対する反応を強いられる。同一市場における競合企業は当該企業からの競争圧力への対応として同種のあるいはより秀でた技術への投資を実施すること等を迫られる一方で，サプライチェーンによって当該企業とつながる他産業においては

投入要素の価格低下による生産要素ミックスの見直しが必要となる。これら一連の反応により、最終的には当該産業全体の、ひいてはマクロ経済全体の生産効率が改善され、消費者の余剰増大が期待できる状況が生まれる。（もちろん、これにより、実際に経済が拡大するかどうかに係る回答を得るためには、需要サイドの考察を含むモデルを用いた解析が要請されることは言うまでもない。）

すなわち、最も基本的な経済モデルの下では、企業投資は、「短期的には生産性の改善を通じて当該企業の利潤を拡大し、中長期的には、価格競争やサプライチェーンを通じて関連産業分野、さらには経済全体に正の波及効果を及ぼしていく」というメカニズムに従ってその効果を発現させるものと想定される。

ところで、経済モデルは、複雑な現実に対し、操作可能性・説明容易性の観点から一定の単純化作業を加えた結果得られるものである。そのため現実社会においては、上記メカニズムが想定どおり円滑に機能している保証はない。少なくとも、基本的モデルでは考慮されていない各種要因による影響を受け、その機能が制約されていることが予想される。コンピュータやソフトウェアに関する急速な技術革新を背景に、近年、急速にシェアを伸ばしつつある情報技術（information technology［IT］）投資に関しては、とりわけ上記メカニズムが十分に機能していないケースが目立つように見受けられる。米国において「IT 投資を巡る効果発現メカニズムの機能不全」（いわゆる「IT 生産性パラドクス」）が議論されたのはつい数年前までのことであり[1]、わが

---

[1] 米国において、1970 年代以降、生産性の成長が停滞した一方、増加が著しい IT 資本の経済成長への貢献が有意に計測できなかったことに対し、Solow (1987) は、"You can see the computer age everywhere but in the productivity statistics."（「コンピュータ時代は生産性統計を除くあらゆる分野で観察される。」）と指摘した。この現象は、その後「IT 生産性パラドクス」と名付けられ、多くの経済学者を巻き込み活発な議論が展開された。その過程で、本パラドクスに関する様々な説明仮説（投資蓄積過少説、時間的ラグ説、ゼロサムゲーム説、経営ミス説、統計不備説等）が提案された。その後、90 年代に労働生産性成長率が急回復し、投資蓄積過少説に基づき生産性パラドクスの存在を説明していた Oliner & Sichel (1994) が、その後、IT のマクロ経済への貢献を積極的に評価した（同 2000）のをはじめ、IT 投資の経済効果を実証的に裏付けるいくつかの研究が発表されるに至り（Jorgenson & Stiroh 2000a 等）、パラ

国においても同時期にIT投資に関する数多くの失敗例が報告されている（岩井・加藤 2000；岩井 2001）。

　IT投資を積極的に進めつつも，米国のような目覚しい労働生産性の上昇を経験することなく，景気も長期低迷下にあった数年前のわが国の状況は，米国において既に解消したと言われている「IT生産性パラドクス」に依然として支配されていた状況とみなしうる。ITバブルと呼ばれるまでの過熱が観測された米国とは対照的に，わが国ではIT化は目に見える形での景気回復にも役立っていなかった。技術的には同質のIT化を進めたと考えられる日米両国においてその投資効果の発現がこれほどまでに対照的な理由は先に述べた単純なモデルからは得ることができない。さらに言えば，こういった格差は何も日米間に限ったことではなく，図1－1に示すように格差の存在自体はきわめて普遍的なものではある（Dewan & Kraemer 2000；齋藤 2000a）。

　本書では，まず，そういったIT投資の効果を分析するために適切なフレームワークを提案する。さらに，当該フレームワークを用いて，IT投資の効果発揮メカニズムを左右する各種要因について実証的に明らかにし，IT投資に係るわが国の状況を説明することを目指す。

　さて，IT投資の効果が特に着目されるようになったのは1990年代の米国においてである。1982年秋以降，90年から91年にかけての半年間の調整過程を間にはさみつつ，長期にわたり持続的成長が続き，しかもその間，好況期にはつきもののインフレ圧力が発生せず失業率も低いままであったことから[2]，ITの導入は経済の基本構造を転換し，その結果，景気変動が終焉するという議論が展開された（「"第1次"ニューエコノミー論」）。

ドクスの存否自体に関する議論は下火となりつつある。加えて，産業レベルあるいは個別企業レベルにおけるIT投資の効果も実証的に確認されつつあり，Brynjolfsson & Hitt（1996）では米国大企業367社のデータを用いた実証分析の結論としてIT生産性パラドクスの解消を主張している。

[2] 従来までの米国経済では，低失業率は賃金上昇圧力（インフレ圧力）となり，それが最終的にはマクロの経済成長率の鈍化をもたらしていた。インフレをもたらさない閾値失業率（non accelerated inflation rate of unemployment：NAIRU）は，連邦準備銀行の推計では6.2%であるとされていたが，この時期の失業率はインフレ圧力を生じさせることなく5%を下回る水準にまで低下していた。

図1−1　IT投資効果についての国別格差

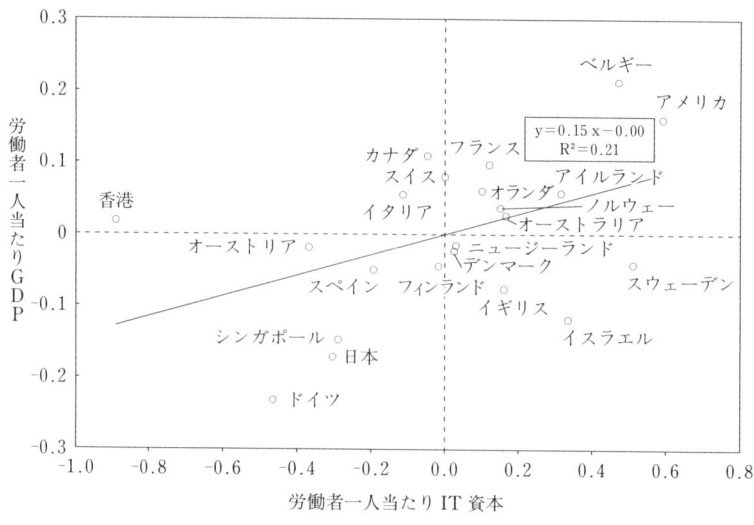

出典：Dewan & Kraemer（2000）（縦軸・横軸の名称は筆者翻訳）
注：各数値は1985〜2003年の平均値で，非IT資本および労働者数を考慮した直交成分。

　たとえば，Weber（1997）は，生産のグローバル化，金融市場の変貌，雇用の変化，政府の政策，新興市場の登場，および，ITの登場という6つの要因が米国の長期的な好景気を支えており，ITは企業の意思決定の精度を改善することを通じ，在庫変動リスクを大幅に減少させていると分析している[3]。また，ビジネス誌上にもそういった可能性を反映した実例が数多く挙げられていた（Thomas & Naughton 2001等）。連邦準備理事会のグリーンスパン議長は1997年7月の議会証言で，1993年以来のハイテク投資の急増等の循環的要因に加え，合理化目的のIT投資により雇用者心理が変化したこと，ITが既存の生産技術との間でシナジーを発揮し経済全体の生産性を高め，さらに資本水準の柔軟性を向上させたことが，長期間のマクロ経済の拡大をもたらしている可能性を指摘した。

---

[3] 当時のすべてのエコノミストがニューエコノミー論に与していたわけではない。たとえば，Krugman（1997）には懐疑的な見解が示されている。

しかしながら，IT が継続的な経済拡大をもたらすというバラ色の「第 1 次ニューエコノミー論」は，2001 年に顕在化した米国の「IT 不況」以降，影を潜めている。IT 不況がもたらした成長の停滞と景気後退は，「IT が景気変動を終焉させる」という第 1 次ニューエコノミー論のナイーヴな予測を覆したことは間違いない。

結局，IT 不況の発生によって明らかになったことは，IT は景気循環の終焉をもたらす魔法の技術ではないということである。IT 不況の原因は，「ニューエコノミー」の可能性を過大評価し生産能力拡大を行った一部企業が，2000 年と 2001 年の総需要の減退に対応して IT 設備・ソフトウェアに対する需要を急減させたという極めて循環的な要因に因るものと評されている（CEA 2002）。すなわち，たとえ IT 化の恩恵を受けたとしても将来予測の精度向上には限界がある以上，誤った将来予測に基づく企業の経営判断により，景気変動は依然として発生しうるということである。

一方，IT が結局のところ既存の技術となんら変わりがないという反対方向の極論も，IT 不況以降の米国経済の復調とともに改めて否定されつつある。現在は，IT 不況の総括と IT の能力に対する適切な評価に基づく「"第 2 次"ニューエコノミー論」が台頭しつつある時代と評価することが可能であろう。たとえば，米国商務省（US Department of Commerce：DOC）は「Digital Economy 2002」において，2001 年の景気後退期においても米国の生産性上昇率は 1995〜2000 年平均と同程度の高水準であることを指摘し，ニューエコノミーは未だ健在であるとして，以下の評価を示している[4]。

> 「2000 年半ばからの成長鈍化，2001 年の紛れもない景気後退，そして IT 投資の削減にもかかわらず，2002 年に入っても『ニュー・エコノミー』はうまく持ちこたえている。アメリカ企業は IT 利用を拡大し続けている。また経済の一貫した生産性上昇によって，雇用者の実質賃金は上昇し，インフレも抑制された」（DOC 2002,

---

[4] 2003 年 12 月に作成された「Digital Economy 2003」は，IT 生産部門の雇用減の問題を指摘しつつも，基本的に同様の評価を維持している。

p.1［室田 2002, p.3］）。

　さて，IT 投資は，企業利潤拡大という私的効果のみならず，さまざまな外部効果の発生をもたらすことがある。その場合，企業が行う IT 投資の効果発揮メカニズムを理解するためには，そういった外部効果を包摂したフレームワークを用いなければ，その結論は妥当性を欠く。
　たとえば，IT を利用した最も単純なシステムの 1 つであるテレワークについても，ホワイトカラー労働者の生産性向上による企業利潤拡大という視点よりも，一極集中による都市問題の軽減手段として論じられることが主流である。郵政省と労働省が 1996 年 11 月にとりまとめたテレワーク推進会議最終報告においても，「労働者個人にとっての意義」「企業にとっての意義」に加え，「社会にとっての意義」および「災害時のメリット」がテレワークの効果として列挙され，「社会にとっての意義」の冒頭には「通勤混雑緩和」という外部経済性が掲げられている。
　また，環境保全や自然資源の有限性を考慮した「持続可能な開発 (sustainable development)」(WCED 1987) という概念が登場してから 10 年以上が経過しているが，1997 年の「気候変動に関する国際連合枠組条約第 3 回締約国会議（地球温暖化防止京都会議）」の開催等を契機として，近年，わが国でも，「地球環境に対するやさしさ（環境負荷の軽減）」が重要な企業戦略目標の 1 つとして認識されつつあり，IT 投資を論じるにあたっても，そういった新たな観点からの評価が必要とされてきている[5]。
　本書で提案するフレームワークは，IT 投資の効果を以上のような外部効果

---

[5] 技術開発と経済成長の関係については Solow (1956, 1957) らに始まる一連の議論が存在している。また，技術開発と「持続可能な開発」あるいは「持続可能性」の関係については，Stiglitz (1974) や Faucheux (1997) 等で言及されている。しかし，それらはいずれも高度に抽象的な理論分析にとどまっており，IT の他とは異なる特性と持続可能性の関係に焦点を当てた分析は未確立である。実際，IT 投資が企業経営に与える効果については，たとえば Brynjolfsson & Hitt (1995, 1996, 2000) や Shafer & Byrd (2000) 等で定量的な分析評価が試みられ，様々な興味深い結果も得られているが，そこでは，生産量，売上高や利潤に対する貢献等が評価の尺度となっており，交通混雑軽減や環境負荷軽減等の外部効果はあくまでも企業活動の私的成果に反映する限りにおいて付随的に考慮されるにとどまっている。

を含めて包括的に捉えることを目的としている。

　すなわち，本書は，「個別企業の情報化投資（IT 投資）が，当該企業・関連産業・マクロ経済指標あるいは社会の持続可能性（sustainability）の増進に貢献するメカニズムを描写しうる包括的なフレームワークを提案し，そのメカニズムの機能発揮を左右する要因を実証的に明らかにすることで，究極的には IT 投資の効果発現に関する国別格差の存在を説明し，今後のわが国の IT 政策の策定に有益な知見を見出すことを目指す」研究の現時点における成果をとりまとめたものである。

　誤解を避けるために，最後に，本書における「IT 投資がもたらすマクロ経済のパフォーマンス」の意味について改めて説明しておく（以下は，実積他［2001, p.502］から引用）。

　　「1990 年代末に米国で唱えられた『ニューエコノミー論』は，IT 投資の効果を極端に大きく評価し，それがミクロ経済面で生産性を上昇させるとともに，そこから生ずる需要拡大が『景気循環』を克服し，『米国経済は不況なしの拡大局面に入った』と主張した。この後段の主張が誤りであったことは，最近の『IT 不況』の経験から明らかである。しかしながらそれは，前段の主張，すなわち『IT 投資によるミクロ経済面での生産性上昇』を否定するものではない。実際，新しい技術の広汎な普及が，ミクロ面での生産性上昇を実現する一方でマクロ面では過剰投資やそれに基づく景気後退・回復をもたらすケースは，過去において IT 投資に限らず，（鉄鋼・石油関連技術，自動車等）他分野でもしばしば見られた。本研究の対象は，主として『IT 投資によるミクロ面での生産性上昇と，それがマクロ経済の供給側の諸指標に及ぼす影響』である。好況・不況の原因となるマクロ経済の需要側指標（IT 投資を含む）の変動の原因やこれに対する政策手段に関する考察は，本研究の課題とは別個のテーマである」。

2 わが国の現状

次章以降の議論の前提として，わが国のIT化の現状とそれに対する政府の取り組みについて簡単に記述する。

2-1 IT化の現状・問題点

本節では，総務省がとりまとめた「平成14年版 情報通信白書」（総務省2002）に基づき，わが国のIT化の現状と問題点について概説する。

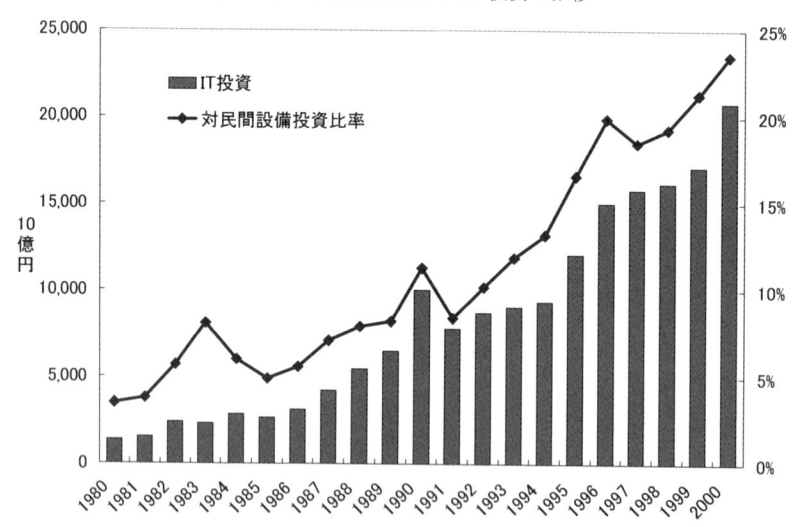

図1-2　わが国におけるIT投資の推移

出典：「ITの経済分析に関する調査」[6]　（白書 p. 20 より）

---

[6]「ITの経済分析に関する調査」の概要は以下のとおり。
(1)調査内容：日米のIT投資・IT資本ストック推計，IT革命による経済成長・生産性・労働へのインパクト分析，日米における情報通信産業の経済規模の分析
(2)調査方法：各種資料等の調査，生産関数推計，産業連関表を用いた分析

わが国企業の IT 投資に係る当時の状況を一言で要約するとすれば，「バブル崩壊以降の経済低迷下においても企業の IT 投資は活発である」という表現が適切である。企業は，バブル経済の崩壊以降，リストラ，ダウンサイジング等の取り組みを進めており，設備投資についても減少ないしは横ばいの傾向が続いている。しかしながら，2000 年の民間 IT 投資は 20.8 兆円（対前年比 21.7％増）と大幅に増加し，民間設備投資に占める比率について見ると，設備投資全体の 23.5％を占めるに至っており，企業における IT 資本の位置付けが高まっている（図1－2）。

同時に，IT 資本ストックについても，その相対的な位置付けが向上しており，民間資本ストックに占めるシェアは過去 20 年で 5 倍になり（図1－3），その結果 1995 年から 2000 年にかけての経済成長への寄与度は 1.1％（寄与率は 79.0％）になっている。しかしながら，IT 化先進国の米国と比較した場合，IT 投資の伸びは低く，日米の IT 化格差は依然として拡大傾向にあることも事実であり，総務省によれば 1990 年時点の両国の水準をそれぞれ 100 とした場合，2000 年時点の IT 投資および IT ストックの水準は，日本は 207.5，244.4 であるのに対し，米国は 698.4，628.9 に達している。

個別企業のレベルについては，「IT 投資の内容は基盤整備の段階を終え，コスト削減や新規市場開拓等のための投資が進捗中」と評価されている。IT 化を進める際にはさまざまな補完的な条件整備を行う必要があることも広く認識されており，「IT と企業行動に関する調査」によれば，業務内容や業務の流れの見直し等を併せて行うべしという意見を持っている企業が多く（図1－4），このほかにも従業員の IT リテラシー[7]向上等の様々な施策が展開されている。

---

[7] コンピュータやネットワークを活用して情報やデータを適切な形で扱うための知識や能力のこと。「情報リテラシー」と呼ばれることも多い。

図1－3　わが国におけるIT資本ストック

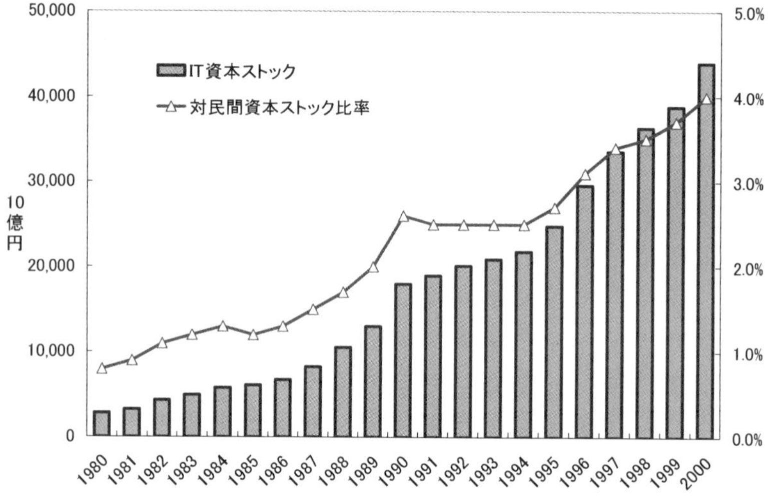

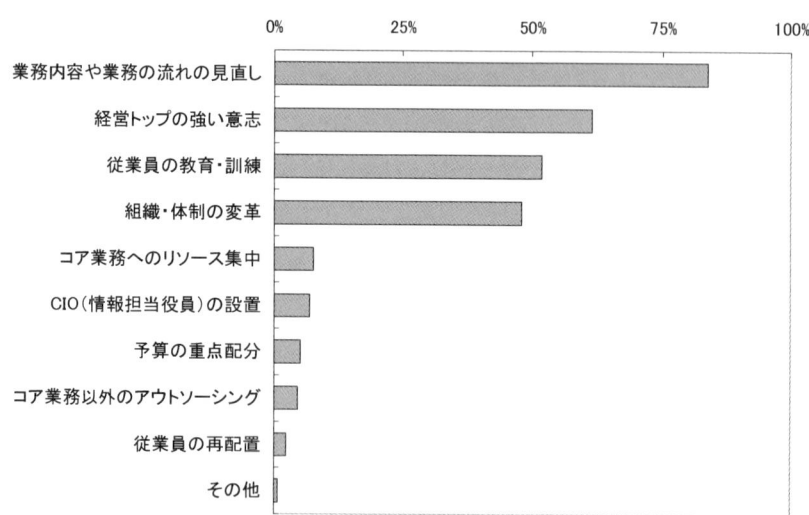

出典：「ITの経済分析に関する調査」（白書p. 22より）

図1－4　IT投資効果を発現させるための条件

出典：「ITと企業行動に関する調査」[8]（白書p. 27より）

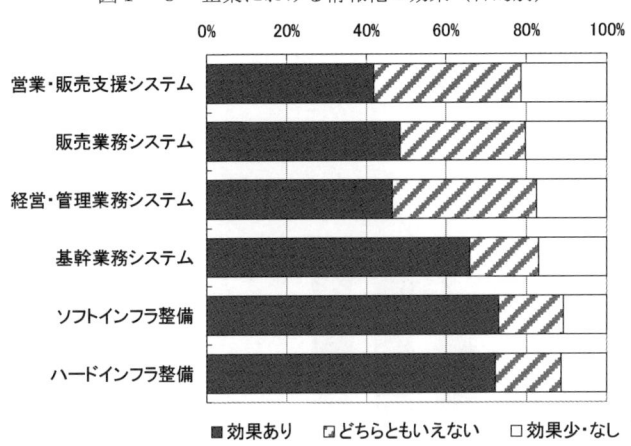

図1－5　企業における情報化の効果（目的別）[9]

出典：「ITと企業行動に関する調査」（白書p. 29より）

　但し，投資コストに見合った効果を享受していると回答した企業は平均6割程度であり，「営業・販売支援システム」，「販売業務システム」，ならびに「経営・管理業務システム」といった比較的高度なシステムについてはその比率は5割に満たない。このことは，多くの企業におけるIT活用体制は依然として問題点を抱えていることを示している（図1－5）。
　一方，企業活動以外の側面におけるIT化の現状は次のとおりである。
　まず，携帯電話等のアクセス手段の多様化や通信料金の低廉化を背景として，インターネットの利用者数は2001年12月末現在で5,593万人（対前年

---

[8]「ITと企業行動に関する調査」（上場企業対象）の概要は以下のとおり。
(1)調査内容：企業行動とIT戦略に関する調査
(2)調査方法：
・調査対象：国内上場企業（3,453社）
・実施時期：2002年1月25日～2月18日
・調査手法：全国の上場企業のうち，水産・農林業，管理銘柄および整理ポストを除いた企業に対し，郵送で調査票を配布・回収
・有効回答数：906（回収率：26.2％）
[9]「効果あり」は「投資した以上に大きな効果」と「投資コストに見合った効果」，「効果少・なし」は「効果は投資に見合わない程度」と「効果はあまりなかった」を合計したもの。

図1－6　インターネットの人口普及状況

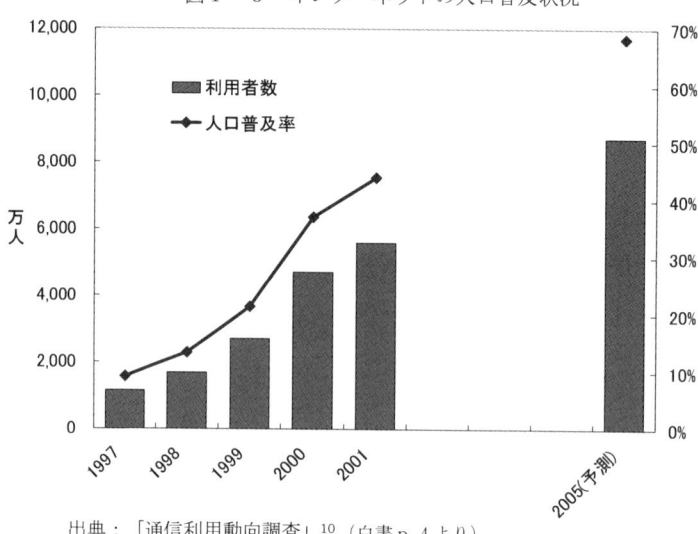

出典：「通信利用動向調査」[10]（白書 p. 4 より）

比 18.8%増）に達し（図1－6），人口普及率（44.0%）で世界 16 位，利用者数では米国に次いで，世界 2 位となっている。世帯普及率も 60.5% に達し，国民生活の IT 化は急速に進んでいる。

　その結果，インターネットについては生活必需品化が進展し，2 年前と比較すると，ネットショッピングやネットオークションの利用率が伸びている。また，インターネット利用は「情報収集の高度化」「時間的・空間的制約からの解放」を通じ，生活の利便性を改善し，「自分にあったライフスタイルの選択が可能になった」等の自己実現機会を拡大させている（「IT と国民生

---

[10]「通信利用動向調査」（企業調査）の概要は以下のとおり。
(1)調査内容：企業における通信ネットワークの利用状況等の把握
(2)調査方法：アンケート調査
・　調査対象：全国の常用雇用者数 100 人以上の企業（農・林・漁業および鉱業を除く）3,000 社。
・　実施時期：2001 年 11 月
・　調査手法：郵送により調査票を配布・回収
・　有効回答数：1,783（回収率　59.4%）

活に関する調査分析」）[11]。

　しかしながら，その普及は一様ではなく，世代別，世帯年収別，地域別，性別のデジタル・ディバイドは依然として存在しており（図1－7），政策的にはそれら格差の縮小が課題とみなされている。

　公的主体におけるIT化については，政府の「e-Japan戦略」において「行政の情報化および公共分野におけるIT活用の推進」は重点分野の1つとされていることもあり，国や自治体レベルにおける情報化は着実に推進しつつある。「電子自治体の動向に関する調査」[12]によれば，各自治体自身は，庁

---

[11]　「ITと国民生活に関する調査分析」の概要は以下のとおり。
(1)調査内容：国民生活におけるITの利用状況，インターネット未利用者の実態把握，障害者のインターネット利用に関する調査
(2)調査方法：
1)「インターネット利用者対象アンケート」
・調査対象：インターネット利用者
・実施時期：2002年3月1日〜3月6日
・調査手法：インターネット上のアンケート調査サイトを利用したウェブ調査
・有効回答数：2,058
2)「インターネット未利用者対象アンケート」
・調査対象：横浜市在住の主婦　300人，高齢者（60歳以上）　300人
・実施時期：2002年3月1日〜3月18日
・調査手法：訪問留置にて調査票を配布・回収
・有効回答数：主婦　300（回答率：100％），高齢者　300（回答率：100％）
3)「障害者対象アンケート・ヒアリング」
・調査対象：兵庫県，兵庫県社会福祉事業団が実施主体である視覚，聴覚および肢体不自由の障害者向けインターネット技能講習会への参加者
・実施時期：視覚障害者　2002年3月9日〜3月10日，聴覚障害者　2002年3月11日〜3月14日，肢体不自由の障害者　2002年3月16日〜3月17日
・調査手法：講習会終了時にアンケート・ヒアリングを実施
・対象者数：視覚障害者　11，聴覚障害者　12，肢体不自由の障害者　17
[12]　「電子自治体の動向に関する調査」の概要は以下のとおり。
(1)調査内容：電子自治体の現状および電子自治体に対する住民・企業の意識等の分析
(2)調査方法：
1)「地方公共団体対象アンケート」
・調査対象：全地方公共団体（3,293団体）
・実施時期：2002年2月6日〜3月25日
・調査手法：全地方公共団体に対し，郵送で調査票を配布・回収
・有効回答数：1,535（回収率：46.6％）
2)「地方公共団体職員対象アンケート」
・調査対象：地方公共団体職員（情報化関連部門の職員を除く）

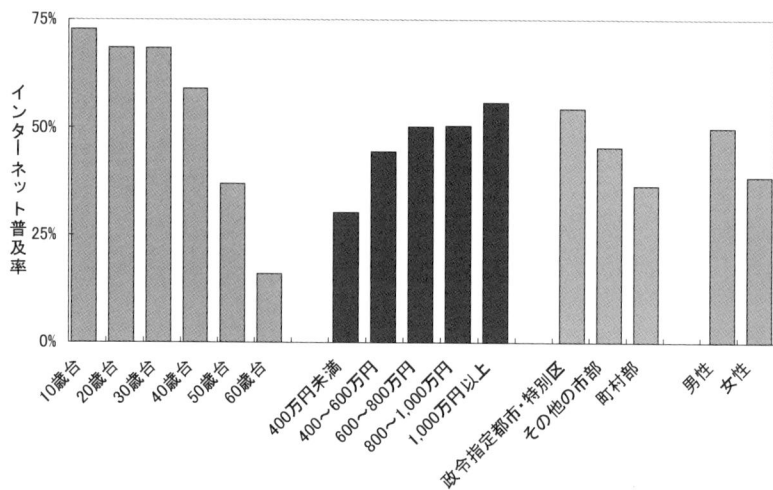

図1－7　デジタル・ディバイドの状況

出典：「通信利用動向調査」（白書 pp. 88～90 より）

内の IT 化やホームページの整備は相当進んできているが，申請・届出等手続きの電子化等住民向けの IT 化はこれからという評価である（図1－8）。また，さらなる IT 化のためには，財源の確保や人材育成が課題であると認識している。

- 実施時期：2002 年 2 月 8 日～3 月 25 日
- 調査手法：抽出した 200 団体に調査票を配布（各団体 5 枚）。回収は職員個人から個別に行った。
- 有効回答数：305（回収率：30.5%）

3)「住民対象アンケート」
- 調査対象：全国 20 歳以上の個人
- 実施時期：2002 年 2 月 13 日～3 月 25 日
- 調査手法：商用電話帳データベースから抽出した個人（4,000 人）に対し，郵送で調査票を配布・回収
- 有効回答数：989（回収率：24.7%）

4)「企業対象アンケート」
- 調査対象：全国の企業
- 実施時期：2002 年 2 月 14 日～3 月 25 日
- 調査手法：商用データベースを従業員規模別に 4 区分して各 400 社を抽出。郵送で調査票を配布・回収
- 有効回答数：310（回収率：19.4%）

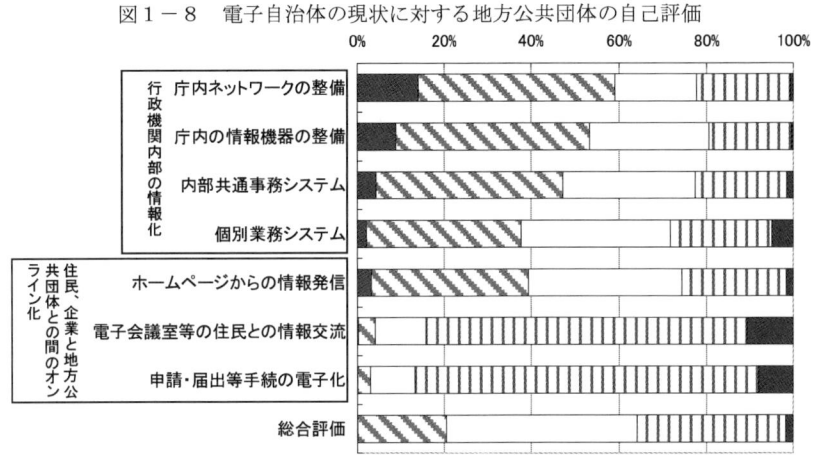

図1−8　電子自治体の現状に対する地方公共団体の自己評価

■十分満足な内容　▨ある程度満足な内容　□多少不満足な内容　▥不満足な内容　■よくわからない

出典：「電子自治体の動向に関する調査」（白書 p.51 より）

2-2　わが国政府の IT 政策

　わが国政府は，1994 年 8 月に，高度情報通信社会の構築に向けた施策を総合的に推進し，情報通信の高度化に関する国際的な取り組みに積極的に協力することを目的として，内閣総理大臣を長とする高度情報通信社会推進本部を設置して以来，積極的に IT 化を支援してきている。具体的には，「高度情報通信社会推進に向けた基本方針」（1998 年 11 月 9 日決定）や「高度情報通信社会推進に向けた基本方針－アクション・プラン」（1999 年 4 月 16 日決定）を策定し，3 つの行動原則（民間主導，政府による環境整備，国際的な合意形成に向けたイニシアティブの発揮）に基づき，①電子商取引の本格的普及，②公共分野の情報化，③情報リテラシーの向上，④高度な情報通信インフラの整備，の 4 つの当面の目標について，予算の重点的配分や必要な制度整備等を通じて政府が一体となり，具体的プランを強力に推進することとした。

　2000 年 7 月 7 日には，世界規模で生じている IT 革命の恩恵をすべての国民が享受でき，かつ国際的に競争力ある「IT 立国」の形成を目指した施策を

表1−1 IT基本戦略における重点政策分野

重点政策分野	基本的考え方	推進すべき方策
超高速ネットワークインフラの整備および競争政策	超高速のネットワークインフラを国民が広く低廉な料金で利用できることが不可欠である。インフラの整備は，民間が主導的役割を担うことを原則とし，政府は民間の活力が十分に発揮される環境を整備することが求められる。	・超高速ネットワークインフラの整備および競争の促進 ・情報格差の是正 ・研究開発の推進 ・国際インターネット網の整備
電子商取引ルールと新たな環境整備	電子商取引を実現するためには，誰もが安心して参加できる制度基盤と市場ルールを整備し，サイバー空間を活性化するとともにその活力を維持するための制度を構築し，更には利用者の要求の変化に柔軟に対応するための制度を実現する必要がある。	・既存ルールの解釈の明確化 ・民間同士の書面交付義務転換 ・電子契約や情報財契約のルール，インターネットプロバイダの責任の法定化 ・個人情報保護基本法案の策定 ・商法・刑事法制等の改正 ・コンテンツ取引の環境整備
電子政府実現	ITがもたらす効果を日本社会全体で活用するための社会的基盤として電子政府を構築する。	・行政内部の電子化 ・官民接点のオンライン化 ・行政情報のインターネット公開・利用促進 ・地方公共団体の取り組み支援 ・規制・制度の改革 ・調達方式の見直し
人材育成強化	IT革命が進展する中で日本が産業競争力の強化と国民生活の利便性の向上を実現し，国際社会において確固たる地位を確立するには，人材という基盤が強固でなくてはならない。	・情報リテラシーの向上 ・ITを指導する人材の育成 ・IT技術者・研究者の育成 ・コンテンツ・クリエイター育成

出典：「IT基本戦略」（IT戦略会議 2000）より筆者作成

総合的に推進するため，情報通信技術戦略本部を設置し，その下にIT戦略会議を置いた。IT戦略会議は，ITの進歩は情報流通の費用と時間を劇的に低下させ，密度の高い情報のやり取りを容易にすることにより，人と人との関係，人と組織との関係，人と社会との関係を一変させる点を指摘し，知識の相互連鎖的な進化によって高度な付加価値が生み出される未来社会（「知識創発型社会」）を早期に実現するため，表1−1を内容とする「IT基本戦略」を2000年11月27日に決定し，わが国が5年以内に世界最先端のIT国家となることを国家目標として宣言するに至った。

表1-2　e-Japan重点計画における重点政策分野

重点政策分野	目標	施策
世界最高水準の高度情報通信ネットワークの形成	2005年度までに、1,000万世帯が超高速インターネットに、また3,000万世帯が高速インターネットに、低廉な料金でアクセス可能な環境を整備。放送のデジタル化と、通信と放送の融合を推進。	・公正競争条件の整備 ・超高速ネットワークインフラの形成促進 ・研究開発の推進 ・放送のデジタル化の推進
教育・学習の振興ならびに人材の育成	2005年のインターネット個人普及を大幅に増大。学校のIT教育体制強化と情報生涯教育充実。高度なIT技術者・研究者の確保。	・学校教育の情報化 ・IT学習機会の提供 ・専門的な人材の育成
電子商取引等の促進	2003年に、B to B取引の市場規模が70兆円を、またB to C取引の市場規模が3兆円を大幅に上回るようにする。	・規制の見直し ・新たなルールの整備 ・知的財産権の適正な保護・利用 ・消費者保護 ・中小企業のための基盤整備
行政の情報化および公共分野におけるIT活用の推進	行政情報の提供、申請・届出等手続の電子化、文書の電子化、ペーパーレス化および必要な業務改革を重点的に推進し、2003年度までに、電子情報を紙情報と同等に扱う行政を実現。	・行政の情報化 ・公共分野におけるIT活用
高度情報通信ネットワークの安全性・信頼性の確保	不正アクセスやコンピュータウイルス等に起因する国民生活や社会経済活動に大きな影響を及ぼす提供機能の停止をゼロに。	・制度・基盤の整備 ・政府の情報セキュリティ対策 ・民間の情報セキュリティ対策 ・重要インフラのサイバーテロ対策 ・研究開発・人材育成・国際連携

出典:「e-Japan重点計画概要」(IT戦略本部 2001c)より筆者作成

　次いで、11月29日に成立した「高度情報通信ネットワーク社会形成基本法(IT基本法)」に基づき、2001年1月6日に設置された高度情報通信ネットワーク社会推進戦略本部(IT戦略本部)は、1月22日に「e-Japan戦略」を決定し、5年以内に世界最先端のIT国家になるという「IT基本戦略」の目標および上記重点4分野を再確認するとともに、IT基本法第35条に基づく「e-Japan重点計画」(3月29日決定)により「e-Japan戦略」を具体化し、政府が迅速かつ重点的に実施すべき施策の全容を明示した。e-Japan重点計画で示された5つの重点政策分野と4つの横断的課題を表1-2および表1-3に示す。

表1-3 e-Japan 重点計画における横断的課題

横断的課題	概　要
研究開発の推進	IT 戦略本部と総合科学技術会議との連携の下，国，地方公共団体，大学，事業者等の相互の密接な連携を図りつつ，情報通信分野における創造性のある研究開発を推進。製造技術との融合等，多分野の技術との融合的な研究開発を進める。また，今後の市場拡大が期待される情報家電や情報端末についてのハードおよびソフトの開発や標準獲得を戦略的に行う。
デジタル・ディバイドの是正	すべての国民がインターネット等を容易かつ主体的に利用し，個々の能力を創造的かつ最大限に発揮出来る環境が実現されることが重要であるため，地理的な制約，年齢・身体的な条件等に起因する情報通信技術の利用機会および活用能力の格差の是正を積極的に図る。
新たな課題への対応	雇用問題への対応 　IT 関連も含めたベンチャー企業の創出・育成につき，資金調達および人材確保を円滑化するための施策を推進し，職業能力に関するミスマッチに対処するための職業訓練を支援する等，IT 関連分野等における良好な雇用機会の創出と，円滑な労働移動が図られるよう諸施策を推進する。 その他の課題への対応 　IT 革命の進展に伴い，個人の孤立化や人間関係希薄化，さらには有害情報の氾濫等を通じた青少年の健全育成への影響や，ハイテク犯罪や違法情報の流通等の問題が生じる懸念があるため，こうした問題に対応する。
国際的な協調・貢献の推進	インターネットおよびそれを活用した電子商取引等の普及促進に向け，国際的な規格や準則等の整備や研究開発のための国際的な連携強化に積極的に取り組む。 国際的なデジタル・ディバイドの解消のため，アジアをはじめとした世界の開発途上地域に対する技術協力等の国際協力を積極的に進める。

出典：「e-Japan 重点計画」（IT 戦略本部 2001b）より筆者作成

　同年6月26日には上記「e-Japan 戦略」および「e-Japan 重点計画」を各府省の 2002 年度の施策に反映する年次プログラムとして，「e-Japan2002 プログラム」を策定し，翌年6月18日には「e-Japan 重点計画－2002」を決定し，重点5分野の充実とともに，国民の IT に関する理解の増進や最先端の技術の実用化等を図ることを目指す「国民の理解を深める措置」を横断的課題に追加し，「世界最先端の IT 国家」の早期実現に引き続き積極的に取り組んだ。

　こうした「e-Japan 戦略」以降の一連の取り組みで，「高速インターネッ

トを 3,000 万世帯に,超高速インターネットを 1,000 万世帯に」という「利用可能環境整備」の目標は達成され,ブロードバンドの実利用は着実に進展し,その月額利用料金は世界で最も安い水準になっている (ITU 2003, p.21)。加えて,電子商取引や電子政府関連の制度的な基盤整備も進展した。こうした成果を受け,IT 戦略本部は 2003 年 7 月 2 日に,構築された IT 基盤を十分に利活用することで社会・生活システムの積極的な変革を目指す「e-Japan 戦略 II」を策定した。同戦略では,IT 基盤を,「次世代情報通信基盤の整備」,「安全・安心な利用環境の整備」,「次世代の知を生み出す研究開発の推進」,「利活用時代の IT 人材の育成と学習の振興」,および,「IT を軸とした新たな国際関係の展開」によりさらに整備すると共に,国民にとって身近で重要な 7 つの分野(医療,食,生活,中小企業金融,知,就労・労働,行政サービス)において先導的取り組みを官民連携の下で推進することで,産業・市場の創出,雇用創造,経済活性化を実現し,民・官ともに強い経営体質と持続的な国際競争力の維持を達成することを目指している。

これを受け,IT 戦略本部は,「e-Japan 重点計画－2003」(2003 年 8 月 8 日),「e-Japan 戦略 II 加速化パッケージ」(2004 年 2 月 6 日),「e-Japan 重点計画－2004」(2004 年 6 月 15 日)を策定した。加えて,2004 年 9 月 10 日には,わが国のイニシアティブによりアジア全域での高度情報通信ネットワーク社会構築への積極的貢献を行うことを目指した「アジアを中心とした IT 国際政策の基本的考え方」を定め,アジア共通の「e-Asia 戦略」の検討等を進めることとしている。さらに総務省は 2010 年にユビキタスネット社会の実現を目指すという「u-Japan 構想」を 2004 年 8 月に発表し,高度情報通信社会のさらなる充実に取り組むことを宣言している(図 1－9)。

3 本書の構成

本書の構成は以下のとおりである。

まず,本章に続く第 2 章では,IT の経済的評価に関する先行研究を概観する。本分野の研究蓄積は米国が主体であるので,取り扱うのは主として米国の先行研究であるが,わが国経済を対象とした先行論文についてもできる限り触れる。

図1-9　わが国IT政策の展開

```
┌─────────────────────────────────────────────────┐
│ IT基本戦略（2000/11/27）                          │
│   すべての国民がITを積極的に活用し、かつその恩恵を最大限に享受できる知識創発型社会の実現。│
│   5年以内に世界最先端のIT国家となることを目指す。   │
└─────────────────────────────────────────────────┘

┌─────────────────────────────────────────────────┐
│ 高度情報通信ネットワーク社会形成基本法（2000/11/29成立）│
│   高度情報通信ネットワーク社会の形成に関する施策を迅速かつ重点的に推進│
│   基本方針：                                      │
│     関連施策の一体的な推進                         │
│     世界最高水準の高度情報通信ネットワークの形成     │
│     教育および学習の振興ならびに人材の育成           │
│     電子商取引等の促進                             │
│     行政の情報化                                   │
│     公共分野における情報通信技術の活用               │
│     ネットワークの安全性の確保                       │
│     研究開発の推進                                 │
│     国際的な協調および貢献                         │
└─────────────────────────────────────────────────┘

┌─────────────────────────────────────────────────┐
│ e-Japan戦略（2001/1/22）                          │
│   目標：2005年までに世界最先端のIT国家になる。       │
│   具体策：                                        │
│     超高速ネットワークインフラの整備、通信分野における競争の促進│
│     電子商取引の普及のための制度基盤と市場ルールの整備 │
│     電子政府の実現                                 │
│     人材育成の強化                                 │
└─────────────────────────────────────────────────┘
```

インフラ等の基盤整備　　e-Japan重点計画（2001/3/29）
　　　　　　　　　　　　e-Japan2002プログラム（2001/6/26）
　　　　　　　　　　　　e-Japan重点計画－2002（2002/6/18）

世界最先端レベルのインフラ環境を実現
　　2003年時点において当初の目標を超える成果を達成
一方、ITの利活用の水準は未だ不十分

```
┌─────────────────────────────────────────────────┐
│ e-Japan戦略Ⅱ（2003/7/2）                          │
│   目標：2005年までに世界最先端のIT国家になるとともに、2006年以降も世界の最先端であり続ける。│
│   具体策：                                        │
│     医療、食、生活、中小企業金融、知、就労・労働、行政サービスという7分野における先導的│
│     取り組みの推進により、新しいIT社会基盤整備を図る。│
└─────────────────────────────────────────────────┘
```

IT利活用重視　　　e-Japan重点計画－2003（2003/8/8）
　　　　　　　　　e-Japan戦略Ⅱ加速化パッケージ（2004/2/6）
　　　　　　　　　e-Japan重点計画－2004（2004/6/15）

```
┌─────────────────────────────────────┐
│「世界最先端のIT国家」の実現を目指す        │
└─────────────────────────────────────┘
```

```
┌─────────────────────────────────────────────────┐
│ u-Japan構想（2004/8/27 総務省ICT政策大綱）          │
│   目標：2010年にユビキタスネット社会を実現する。      │
└─────────────────────────────────────────────────┘
```

出典：各種資料により筆者作成

第3章以降では，わが国企業が行っている IT 投資の効果について分析を加えていく。第4章までは，一般的な IT 投資を対象に，その効果発現を分析するための理論的フレームワークに関して論ずる。第5章以降は当該フレームワークの一部を用いた実証研究に充てる。具体的には，先行研究等を参考に設定したいくつかの仮説をアンケートデータ等を用いた統計的手法により検証することを通じて，わが国における IT 化の特徴を抽出することを目指す。

　第3章以降の具体的な構成は次のとおりである。

　第3章では，IT 投資効果の評価枠組みについて議論する。IT の導入は数量的に把握可能な効果のみならず，様々な質的アウトプットを生み，併せて大きな外部効果を伴うことが予想される。その場合，生産性や利潤，消費者余剰[13]の増大といった私的効果のみを包含する評価基準で IT 投資を論じると社会的な最適解を達成できない。ここでは，テレワークを例にとり，IT のもたらす外部性[14]を計測してその重要性を指摘した上で，望ましい評価フレームワークのあり方について論じる。

　第4章は，前章までの議論を踏まえ，IT 投資の効果発現メカニズムの分析フレームワークを提案し，発現メカニズムの効率性を左右する各種要因等について，いくつかの例を挙げて解説を試みる。本章の主要なメッセージは，効果発現メカニズムの十分な機能を発揮させる要因等の整備が不十分な状況で IT 化を進めても，満足な成果を得ることができないというものである。

　第5章以降では，わが国経済を対象とした実証分析を試みる。実証分析で

---

[13] 同一の消費者の価格や所得が異なる2時点間における効用を比較し，その差を測定する手段の1つ。消費者が財の消費から得る満足の貨幣的価値と，そのために負担しなければならない費用との差額として，需要関数，価格水準，消費量に挟まれた面積として計測される。経済政策の効果を分析する際に利用され，通常，個々人の消費者余剰の単純和をより増大させる政策のほうが望ましいと判断される。但し，本概念による判定は部分均衡論的であり，また利用にあたっては，効用が基数的で貨幣の限界効用が一定である等の前提条件を満たす必要がある。

[14] ある経済主体の活動が，市場メカニズムを介することなしに他に影響を与えること。影響を受ける側にとって望ましい「外部経済」と，望ましくない「外部不経済」に二分でき，公害問題は後者の典型例。外部性の下で得られる競争均衡は効率的ではなく，外部経済の場合は均衡生産量が過少となり，外部不経済の場合は過大となる。

は，アンケート調査から得られた個票データ，企業財務データベースから得られた財務データ，および，ホームページ等を通じて収集したマクロ経済データを用いる。まず，第5章では，アンケートデータにより，わが国上場企業に見られるIT化の傾向を分析する。

第6章は，2000年1月に実施したアンケートデータを用いて，わが国の企業レベルのIT化について実証分析を行う。生産関数モデルによる分析の結果，わが国企業が導入しているITは生産に対しプラスの貢献をしているが，各企業における導入方法には大きな問題が内在していることが示された。また，ITの評価を行う際には，数量化が可能な量的指標のみならず，質的指標にも着目すべきことが確認された。

第7章では，2001年2月に実施した第2次アンケート調査を用いて，前章を補完する分析を試みる。日本企業は，IT導入にあたりレイオフを行わず，逆に新規雇用の受入れ等の人材確保策を行っていること，また，組織の分権化やフラット化は思うような効果をあげていないこと，さらに，既存の人材高度化政策がIT化に対応しきれていないといった状況が明らかになっている。次いで，実証分析結果から示唆されるITの革新性を明示的に考慮した場合，企業行動はどういった影響を被るのかについてモデル分析を行う。分析により，企業規模とIT化の関係についていくつかの知見が得られた。

第8章では，第6章と同じ2000年アンケートデータを用いて，企業レベルのIT化の成果がマクロ経済に反映していく過程の効率性を分析する。分析の結果，わが国の平均的な競争環境は個別企業レベルのIT導入の成果が広範な経済トレンドに反映されるのに十分なレベルであるが，産業構造要因により個別企業・産業におけるIT化の効果はマクロ指標レベルの観察では過少バイアスを被ることが明らかになっている。

第9章は全体のまとめであり，まずは研究内容の総括と残された課題の整理を行い，次いで，わが国政府が現在実施しているIT化支援政策に対して若干の評価を試みる。

第2章　IT投資の効果に関する先行文献

1　米国を中心としたIT投資の効果発揮に関する議論[1]

1-1　問題の背景

　「労働生産性」とは，産出量を労働投入量で除することによって算出される値であり，マクロ経済のそれは経済メカニズムが如何に効率的に運営されているかを最も端的に表象する指標として取り扱われる。図2－1は米国とOECD平均の労働生産性成長率を比較したグラフである。一見して明らかであるが，米国の労働生産性成長率は1980年代前半に至るまで低下の一途をたどり[2]，1970年代後半から1980年代にかけてはOECD平均を下回る時期が長い。Bureau of Labor Statistics（BLS）のデータからも同様の推移が観察される。

　この状況に対しいくつかの説明が試みられている。たとえば，Fischer（1988）は60年代後半あるいは70年代初頭からOECD諸国のマクロ労働生産性および米国における全要素生産性（Total Factor Productivity：TFP[3]）成長率の低下が発生していることを指摘した上で，その原因として，①1973年のエネルギー危機，②技術進歩のスローダウン，③労働者の高技能化のスローダウン，④投資意欲の低下，⑤サービス経済化の進展，⑥政府の

---

[1] 1990年代前半までの文献はBrynjolfsson & Yang（1996）が詳細なレビューを行っている。また，最新の文献を含むレビューとしては，Kraemer（2001）がある。
[2] Dewan & Kraemer（1998）が指摘するように「労働生産性成長率の低下」自体は他の先進国でも共通して観察される事象であり，米国に特有の現象ではない。

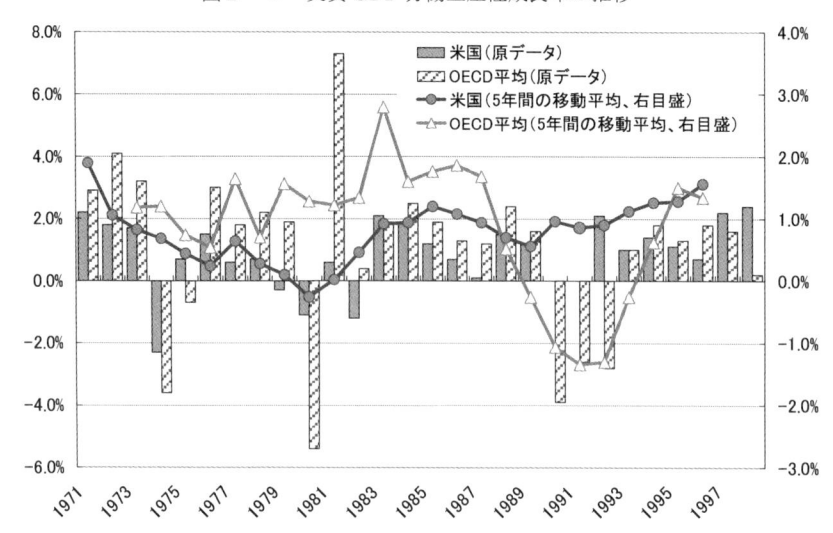

図2-1 実質 GDP 労働生産性成長率の推移

出典：米国の1970年以前の数値についてはNordhaus（1972）による。1971年以降については(財)社会経済生産性本部（2000b）の付表56〜65に基づく。

市場介入の増大，といった候補が考えられることを指摘した。Griliches（1988）も，Fischerの提示した第1の要因に与し，エネルギー価格の急騰がマクロ経済の成長率を鈍化させ，資本稼働率の長期低下が引き起こされたことが労働生産性およびTFPの成長率低下の原因であるという主張を展開している。一方，Nordhaus（1972）は，産業構造の転換に解を求め，米国経済全体を12の産業に分けて分析することで，マクロ経済の労働生産性成長率の低下分の77%は生産性の低い産業セクターのシェアが増大している

---

[3] TFPは全アウトプットの集計量を全インプットの集計量で除したものであり，すべての投入要素にかかわる生産性である。TFPの水準が上昇することとは，同量の投入要素からより多量のアウトプットが得られること，あるいはより少ない投入物で同量のアウトプットが得られることを意味する。マクロ経済学の分野で重視されるのは，経済成長率のうち，資本と労働の投入の増加による寄与では説明できない残差として算出されるTFPの変化率である。完全競争，生産者の利潤最大化，およびマクロ生産関数の一次同次性を仮定すると，TFPの変化率は生産関数のシフト効果，すなわち技術進歩率に一致する。

ことにより説明可能で，個別産業の生産性成長率の低下に帰すことができるのはわずか23%に過ぎないという実証結果を提示している。このNordhausの主張が正しいとすれば，米国マクロ経済で観察された労働生産性成長率の鈍化は，経済社会が進化・発展し産業構造が変化していくという事実を主として反映しているに過ぎず，個別企業や特定産業のパフォーマンスになんらかの問題が発生しているというわけではないということになる。同旨の議論を展開する者としてRoach（1989）がおり，サービス業が激烈な国際競争にさらされず，その結果，当該産業のホワイトカラー労働者の効率性が改善されなかった点を1980年代の米国経済のマクロ生産性の不振の原因として指摘している。

一方，同時期においてコンピュータ資本ストックは大きな伸びを示していたこと（図2－2）に着目するグループが存在した。マクロレベルの労働生産性の変動（労働生産性成長率）は，「TFP成長率」「労働者1人当たりの資本ストック量（労働装備率）の伸び率」および「労働者の労働効率の伸び率」に分解することができるが[4]，このグループのアプローチは，IT資本の

---

[4] 通常のマクロ分析では t 年のアウトプット Y_t は資本投入 K_t と労働投入 L_t の関数として表現される。さらに，l_t を労働者数，l_t が労働投入に転換される効率（労働力の質）を e_t とする。すなわち，$L_t = e_t \cdot l_t$ を仮定する。ここで，t 年の技術状態を示す変数を A_t とすると，t 年の労働生産性は次式のように与えられる。

$$\frac{Y_t}{l_t} = \frac{A_t \cdot X(K_t, L_t)}{l_t} = \frac{A_t \cdot X(K_t, e_t \cdot l_t)}{l_t}$$

次に，両辺の対数をとって，時間 t について微分し，整理する。

$$\frac{d\ln(Y_t/l_t)}{dt} = \frac{d\ln A_t}{dt} + \frac{\partial X_t}{\partial K_t}\frac{K_t}{X_t}\frac{d\ln K_t}{dt} + \frac{\partial X_t}{\partial L_t}\frac{L_t}{X_t}\left(\frac{d\ln e_t}{dt} + \frac{d\ln l_t}{dt}\right) - \frac{d\ln l_t}{dt}$$

限界生産力命題が成立する場合，要素所得の分配率をそれぞれ S_K，S_L とすると，

$$\frac{d\ln(Y_t/l_t)}{dt} = \frac{d\ln A_t}{dt} + S_K \frac{d\ln K_t}{dt} + S_L\left(\frac{d\ln e_t}{dt} + \frac{d\ln l_t}{dt}\right) - \frac{d\ln l_t}{dt}$$ が得られる。

さらに収穫一定を仮定すると，$S_K + S_L = 1$ であるから，

$$\frac{d\ln(Y_t/l_t)}{dt} = \frac{d\ln A_t}{dt} + S_K \frac{d\ln(K_t/l_t)}{dt} + S_L \frac{d\ln e_t}{dt}$$ となる。

すなわち，左辺の労働生産性成長率が，TFP成長率（右辺第1項），労働装備率の伸び率（右辺第2項），労働者の労働効率の伸び率（右辺第3項）に要因分解された。

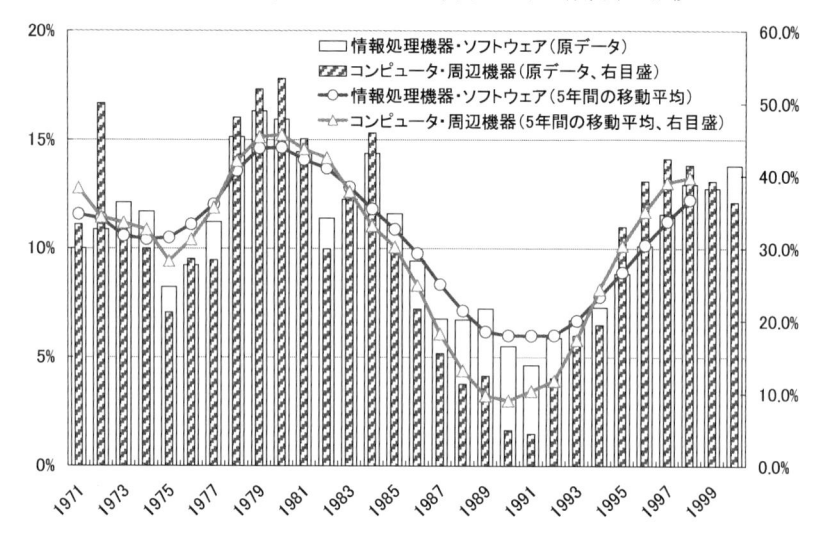

図2−2 米国のコンピュータ資本ストック成長率の推移

出典：Bureau of Economic Analysis（BEA）のデータより筆者作成

増大が労働装備率あるいはTFPに与えるはずの影響に着目している。彼らは，コンピュータ資本ストックへの企業の旺盛な投資により労働装備率の上昇が加速され（図2−3），あるいはTFP成長率が上昇していると期待されるにもかかわらず，マクロの労働生産性の成長が停滞しているという点をパラドクス（「IT生産性パラドクス」）として捉え，原因究明に注力した。

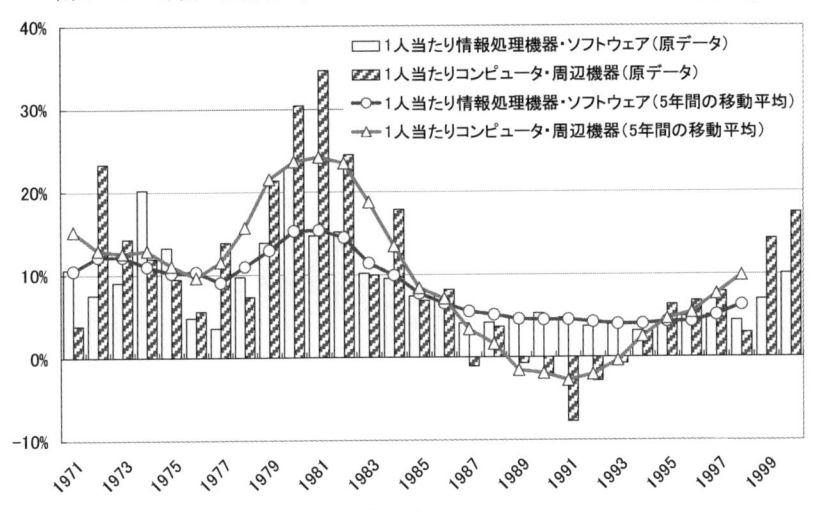

図2−3 米国の労働者1人当たりコンピュータ資本ストック成長率の推移

凡例：
- 1人当たり情報処理機器・ソフトウェア（原データ）
- 1人当たりコンピュータ・周辺機器（原データ）
- 1人当たり情報処理機器・ソフトウェア（5年間の移動平均）
- 1人当たりコンピュータ・周辺機器（5年間の移動平均）

出典：BEAおよびBLSのデータより筆者作成

このグループの問題意識については，Solow（1987）がニューヨークタイムズ紙に記した書評の中の有名なフレーズ"You can see the computer age everywhere but in the productivity statistics."（「コンピュータ時代は生産性統計を除くあらゆる分野で観察される」）に集約されている。この見解は，その後，米国政府内部においても共有されるに至っている。たとえば，連邦準備制度理事会議長グリーンスパンは，米国上院での報告において，最近（1997年）の米国経済の好調さの原因として，1993年初頭以来のハイテク投資の拡大による労働生産性向上の可能性を論じつつも，マクロ指標にはその効果は現れていないことを指摘している（Greenspan 1997）。

1-2 IT生産性パラドクスに対する説明仮説

この「IT生産性パラドクス」は，ITの急速な進歩を受けて広く信じられた薔薇色の未来社会像に修正を加えるものとして多くの経済学者の注目を集め，「Solowの言うパラドクスは真に存在しているのか」「パラドクスが存

在しているとすればその原因は何か」「パラドクスの原因を取り除くためには何が必要か」「そもそもITは生産性向上にどの程度有効なのか」といった論点に対し活発な議論が展開された。その過程で提出された各種説明仮説は，Bailey & Chakrabarti（1988）やBrynjolfsson（1993）が提示した分類手法等を参考にすると，概ね次の5種類に分類するのが適当である。主として個別企業レベルに着目した「時間的ラグ説」および「経営ミス説」，産業レベルに焦点を当てた「ゼロサムゲーム説」，マクロ指標への集計プロセスを問題とする「投資蓄積過少説」および「統計不備説」である。いずれの仮説も「ITは本質的に生産に対して望ましいインパクトを及ぼす新技術である」ということを前提として議論を展開し，「ITによって実現されるはずの好影響」がマクロ経済指標に表現されないことの原因究明を試みている。

以下に各説を概観する。

(1) 時間的ラグ説[5]

IT投資を行った時点とその効果を享受しうる時点の間にラグが存在することをパラドクスの原因として主張するものである。IT化の潜在能力を発揮させるためには，ITを導入するだけでは不十分であり，ITを補完する関連技術や制度を導入し，定着させることが必要である点に着目している。ラグの長さについてはいくつかの先行研究があり，Allen（1997）は，米国の電力産業におけるIT投資と労働節約のタイミングから同産業における時間的ラグを5年と推定し，Brynjolfsson（1993）は，時間的ラグを2，3年とした先行研究を紹介している。また，Brynjolfsson & Hitt（1998）は，ITの長期的効果は短期的効果に数倍するという実証結果（同1997）から，ITを活かす環境整備にはコストや時間がかかることを主張している。

---

[5] 時間的ラグ説はマクロの経済モデルによって記述することも可能で，Helpman & Trajtenberg（1998）は，研究開発活動と中間財の市場における不完全競争を仮定した一般均衡モデルを用いて本説明仮説に整合的な成長パターンを導き，Greenwood & Jovanovic（1998）は技術習得と技術伝播ラグを考慮したヴィンテージ・キャピタル・モデル（vintage-capital model [Solow 1960]）を用いて米国経済の労働生産性成長率の低下を説明している。Hornstein（1999）にも同様の結果がある。

時間的ラグ説は理論的にはラーニング効果[6]として議論されてきたものに一部対応する。ラーニング効果理論によれば，長期的に最適水準の IT 投資を行った場合，短期の限界費用は短期の限界便益を上回るため，生産性に対しマイナスのインパクトがもたらされるという帰結が得られる。しかしながら，時間的ラグ説は，ラグの原因としてラーニング効果以外も考慮している点でより広範な議論である。たとえば，Bailey & Chakrabarti（1988）はオフィスワーカーの IT リテラシー向上に係る手間を，David（1990）は第 2 次産業革命の経験を参考に旧来技術を利用している既存設備からの転換の必要性を，時間的ラグを生む原因としてそれぞれ指摘している。さらに，井上（1998）はミクロレベルでは習熟やネットワーク外部性[7]が既存技術へのロックインをもたらすこと，および，マクロレベル独自の要素としては，IT 化に伴う物的資本や人的資本の再配分コストがラグの原因となる可能性を指摘している。また，Bresnahan et al.（1999）は，1987 年から 96 年にかけての米国大企業データを分析し，IT 投資を補完する「組織変革と人的資源高度化」にコストがかかることが，調整コストの源であることを指摘している。

長期雇用慣行や組合圧力等により企業による労働力調整が短期的には困難であるために，IT 投資の労働節約効果を享受できないというケースも，このカテゴリーに含まれる。

(2) 経営ミス説

IT 投資に際し企業が合理的な意思決定を行っていないことをパラドクスの原因として主張するもので，先行研究では，従業員・役員が会社の長期的

---

[6] 生産経験を積むことによって作業効率等が向上し，その結果，平均費用が低下するという効果。
[7] Varian（1999）では「ある財から得られる効用がその財を消費している自分以外の人数に左右されるという形で発生する技術的外部性」（p.606）と定義される。電話サービスのような対話型サービスにおいて，ネットワークの普及率が高いほど加入者にとっての利便性が高まることや，あるいはパソコン等のハードウェアの効用がそれに対応するソフトウェアの充実度に依存していることがその典型例であるが，社会的なコミュニティへの加入に関しても同様の外部性の発生が見込まれる。本効果が存在する場合に加入者集合が有する特別な性質については，三友（1995）や林（1992）に解説されている。

利益に反する行動や，自らの利益を追求する可能性がその原因として指摘されている（Bailey & Chakrabarti 1988；Brynjolfsson 1993）。

また，David（1990）や Hammer（1990）においては，IT という新技術を導入してその成果を享受するためには，既存技術に最適化された設備・人材等の抜本的な見直しやビジネスモデルの転換等の補完的条件の整備に努めるべきであると主張されている。先行導入事例に乏しい最新 IT の場合，導入企業が補完的に整備すべき条件等が先見的には不明であるという理由で経営ミスが生じる可能性もある。

さらに，Willcocks & Lester（1999）は，個別企業に対するケーススタディに基づき，IT 投資の効果に関する適切な計測手法が未確立であるため，企業の意思決定が歪み，その結果，IT 投資の所期の効果が達成されないという実質的な損害が生じうることを指摘している。

経営ミス説は，サービス業に比べて厳しい競争圧力のもとにある製造業においては経営ミスが許容される余地が少ないためパラドクスが発生し難いという Roach（1989, 1991）の主張と整合的である。

(3) ゼロサムゲーム説（利益再分配説）

経営ミス説が個別経済主体（企業）における（意図的な，もしくは事後的な）判断ミスすなわち非合理性に原因を求めるものであるとすれば，ゼロサムゲーム説は企業の合理性を前提にしている。具体的には，個別企業の IT 化に係る合理的意思決定が産業あるいは経済全体に集計されるプロセスにおいて，企業レベルで発生した効果同士が相殺される結果，マクロ経済指標上は，IT 投資が何のインパクトももたらしていないかのように観察されるという可能性に言及したものである。

つまり，IT は個別企業にとっては有益であるが，産業全体あるいは経済全体の観点からすると非生産的なものである（少なくともマクロ的な生産拡大をもたらさない）場合があるというもので，具体例としては，広告・宣伝活動の高度化を唯一の目的として IT 投資が行われるような場合が挙げられる。Baily & Chakrabarti（1988）では，「広告やマーケティングの活動は個々の企業の収益にとっては有益であるが，社会全体にとっては価値がない可能

性があることが認識されて久しい。広告は顧客を1つのブランドから別のブランドに誘導することにかけては強力であるが，ある商品に代えて別の商品を購入するように誘導する力は小さく，消費者の購買に関する意思決定や経済全体のアウトプットに影響を及ぼすことはほとんどない。(略)市場参加企業にとって，他の企業の収益を犠牲にして自社の収益を改善する目的で資源を投入することは極めて合理的で効率的な行動である。(略)コンピュータの利用により，工場運営はより効率的になり，賃金の支払いを担当する事務職員の数は削減された。しかしながら，ITの大部分は，競合事業者から顧客を奪う道具として利用されている。」(pp.90-91) と記されている。

ITの進歩をうけてマーケティングの分野で推奨されることの多いワン・ツー・ワン・マーケティング (one-to-one marketing) が普及すれば，この意味での生産性パラドクスを招来する可能性がある。

(4) 投資蓄積過少説

本説明仮説では，IT生産性パラドクスを，統計精度にまつわる単なる名目上の問題に過ぎないとみなしている。つまり，IT資本のストックとしての蓄積はマクロ的な視点からは未だ矮小であるため，IT化による労働生産性向上効果が計測誤差以上のものとはならず，したがってマクロの生産性統計上はIT化の効果を見出せないという点を，パラドクスの原因として主張するものである。

たとえば，Oliner & Sichel (1994) は，規模の経済性一定，競争均衡の存在，外部性の欠如という古典的な仮定の下で，米国のマクロ経済データを利用した成長会計分析を行った。その結果，コンピュータ資本のシェアが僅少 (1993年時点において名目ストックの2%) であるため，コンピュータが他の固定資本と同程度のリターンをもたらすものと仮定した場合，70年から92年にかけてコンピュータが実質GDP成長率に与えた寄与度は年率0.16%に過ぎないことを指摘し，コンピュータ投資が大きな外部経済性や超過利潤をもたらす可能性等を考慮しても結論には大差ないことを示している。他にこの説を支持する先行研究としては，Brynjolfsson (1993) がある。

(5) 統計不備説[8]

　この説は，IT 投資はマクロ経済の生産性に対しプラスの効果をもたらしているが，その効果が従来型の各種公的統計によっては正確には計測されない種類のものであるという点にパラドクスの原因を求めるものである。換言すれば，IT 投資やそれをめぐる企業の意思決定等にではなく，経済評価や経済的実証研究のベースとなる統計数値の作成方法にSolowパラドクスの原因が存在することを主張するものである。

　そもそも，企業が IT 投資を行う目的は，労働節約効果の発揮による生産性向上とは限らない。既存製品の品質改善やバリエーションの増加，顧客管理システムやコンピュータ・テレフォニー・インテグレーション（Computer Telephony Integration：CTI）システムの導入による顧客サービス改善，さらには広告・宣伝活動の高度化を通じた需要喚起を目的とする場合もある。もちろん，いずれの場合も最終的な目的は費用最小化・利潤最大化であり，長期に観察することで，IT 投資の生産性向上効果として把握されるはずのものである。しかしながら，短期的には IT 投資が各種統計手法の把握できないアウトプットを主として生み出すことが，パラドクスの原因になってしまう。

　いくつかの先行研究が本説明仮説を支持している。たとえばBarua et al.（1995）は，1979 年から 83 年にかけて米国製造業に属する個別事業所のデータを計測することで，IT が企業の中間的経営目標（資本稼働率・在庫回転率の上昇，製品の相対価格の低下，新製品導入サイクルの短期化）に有意な貢献をしていることを示し，そういった指標が公的統計の対象であったならば，パラドクスはそもそも発生しなかったという可能性を示唆している。また，Brynjolfsson（1993）は，公的統計の不備は，サービス産業やホワイトカラー労働者に係る IT 投資の場合にとりわけ顕著であり，それがために当

---

[8] 統計不備説はIT 投資パラドクスに固有の説明仮説ではない。たとえば，Griliches（1988）は研究開発（R&D）を重視している産業や経済全体においてウェイトを拡大しつつあるサービス産業において生産性を計測することの困難さや，R&D の波及効果の計測の難しさを指摘し，R&D 投資のマクロ経済生産性に係る効果は過小評価の可能性があると主張している。

該分野では生産性パラドクスがより問題となっていることを指摘している。これと同様の見解を米国商務省も示している（DOC 1999, p.33）。

　もちろん統計不備の可能性はアウトプットのみならずインプットにも発生しうる。進歩著しい IT を活用した製品に係る価格データの正確な計測が困難な場合，産業別生産性に歪みが生じる可能性があり，IT 利用産業と IT 製造産業のそれぞれの生産性に逆方向のバイアスが生じることを Brynjolfsson（1993）が指摘し，井上（1997）は，内製ソフトウェアに関する 1 次統計の作成が困難であることによる影響を論じている。加えて，IT によって従来に比べて飛躍的に高性能となった生産要素の実質的価値が正確に見積もられた結果，実質投入量が過少推計されていたことが明らかになれば，観察されているものよりも大きな生産性パラドクスが現実には発生していたことになる。

　加えて，Slifman & Corrado（1996）や Corrado & Slifman（1999）は，インフレ率の過大推定によるバイアスの可能性を指摘している。

　統計不備説はこのように IT 生産性パラドクスとは実質的な問題ではなく，あくまでも名目的な現象であることを主張するものである。

　すべての研究者がこれら 5 つの仮説に同意しているわけではない。たとえば，Gordon（2000）は，ワードプロセッシング・ソフトウェアのバージョンアップを例にとり，時間的ラグ説が予測する状況，すなわち技術導入からある程度時間がたたないとその効果が現れないという状況は，時間の経過とともに急激な収穫逓減傾向を持つ IT には発生しがたいことを主張している。さらに，コンピュータ多利用産業は中間財シェアが高いため，統計的には把握できない生産物があったとしても最終財製造業の TFP 改善として表象されることになるので，統計不備説の説明力には限界があることも指摘している。他方，Dean（1999）は，BLS によるサービス産業の生産性計測には過少バイアスの疑いがあるが，その規模はせいぜい 0.4%ポイントに過ぎないとし，統計不備説が主要な説明とはならない旨を主張している。また，Nievelt（1999）は 1983 年から 98 年にかけての欧米企業に係る個別データを利用し，時間的ラグ説は IT のユーザーフレンドリー化が進んだ 90 年代にはもはや大きな影響は持ち得ないとしている。

もちろん，これら5つ以外にいくつもの説明が試みられている。たとえば北村（1997）は，米国経済に言及した先行文献を整理することで，IT化が情報混雑をもたらし，そのことが大きな社会的コストを生み，経済成長を阻害するという「技術革新効果の相殺説」の可能性を示している。事実，IT化を通じて今までより容易に利用可能となる情報財の取引は，その品質に関し売り手と買い手の間に情報の非対称性を有するという点でAkerlof（1970）の言う「レモン市場」[9]としての性質を持つため，高品質の情報財が駆逐され，粗悪な財のみが大量に流通する可能性がある。さらに，情報財市場の場合は，中古車市場の場合と異なり，「試乗」に相当する品質確認行為が不可能であるから，「レモン市場」的状況はより典型的に実現される。これにより，良質な情報を見分けるためのコストが新たに発生することになるが，当該コストは生産に貢献するものではないから，労働生産性に対しマイナスの影響が生じることになる。

　さて，列挙された5つの説明仮説のうち「投資蓄積過少説」と「統計不備説」を除く3つは，労働生産性成長率が実質的に低下していることを容認するものである。労働生産性は社会の豊かさの指標でもあるから，それら3つの説のいずれかが真実を言い当てている場合，なんらかの公的介入が要請される可能性がある。まず，時間的ラグ説が妥当する場合，ラグが長く，移行期間中の生産性悪化がはなはだしく，社会的厚生に大きな負担がもたらされる場合には，長期的な効率性とのトレードオフで，一定の公的介入が容認できる。たとえば，従業員の技能向上を支援し，習熟曲線上をより速く上らせるといった方策がある。経営ミス説の場合は，エージェントである従業員・役員に対し誘因両立的な契約を提示することが1つの解決策になりうるし，IT化の成功事例に関する情報を周知するといった方策も有効となる。一方，ゼロサムゲーム説の状況下では，合理的な企業であれば，シェア競争による利潤拡大には限界があることに早晩気づき，企業努力を市場拡大に指向し直すことが期待できる可能性があるので第1次的な行政介入は必要ないかもし

---

[9] レモンはアメリカの中古車業界で不良中古車を指す隠語で，財の欠陥が売り手には明確であるが，買い手にとっては不知である財の典型例として議論されている。

れない。もちろん短期的措置としては，政府等があるべきIT化の方向を指示し，必要に応じてインセンティブや罰則を与えることが正当化される余地もある。

1-3　IT投資の効果に関する実証研究

　Solowパラドクスに対する説明仮説が提出される一方で，それらが暗黙の前提としている「ITが生産に対して（少なくとも長期的には）望ましいインパクトをもたらす」という命題を実証的に検証しようという試みもある。Dewan & Kraemer（2000）の記述を参考にすれば，それら実証研究は3つのグループに大別することができる。

①　第1のグループ：マクロ経済（特に米国経済）の時系列データを分析し，あるいは産業別のプールデータを分析することで，ITがGDPに対して及ぼすインパクトを計測しようというグループ。
②　第2のグループ：特定産業や個別企業レベルのデータを分析してIT投資が個別企業の生産に対して及ぼすインパクトを実証的に検討しようというグループ。
③　第3のグループ：複数国の時系列データをパネルデータとして分析を試みるもの。

　第1のグループに含まれるものとしては，コンピュータ投資のマクロ経済への影響を僅少であると評価したOliner & Sichel（1994）の他にいくつもの先行研究があり，90年代以前のものはIT投資が生産性に対しプラスの効果をもたらさないという記述が多い。しかしながら，1990年代の労働生産性成長率の急回復を背景に，ITのマクロ経済への貢献を積極的に評価した実証研究が近年続出しており，マクロあるいは産業レベルでのパラドクスは既に解消している（あるいは，そもそもIT投資のパラドクスは存在していなかった）というのが一般的な見解となりつつある。
　Oliner & Sichel（2000）は，1994年に発表した論文のフレームワークに，通信機器を分析対象資産に追加するという改良を行い，90年代前後半の米国

経済を比較対照し，実質 GDP 成長率への IT 資本の寄与度は 90 年代前半の2 倍の 1.10%にまで達していること，労働生産性成長率への貢献は IT 資本の深化と IT 産業における TFP 成長を併せて 66.3%もの寄与率になっていることを実証的に示し，IT 投資がマクロ経済指標に大きなインパクトを与えつつあることを主張している。Jorgenson & Stiroh（2000a）は，Bureau of Economic Analysis（BEA）が 1999 年 10 月に公表した遡及改訂済 GDP データ（1959〜98 年）を利用して，90 年代後半の米国経済の成長を分析し，90 年代前半と比較して，IT 資産（コンピュータハードウェア，ソフトウェア，通信機器）の GDP 成長寄与度，平均労働生産性成長率，TFP 成長率がそれぞれ上昇していることを見出した。さらに，マクロの TFP 成長には IT 製造産業の寄与が大きく（90〜95 年は0.25%ポイント → 95〜98 年は0.44%ポイント[Jorgenson & Stiroh : Table 5, p.158]），またそれ以外の産業の貢献も 90 年代後半の方が前半を上回っていることを指摘している[10]。齋藤（2000b）も，同じデータセットを用い，95 年以降の米国の労働生産性成長の約 8 割が資本ストックに占める IT 化比率の上昇で説明できるとし，さらに産業別労働生産性と IT 化比率の間には概ね正の相関があることを見出し，マクロ経済レベルおよび産業レベルでは IT 生産性パラドクスがもはや存在しないことを主張している。また，Gordon（2000）は産業別の生産性成長率（労働生産性成長率および TFP 成長率）を分析し，コンピュータへの投資が TFP に対し正のインパクトを与えているのは耐久消費財製造業のみであることを指摘した。IT の投資効果が発揮されていない原因としては，「①投資がシェア防衛目的でなされていること」「②コンピュータ投資は既存活動をより安価に実現するために利用されているに過ぎず，新規の活動を生み出していないこと」「③コンピュータ化をしたにもかかわらず既存のビジネスシステムが並行的に運用されていること」および「④オフィスのコンピュータは業務目的以外に利用される傾向にあること」を挙げ，前節に掲げたゼロ

---

[10] さらに，IT 製造産業以外における TFP 成長は，ニューエコノミー信奉者が主張する波及効果の可能性もあるが，マクロデータではこれ以上詳細には分析できないことを述べている。

サムゲーム説および経営ミス説と整合的な議論を展開している。さらに，Whelan（2000）は，過少バイアスがある「国民経済計算（National Income and Product Accounts : NIPA）」推定とは別の手法で資本ストックを推定し，1996年から98年におけるコンピュータ資本の実質 GDP 成長への寄与は，90年代前半の2倍以上である0.82%に達していること，および，コンピュータ製造部門における TFP 成長とコンピュータ利用部門における IT 資本深化が1996年から98年における米国の労働生産性の急上昇をもたらしたという知見を得ている。最近では，Baily & Lawrence（2001）および Stiroh（2001a, 2001b）において，近年の米国の労働生産性急上昇は少数の産業のみにではなく，経済全般に共通して観測される状況であり，IT 投資と正の相関を持つことを示している。

以上の第1のグループの分析フレームワークは，IT 投資に関するデータ以外については，公的統計数値に依存することができるため，研究遂行上のボトルネックの数は比較的少ない。加えて，当初より集計データを取り扱うため，得られた知見を経済全般に一般化する作業にも第2のグループほどの問題はない。しかしながら，IT 投資に関する適切なデータ系列を見出すことは困難であり，加えて，たとえば特定の IT の影響等を調査しようとする場合，技術進歩がはなはだしいために，対象としうるデータが過去数年の範囲でしか得られず，特にマクロ経済への影響を分析しようとする際には，十分な長さの時系列サンプルを得ることは期待しがたい。さらに，マクロ経済を取り扱う場合にはデータ系列間に深刻な多重共線性が発生する可能性が高く，頑健な推定結果を得ることが困難であるという問題もある。

第2のグループにおいても，90年代以前は IT 生産性パラドクスの存在を肯定するような実証結果が得られている。たとえば，Franke（1987）は，1948年から83年にかけての金融・保険産業の集計データならびに1960年から84年にかけての Northeastern Bank のデータを分析し，米国の金融産業では1958年以降コンピュータ導入による労働装備率の急上昇と資本生産性・収益性の急低下が発生したが労働生産性はほとんど改善しなかったこと，さらに，個別銀行のデータにも同じ傾向が見られたことを指摘し，その原因

を統計不備説および時間的ラグ説に求めた。しかしながら，本グループにおいても，近年はパラドクスを否定するような実証結果が多く示されている。たとえば，製造業についてはMorrison & Berndt（1991）が米国製造業データ（1968～86年）を分析し，大多数の産業においてIT資本がTFP成長に貢献するという結果を得ている。また，広く経済一般については，全産業分野にひろがる個別企業データ（1988～91年）を用いて生産関数を推計したLichtenberg（1995）が「IT資産への投資およびIT関連労働力には大きな超過リターンが生じている」という結果と「IT関連労働力の限界生産物は非IT関連労働者の6倍に達する」という結果を得ている。

また，Erik BrynjolfssonとLorin Hittは，大規模なデータセットを用いて一連の実証研究を行っている。まず，Brynjolfsson & Hitt（1995）では，1988年から92年にかけて製造業およびサービス業に属する米国大企業を対象に収集された1,248サンプルから生産関数を推定し，「IT投資の付加価値弾力性は有意にプラスであること」を導き，Hitt & Brynjolfsson（1996）では，同じデータから，ITの限界生産物は有意に正であり，IT投資は生産性改善と消費者余剰拡大をもたらすが，企業収益の改善にはつながらなかったという実証結果を得ている[11]。さらに，Brynjolfsson & Hitt（1996）では，1987年から91年にかけての米国大企業367社のデータから，「コンピュータ資本のROIは他の資産よりも遥かに大きく，平均81％に達すること」を見出し，「IT生産性パラドクスの喪失」と結論付けた。

Shafer & Byrd（2000）は大企業208社を対象にノンパラメトリック分析の1つである包絡分析法（Data Envelopment Analysis：DEA）[12]を適用し，収入と利潤という複数生産物を考慮した分析を行っている。

---

[11] また，当該ITが模倣不可能である場合，および，当該産業に参入規制が敷かれている場合を除いては，当該企業の収益性については計測可能な改善をもたらさないと主張している。
[12] より少量のインプットでより多量のアウトプットを生産している主体を結んで生産可能性フロンティア（本書第4章脚注2を参照）の包絡線を導出し，当該生産可能性フロンティアとの相対的な位置関係により，個々の生産主体の効率性指標を算出する手法。詳細については，Cooper et al.（1999）を参照されたい。

これら第2のグループでは，第1グループとは異なり，クロスセクション分析あるいはパネル分析を行うことで，多重共線性の発生を回避した頑健な推定結果を得ることが期待できる。加えて，マクロ経済への集約過程で失われる恐れのある IT 投資の効果を発見することも可能である。この点について，Allen（1997）は，「レイオフされた労働者が同程度の生産性レベルの企業に再雇用されないのであれば，ある産業セクターで実現した生産性向上は経済全体の生産性向上にはつながらない可能性がある」(p.24) と述べ，IT 化の進展とその効果発揮が産業毎に不均等である場合，マクロ経済指標において IT 投資の効果が相殺されてしまう可能性を指摘している。Stiroh（2001a）もまた，産業毎に IT 投資のインパクトが異なる可能性に言及し，「IT の経済的インパクトに係る先行研究が非集計レベルにおいては有意な結果を見出し得たのに対し，集計レベルではそれに至らなかったことに対する1つの説明として，産業間で状況が大きく異なる点を挙げることができる。(略) 1980 年代と 90 年代初めは集計レベルにおける IT 資本のシェアが比較的小さかったこともあり，集計のプロセスの中で IT 先進産業がそうでない産業と合算されるにつれ，IT の生産性向上効果が希釈されていくということが起こり得た」(p.6) と述べている。

　他方，個別企業を対象にしたデータの収集には通常，かなりの時間・コストが必要である。また，サンプル企業から得られた知見がマクロ経済全般に一般化できるか否かは保証されない。さらに，分析対象が企業であるため，収益性と生産性が短期的な目標としては一致しない可能性（長期的な生産性を犠牲にして短期的な収益を追求する可能性）があり，IT 投資の生産性に対する効果を正確には把握できない恐れがある。

　また，IT 投資が生産性に影響を及ぼしているのか，あるいは生産性に秀でた企業のみが IT 化を進める余裕を享受しているのかを判別するためには，複数年度のデータを対象とした分析が不可欠である。電気技術のインキュベーション期間は 40 年に及ぶという分析もあるが（David 1990），ドッグイヤー（dog year）と称される IT の急速な進歩を考えれば，5 年程度の継続調査を行うことで因果関係の有無を明確に捉えられる可能性がある。しかしながら，アンケート調査によって長期系列データを得ることは難しいため，因

果関係の有無に関する仮説検定の実施は，実際には困難である。

　比較的新しい第3のグループに関しても，先行研究例が少ないものの，IT化はGDP拡大に貢献するという実証結果が得られている。

　Dewan & Kraemer（1998）は，IT生産性パラドクスは先進国で共通して観察される事象であることを指摘した上で，1985年から92年にかけての先進17ヵ国のマクロデータからコブ・ダグラス（Cobb-Douglas）型生産関数の推計を試み，非IT資本に関してはGDPへの影響は有意ではないが，IT資本の1%の増加は，GDPの0.041%の増加を生む（GDPに対するIT資本の平均シェアは5.8%であるから，弾力性は0.706になる）という統計的に有意な結果を得た。次いで，Dewan & Kraemer（2000）では，1985年から93年にかけての36ヵ国のマクロデータを用い，途上国を含めた国際比較が試みられており，「GDPのIT投資弾力性は先進国が途上国を凌駕するが，非IT投資については逆の傾向が観察される」という知見や「先進国のIT投資弾力性は短期よりも長期の方が大きい」といった知見を得ている。彼らは，これらの実証結果は，先進国の非IT資本については既に適正水準であるが，IT資本ストックについては未だ適正水準以下であることに由来するものと推定している。齋藤（2000a）はOECDデータを用いて，「80年代から90年代後半にかけてのTFP成長率の変化」と4つの変数（IT産業シェア，IT投資比率の変化，財市場の規制度合い，労働市場の規制度合い）との間に見られる関係を先進国間で比較している。

　これら第3のグループに属する研究では，第1のグループと同じくGDPを分析することで生産性を直接扱うことができ，マクロデータであることから得られた知見の一般化にも問題が少なく，また，複数の時系列データを扱うことで多重共線性の問題も深刻なものではなくなる可能性がある。加えて，国別の格差といった新たな分析軸を設定することができるという点がアドバンテージとなる。しかしながら，複数の国々のデータを相互の整合性を確保しつつ収集するのは困難であり，そもそも産業構造や発展段階の異なる各国のデータを呼称が同じであるということだけで同一内容のデータとみなすことには問題が多い。たとえば，同じ先進国同士でも不況時に簡単にレイオフ

を実施しうる国と，長期雇用慣行が制約となっていわゆる「企業内失業者」として抱えざるを得ない国との間で，「雇用者数」が同じように解釈できるかは疑問である。この点を解決するためには，個別産業や個別数値の具体的内容を比較対照することが必要となる。IT 投資によるマクロ経済の成長を国際比較して分析するためには，Jorgenson & Stiroh（2000a, 2000b）も指摘しているように，少なくとも産業毎の比較分析としてモデルを構築する必要がある。しかしながら，それはきわめて膨大な作業量となる上に，分析対象を先進国以外にも広げた場合には，データ精度といった問題も生じることが予想される。

1-4 新たな IT パラドクス（Kraemer パラドクス）

1－3節で示したように近年の実証研究では，「IT 投資は生産にプラスの効果を及ぼす」という結果が共通して得られている。IT 投資の限界生産物がプラスであれば，労働者1人当たりの IT 投資が増大するにつれ労働生産性は改善される。さらに，限界生産物と資本コストの比率が他の資本と同程度であれば IT 投資は適正水準に達しているということになる。

しかしながら，Lichtenberg（1995）では，IT 投資（および IT 関連労働力）の限界生産物と資本コストの比率が他の資本よりも大きいことが実証的に示されている[13]。これは，推定作業時点での IT 資本・労働力が利潤最大化の観点からみて過少水準にある可能性，つまり企業は長期的に見て利潤最大化に最適な行動をとっていない可能性を示唆する[14]。このことは，追加的な IT 投資により企業の収益が改善する可能性が残されていることを示している。Kraemer はこれを「新しい IT パラドクス」と名付けた[15]。

---

[13] 但し，製造業に限って言えばこれとは異なる実証結果が得られている。Morrison & Berndt（1991）は，1968年から86年にかけての米国製造業データをもとに可変費用関数を推定し1986年時点で IT 投資は過剰投資の段階に到達していることを実証した。
[14] IT 資本（や IT 労働力）が超過リターンをもたらすならば，「合理的な」企業経営者であれば，現時点以上の積極的な IT 化を図るはずである。その結果，IT 資本の限界生産力が逓減し，IT 資本が他の資本とバランスのとれた限界生産力を呈するに至れば，企業の IT 化が最適水準に達したことになる。Brynjolfsson & Hitt（1996）にも同旨の記述がある。
[15] IT 投資が超過リターン・超過利潤を生み出すという認識が，近年の旺盛な IT 化需

経済が長期均衡に至っていない原因として第一に考えられるのが，IT 分野における急速な技術進歩である。より高性能な IT 機器が市場に継続的に登場することで，最適な生産要素ミックスは絶えず変化し，市場は長期均衡を維持できない。また，急速な技術進歩が今後も引き続くと予想されることは，IT 資本の経済的な減価償却速度を高いものとし，IT 資本コストは高くなる。こういった事情は過去の統計データには反映されないため，計測された IT 投資のネットリターンは過大推計となっている可能性がある。過大推定の程度によっては，現在の IT 投資が既に適正水準となっている場合もある。また，急速な技術開発が IT 投資の限界生産力の予測の不確実性を高め，企業経営者の投資意欲にネガティブに作用している可能性もある。その他，Kraemer（2001）によれば，以下の 3 点が原因として挙げられている。

① IT 投資の効果はモデル上で確認されているに過ぎず，加えて，因果関係が明らかでないため企業経営者が投資に二の足を踏んでいる可能性
② IT スタッフが不足しているため，必要な規模の IT 投資を行うことができない可能性
③ IT 投資に外部経済性がある可能性（経営者個々人が合理的に行動しても，社会的な最適投資水準が実現されない）

Kraemer が 2 番目に掲げた原因は，企業経営者は IT 投資にあたって IT 関連スタッフの配置等の環境整備等を同時並行的に進める傾向にあるということを反映した見解である。これは，IT 投資がその潜在能力を発揮し，企業アウトプットの改善を達成しうるためには，IT 投資を行うだけでは不十分であり，組織変革等の周辺環境整備を行うことで IT 投資が所期の成果を実現する確率（あるいは，IT 投資が有益な成果に転換するプロセスの効率性）を高めることが必要であるという Lucas（1999）の主張と整合的であり，IT の過少投資の具体的な原因を補完的条件整備のコスト（調整コスト）に求め

要を支えている可能性もある。

るものである（同旨の主張をするものとしては，他に Brynjolfsson & Hitt ［1996］や，Brynjolfsson & Yang［1997］，Bresnahan et al.［2002］がある）。

1-5 TFP に着目した分析

IT 生産性パラドクスを扱うにあたって，Solow のように労働生産性成長率の低下に着目するのではなく，その構成要素であり，通常は Solow 残差として計測される TFP 成長率に着目する場合がある。すなわち，IT 化により生産技術が変化しているはずであるにもかかわらず，技術変化率を表象するとみられる TFP 成長率（図2-4）がかえって低下していたことを「IT パラドクス」と捉えて分析の対象としている。

TFP 成長率の低下に着目する先行研究のうち，IT 投資が企業の生産技術を向上させる力を持つことを暗黙の前提とし，それがマクロ経済指標に適切に反映されていないという事実に関する説明仮説を提示しているものは，労働生産性に焦点を当てた場合と共通する部分が多い。たとえば，Greenwood & Jovanovic（1998）や Hornstein（1999）は，IT 化は新規設備投資によって推進されることを想定し，ヴィンテージ・キャピタル・モデル（vintage-capital model［Solow 1960］）にラーニング効果と新技術の普及速度といった要素を加えてシミュレーションを行い，新技術導入コスト（必要な人材の確保および習熟に要するコスト）がマクロレベルにおいて TFP 成長率の鈍化をもたらすことを示し，「時間的ラグ説」と類似の論理の成立の可能性を示している。さらに，Hornstein（1999）は，「価格指数が IT によって高度化した財・サービスの質的変化を捉えきれていないという不備がストック推計の歪みをもたらし，Solow 残差と真の TFP 成長率の名目上の乖離をもたらした」可能性を同じくシミュレーションで示し，「統計不備説」の成立の余地を指摘している。

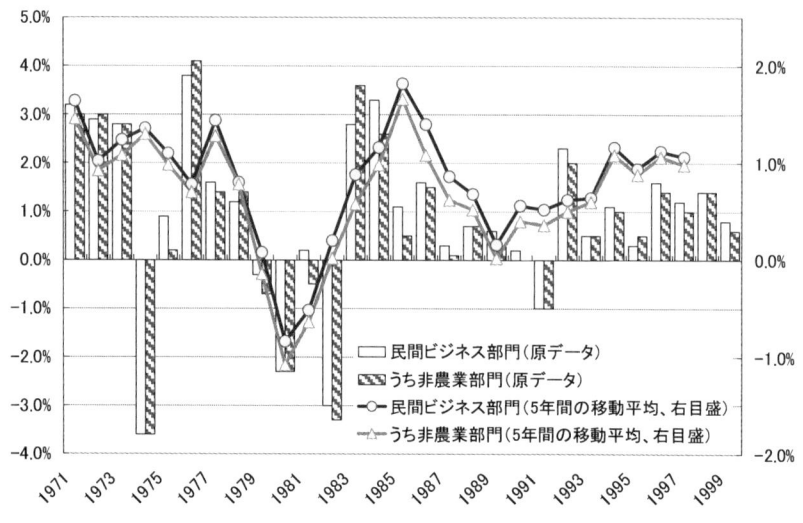

図2-4　米国におけるTFP成長率の推移

出典：BLSデータより筆者作成

　一方，IT化は資本蓄積を通じて労働生産性成長率の改善には貢献するが，TFP成長率の上昇には必ずしも貢献しないこと，つまり，TFPに係るITパラドクスは正当な経済的状況であることを主張する分析もある。Jorgenson & Stiroh（1999）は，1958年以降のBEAのデータを分析し，IT革命はコンピュータ関連機器の価格低下による代替効果を通じてIT資本の深化をもたらしたが（90年代に年20％増），周辺企業に対する波及効果等が見られないためマクロ経済のTFP成長率に対して十分なインパクトを及ぼさなかったことを示している。Triplett（1999）は，「ITの進歩は確かに急速であるが，過去の技術進歩のスピードと比べてそれほど速いとはいえず，したがって旧来技術に比べ，マクロ的なインパクトはそもそも小さい」とし，具体的には，「90年代以降に出現した新製品の全商品に占めるシェアと品質改善率がそれ以前を上回らないならばマクロのTFP成長率が低下することは不可避であること」を主張している。

また，産業別TFP成長率はDomarウェイト[16]で加重すればマクロのTFP成長率に集約することができるため，各産業毎のTFP成長率がマクロ指標にどの程度貢献するかに焦点を当てた分析も行われている。この場合，IT製造産業における技術進歩（IT機器製造に関わる進歩）とIT利用産業における技術進歩（進歩したIT機器を生産要素として利用することによって発生する進歩）を区別して取り扱うことが常であり，Stiroh（1998）は1947年から91年までの業種別データを分析し，「コンピュータ製造業での技術進歩は確かに同産業におけるTFPを改善するが，産業としての規模が小さいためにマクロ的には大きなインパクトを及ぼし得ないこと」および「IT利用産業では労働装備率の上昇により労働生産性は改善するものの，価格に表れない品質変化や波及効果がない限りTFP成長は観察されないこと」を指摘し，IT化はマクロ経済に対して労働装備率の向上はもたらすが，TFP成長率の向上はもたらさないと主張している。前掲のTriplett（1999）は，コンピュータ利用産業に関してTFP成長率がマイナスとなっている（表2-1）のはアウトプットの計測が困難なことも一因であると指摘している。

Domarウェイトを用いた分析には，そのほかにも，Jorgenson et al.（1987a）や，Gullickson & Harper（1999），Jorgenson & Stiroh（2000b）

表2-1 米国のコンピュータ利用産業における生産性成長率

	全要素生産性		労働生産性[1]	
	1947~63	1977~93	1960~73	1973~96
金融・保険・不動産	1.2	-1.7	1.3	0.5
金融サービス：銀行（SIC 60, 61）[2]	N/A	-2.9	0.2	-0.3
保険サービス：保険業者	N/A	-2.2	1.9	0.7
保険代理業	N/A	-2.7	0.2	-0.7
卸売業	N/A	1.3	3.2	2.7
事業所向けサービス（SIC 73）[2]	N/A	-0.4	-0.2	-0.4
通信サービス	2.5	1.8	5.0	3.9

出典：Triplett（1999, p.16）
注1：労働時間当たり付加価値生産額（Gross Product Originating: GPO）
注2：SIC=Standard Industrial Classification（標準産業分類）

---

[16] 産業別アウトプットと経済全体の付加価値生産額合計の比率。詳しくはDomar（1961）およびHulten（1978）を参照のこと。

がある。たとえば，Jorgenson & Stiroh（2000b）では，1958年から96年までの産業別データを分析し，TFP成長率は産業毎に大きな格差があること（1.98%［電気電子機器産業］〜−0.52%［国営サービス産業］），ならびに，マクロ経済統計に表れるTFP成長率に対する貢献も産業毎に大きく異なることが示されている。

1−6　IT投資効果の発現要因に着目した分析

　IT投資が生産に対して望ましい効果をもたらすという実証成果があがるにつれ，IT投資の効果を十分に活かすためには，様々な周辺環境の補完的整備を図る必要性があることを示唆する分析も数多く得られている。たとえば，Hammer（1990）はビジネスモデル自体の大胆な変革を訴え，Clemons（1991）は陳腐化の速いITを用いて企業競争力を維持するには，販売ネットワーク等他企業には模倣できない非IT資産を持つことが重要であると主張している。また，特定のITアプリケーションを対象にした実証分析も提出されている。先行研究のいくつかを表2−2に示す。

　この中でも，Brynjolfsson & Yang（1997）の実証結果は，各企業が合理的意思決定の結果として，IT化と補完的条件の整備を同時進行させていることを市場が認識していることを意味する。

　また，Malone（1997）は，ITの進歩により通信コストが低下することで，企業にとって最も有利な意思決定の形態が，独立・分権型（independent decentralized）から，集権型（centralized），最終的には，ネットワーク・分権型（connected and decentralized）へと逐次変化することを指摘している。Brynjolfsson & Hitt（1998）においても，企業戦略，ビジネスプロセス，組織形態の変革が必要であり，中央集権的組織においてIT化を進めてもかえってパフォーマンスが悪化すると主張されている。さらに，Kraemer（2001）は，IT投資の効果を発揮するためにマネージャーがなすべきこととして，「①IT投資を経営戦略に適合させること」，「②仮想企業（virtual company）等の分権的な組織を目指すこと」，「③強力なIT担当役員（Chief Information Officer：CIO）に率いられた分権的なIT組織を構築すること」，「④総合的品質管理（Total Quality Management：TQM）やプロセス・リ

表2−2 補完的環境整備に係る実証分析例

Parthasarthy & Sethi (1993) 米国の大企業87社の分析	フレキシブル・オートメーション（Flexible Automation : FA）[1]による売上高伸び率の改善を実現するためには，①生産品目・生産量に係る柔軟性，②新製品の頻繁な投入，③製品デザインおよび品質の重視，④工場労働者のマルチ技能化の推進，⑤チーム活動の推進が必要。一方，規模の経済性を利用した低コスト戦略や工場労働者の専門技能化はFAの効果発揮にマイナスの影響を及ぼす。
Saures et al.（1995） 日米欧のプリント基板産業に属する31工場の分析	フレキシブル製造システム（Flexible Manufacturing System : FMS）を導入する場合には，労働者の経営参加や，供給元企業との連携強化，製品デザインの変更等により生産の柔軟性を高めるといった環境整備を行うことが重要である。
Doms et al.（1997） 製造業に属する企業の分析	生産自動化技術の導入に先んじている工場では，導入以前および以後において，より高技能の労働力を抱え，より高い労働生産性を記録している。つまり，サンプル企業においては，新技術の導入に先立って人材面での手当てをしている可能性がある。
Brynjolfsson & Yang (1997) 1987〜94年にかけての米国820社（非金融機関）を分析	コンピュータ資本を1ドル増大させると，企業の市場価値が平均して約10ドル増大する。その原因は，ソフトウェア，および，組織・ビジネス変革に伴う無形資産の蓄積に求められる。
Bresnahan et al.（1999, 2002） 米国大企業約400社を分析	生産活動に対し，IT化と労働力の高技能化，組織の分権化の三者は相互に補完的なプラス効果をもたらす。
Nievelt（1999） 欧米企業の300超のケースを分析	IT化がオーバーヘッド部門[2]の効率性を改善するためには，①人員削減，②組織のフラット化，③労働者の能力向上，④適切なアウトソーシングを同時に達成する必要がある。
Tallon et al.（2000） 全世界の経営者304人の意見を分析	「IT導入の目的の明確化」「ビジネス戦略とITシステムの整合性の確保」「IT投資に対する事前・事後評価の実施」がIT投資の成果の享受には重要である。

出典：各種資料より筆者作成
注1：コンピュータ支援設計（Computer Aided Design : CAD）およびコンピュータ支援製造（Computer Aided Manufacturing : CAM）を合わせたシステム。
注2：オーバーヘッド部門の定義は以下のとおり与えられている。「オーバーヘッド部門とは組織の中で生産活動それ自身にはかかわらない部門であり，変革や戦略的プロジェクトを取り扱う，すなわち，明日のビジネスを作り出す部門である」(Nievelt 1999, p.104)。

デザイン等でIT投資にとって補完的な条件を整えること」,「⑤自社のIT投資の状況とそのパフォーマンスの評価を他社との比較において把握すること」,「⑥ITプロジェクトのリターンを評価する社内手続きを構築し,成功例・失敗例から学習すること（評価基準としてはITプロジェクトのプロセスに適合したものを選択することが必要）」の6つを挙げている。

こういった一連の先行研究は, IT投資効果の発現の効率性を左右する要因, あるいはIT投資効果の発現要因を実証的あるいは理論的に明らかにしたものとして整理することができる。ここで問題となっているIT投資効果の発現の効率性は, Weill（1990）およびLucas（1999）が"conversion effectiveness"として指摘した概念に相当するものと解することができる。

表2-3　Conversion effectivenessを左右する要因

Weill（1990）	Lucas（1999）
● 経営トップの関与 ● IT利用の習熟度 ● ユーザーの満足度 ● 企業内の政治力学	● プロジェクトの規模・範囲 ● 利用技術に対する理解度 ● プロジェクト管理の優劣 ● 管理者からの支援・激励, 資金提供 ● 対処すべき問題・直面する機会の緊急性 ● 組織規範 ● ユーザーの参加・関与 ● 技術開発環境 ● ITスタッフの資質 ● プロジェクトチームの能力 ● 参加者の専門的知識の水準 ● 採用する技術のタイプ ● アプリケーションの種類 ● カスタム化の程度 ● システムの一部として導入されたソフトウェア・パッケージの性質 ● 外部コンサルタントの利用
	● ユーザーとシステム開発者の相互理解の程度 ● 強力なプロジェクト・リーダーの存在 ● 上級管理者の関与 ● 要請される組織変革の程度 ● 被雇用者・既得権へのインパクト ● システム品質に対するユーザーの評価

出典：Lucas（1999, pp.32-33）を基に筆者作成

Lucasは"conversion effectiveness"について,「ITへの投資が有益な成果に転換する効率性（"the effectiveness with which investments in IT are converted into useful outputs"）」(1999, p.32) という定義を与えている。Conversion effectivenessを左右する要因としてWeillやLucasが具体的に掲げているものを表2－3に示す。

　また，Baily & Lawrence (2001) は，マクロデータを用いてIT投資が労働生産性成長率を向上させるという結果を示した上で,「強烈な国際競争にさらされていること」,「ベンチャーキャピタル等，利用しやすい金融手段が整備されていること」，および,「適切な政策的環境が整えられていること」等がIT投資の効果発揮には重要であることを指摘しているが，こういった条件は各企業におけるIT投資効果の発現の効率性（conversion effectiveness）を左右する外生要因であると整理できる。

　同じような要因は，ミクロの企業レベルのみならず，マクロ経済のレベルにおいても考えることができる。たとえば，Dewan & Kraemer (2000) は，1985年から93年にかけて36ヵ国分のマクロデータを分析し，IT投資が生産性に貢献するためには，資本ストックやインフラストラクチャーの整備が前提条件になると指摘し,「推定されるリターンは，IT資本投資のみならず，IT投資と相関のある他の要因にも左右されることに注意すべきである。すなわち，先進国における近年のIT投資の増加は，インフラや人的資本といった補完的投資や，ビジネスモデルの着実な情報化（informatization）を伴っており，それらが一体としてIT投資の効果を拡大しているのだ」(p.560) と記している。

2　わが国における既存研究の動向

　わが国経済は，第2次大戦後，驚異的なスピードで回復し，労働生産性についても近年までは米国との差を一貫して詰めつつあった（図2-5）。たとえば，Jorgenson et al.（1987b）は，1960～79年の日米両国の30業種の成長パターンを比較し，①日本の経済成長は急速な資本インプットの増大と中間投入要素の増加に由来するものであること，②労働投入の成長率については日米にそれほどの差は観察されないこと，③分析期間におけるTFP成長率はほぼすべての産業において日本が米国を上回っている（但し，オイルショック以降だけで見た場合はほとんど差がない）ことといった知見を得ている。

　しかしながら，近年，わが国の労働生産性成長率は下降トレンドを形成しており，米国との間の労働生産性の格差は再び拡大しつつある。それに対し，米国の実質GDP労働生産性は緩やかな上昇トレンドを描きつつあり，わが国の状況とは対照的である。この傾向は，製造業における労働生産性の推移でも確認することができる（図2-6）。

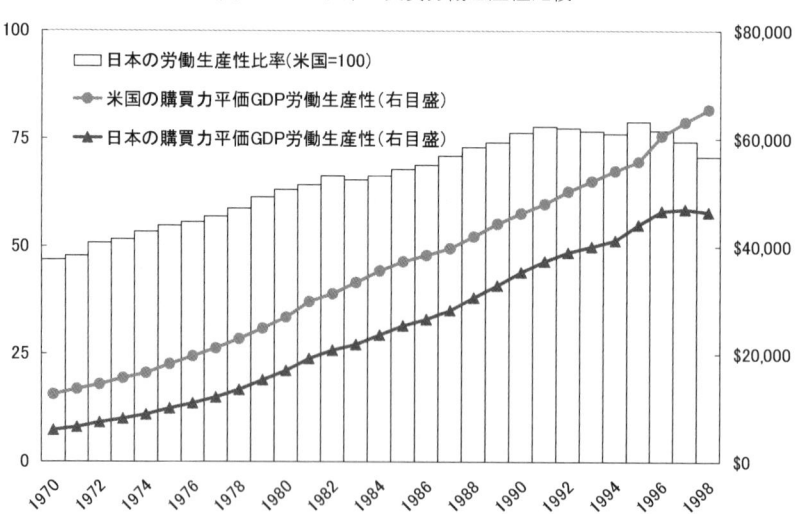

図2-5　日米の実質労働生産性比較

出典：(財)社会経済生産性本部（2000b）の付表46～65より筆者作成

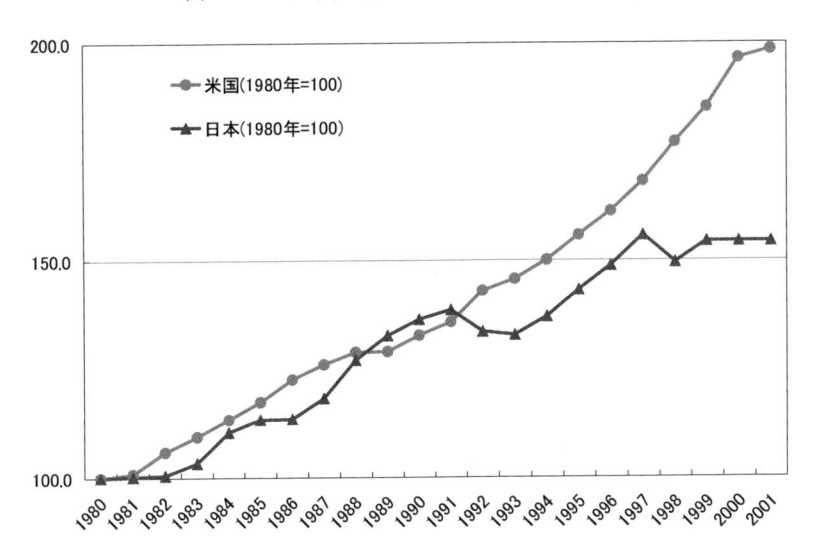

図2-6　日米製造業における労働生産性の推移

出典：BLSデータおよび(財)社会経済生産性本部（2000a）第6表より筆者作成

　もとより，これら労働生産性の推移がすべてIT投資に由来するものではない。特にわが国については金融バブルの崩壊にはじまる長期持続的な資産デフレが消費を沈滞させ，産業界として大きな余剰生産力を抱えてしまっていることが大きな影響を与えていることも考えられる。しかし，少なくとも，ITバブルと呼ばれるまでの景気過熱が観測された米国と比較すると，わが国におけるIT化は目に見える形での景気回復をもたらしていないことは事実であり，米国において解消されたと考えられている「IT生産性パラドクス」がわが国においては未だ存在しているとみることもできる。
　加えて，個別企業の事例をみた場合，わが国のIT投資は，すべてのケースにおいて所期の効果をあげているとは言いがたい。実際，新聞やビジネス誌上においては数多くの失敗例が報告されている（岩井・加藤2000；岩井2001）。

2-1 マクロ的観点からの研究

　日本版 IT 生産性パラドクスの理由について言及したものとして井上（1997）がある。井上（1997）は，1975 年から 95 年にかけてのわが国経済を概観し，IT 投資および IT 化関連産業がマクロ的に既に大きなシェアを占めている事実を指摘した上で，IT 化関連活動のうち，特にソフトウェア開発や情報処理等サービス部分の把握がわが国の既存統計では不完全であるとして統計不備説を支持し，さらに調整コストについても言及している。加えて，需要サイド（IT 関連の財・サービスに対する需要の増加がマクロの総需要を高める経路）の議論を展開し，「最終消費における情報化関連産業の生産物への支出シェアの増加（により）......情報化関連産業で使用される資本や労働に対する報酬が増加するため，その他の産業部門から情報化関連産業に向かって，資本や労働のシフトが発生することが予想される。このため，情報化関連産業の産出の増加の一方で，その他産業全般，なかでも，投入資源の集約度が情報化関連産業と類似した業種においてはこうした資源のシフトに伴って打撃を受け，生産の縮小，利潤の減少といった効果が生ずる」（p.66，括弧内は筆者挿入）という可能性を指摘し，資源移動の際に不可避となる調整コストを考慮した場合，IT 化がマクロ経済にマイナスの影響を及ぼしうることを論じている。

　次いで，松平（1997）は，Oliner & Sichel（1994）の知見や経済企画庁等のデータに基づき，1993 年時点で，IT 資本が名目民間企業資本ストックに占めるシェアは米国で 12%，日本は 9% 以下に過ぎないため，マクロ経済へのインパクトが少なくても当然であるという投資蓄積過少説を提示している。

　さらに，経済企画庁調査局（2000a）は，1975 年から 99 年の実質 GDP に対しコブ・ダグラス型の生産関数をあてはめ，資本の IT 化が労働生産性に有意に正の影響をもたらすという実証結果を得ている。但し，IT 投資が資本深化にとどまっているのか，それとも TFP の上昇を惹起しているのかは明らかではない。また，産業レベルでは正の相関関係は限定的であることも同時に指摘している。

2-2 ミクロ的観点からの研究

　わが国個別企業における IT 投資の数多くの失敗例を受け，ミクロレベルでの IT 生産性パラドクスの原因追究を試みる研究が近年いくつか見られる。

　まず，田村（2000）は，アンケートによって得られた 145 社のデータから，わが国における IT 化が所期の成果を生んでいない理由として，①情報フォーマットの正確な規格化が達成されず，社内の情報共有化が阻害されていること，②情報システムが企業本社を頂点とする統制発想の中央集権型システムの段階にとどまっていること，③IT 投資がハードウェアに偏り，ソフトウェア投資が少ないこと，および，④従業員の IT リテラシーを向上させるための能力開発投資を怠っていること，の 4 点を見出している。

　浜屋（2000）は，わが国株式市場に上場している製造業 116 社のデータを Brynjolfsson & Hitt（1998）の手法により分析し，IT 投資を活かすためには組織と人事戦略を適切なものに改革する必要があり，わが国企業の場合，組織・人事制度の見直しが遅れたために IT 化の恩恵を享受できていないと指摘している。

　さらに先述の経済企画庁調査局（2000a）では，マクロ生産関数の推計に引き続いて 2000 年 9 月から 10 月にかけて実施したアンケートで収集した 482 社のデータから，「IT 化の効果は質的項目に対するものが中心であり，量的拡大に関する効果の発現は少ないこと」，「概して高学歴者の割合が高いほど，OJT 受講者が多いほど，学歴・教育水準への昇進の影響度が高いほど，当該企業の IT 化が進んでいること」，「管理職・技術職（専門職）の割合が高いほど IT 化の進展度合いが高いこと」，「IT 化と企業組織の分権化の間にはプラスの相関があること」，および「人的資源の高度化と企業分権化は正の相関を持つ場合が多いこと」を見出した。さらに，得られたデータに対し，Bresnahan et al.（1999）のフレームワークを参考にしつつ分析を加え，日本でも米国と同様，IT 化と人的資本の高度化，企業組織の分権化との間には相互補完的な傾向があることを示している。

　岩井・加藤（2000）および岩井（2001）は，ケーススタディを繰り返して，わが国企業における IT 化の失敗事例を分析している。45 ケースに及ぶ分析結果については表 2 − 4 に集約しているが，そこでは IT 自体が失敗の主要

な原因となった例はわずかであり，多くの失敗例はヒューマンファクターに起因していることが示されている。

また，経営学・経営戦略論の観点からもパラドクスの原因究明が試みられている。たとえば，伊丹・伊丹研究室（2001）は日米の経営文化の差を原因として指摘し，わが国企業がヒトのネットワークのなかで濃密な情報交換を行うことを重視してきており，しかもその効率がかなり高かったことが，IT化の導入に対する消極性を生み，結果として，ITの組織内での蓄積が不十分な段階にとどまっていることを主張している。そしてそのことが，ITの持つネットワーク外部性の発揮を損ない，十分な効果をあげるに至っていない原因であると分析している。

一方，企業のミクロデータを用いてIT投資の有効性の確認を試みる実証研究は日本では非常に数が少ない。松平（1998）は，1996年における228社の上場企業のクロスセクション（横断面）データを用いて生産関数を推定し，製造業においてはIT投資の限界リターンは正であり，しかも当該リターンは他の資本ストックより約10%大きいことを見出したが，非製造業についてはIT投資のリターンがゼロとは有意に異ならないという結果を得た。峰滝（2000）は，東洋経済統計月報2000年5月号に掲載された製造業者295社のデータを用い，製造業においてIT投資の労働生産性改善効果を確認した。また，富士通総研のアンケート調査によって得られた1993年から96年にかけての上場企業51社分のデータに対しコブ・ダグラス型生産関数をあてはめ，ITハードウェアの効果はあまり有意ではないが，ITソフトウェアの労働生産性に対する効果が有意であることを示す結果を得，さらにITの利用目的と労働生産性には一定の関係があることを見出している。経済企画庁調査局（2000b）では，同（2000a）のデータセットを用いて，企業資源計画／経営資源計画（Enterprise Resource Planning：ERP）や顧客関係管理（Customer Relationship Management：CRM）等のITシステム導入がサンプル企業の労働生産性ならびにTFPとプラスの相関を持っていることを見出した[17]。

---

[17] 製造業では労働生産性およびTFPの双方に対し，非製造業では労働生産性のみに対し，IT投資のプラス効果が見出されている。

表2-4　わが国企業のIT化失敗の原因

対象事例	プロジェクト失敗の主要原因として指摘されているもの
食品加工会社の生産システムの再構築	情報フォーマット統一の不徹底 システム運用要員への教育の不備 ITシステムの想定業務フローと実際フローの齟齬
精密機器販売会社の出荷・配送システムの再構築	ITシステムを非効率的な旧来型業務フローに合わせ構築
医薬品販売会社の基幹情報システムの再構築	新システムへの社内の各部門のニーズに対する対応の混乱・遅延
製造業者に対する営業支援システムの導入	システム構築に先立つニーズ把握の不足 システム運用方法・ルールの不徹底 ITシステムの想定業務フローと実際フローの齟齬
金属加工業者の営業支援システムの刷新	プロジェクトマネージャーの実力不足 ベンダーとの事前の意思疎通の不足
製造業者におけるeビジネスの立ち上げ	在来のビジネスモデルを維持したままITシステムを導入
流通業者における情報系システムの構築	IT化の目的が社内で共有されていなかったこと ユーザーの情報リテラシーの不足
製造業者への会計パッケージの導入	在来のビジネスモデルを維持したままITシステムを導入 ソフトウェアベンダーとの事前の意思疎通の不足 社内（関連企業を含む）での教育や導入方針の不徹底
インターネットを使った遠隔教育（WBT）	運営・メンテナンスのためのコストに対する認識不足
部品メーカーでのデータ・ウェアハウスの構築	情報フォーマット統一が不徹底 アウトソーシング先との事前の条件設定の不備 アウトソーシングに対応した社内体制整備の不足
玩具メーカーにおける物流システムの再構築	IT化の目的の定義が不十分 当初計画との比較や、目的達成度の定量的把握の不足
専門商社の情報システム部門の業務遂行形態の見直し	IT要員の能力向上に係る長期戦略の欠如（見込み違い）
金融サービス会社の事務処理業務の自動化・人員削減	IT化に対する長期的方針の欠如 費用対効果の見込みの甘さ
化学製造会社へのインターネットEDIシステムの導入	在来のビジネスモデルを維持したままITシステムを導入 導入に時間をかけすぎてシステムが陳腐化する可能性
電子関連機器製造会社の企業内システムの開発	プロジェクトマネージャーの実力不足 プロジェクトに係る社内の意思決定フレームワーク欠如
大手小売業者へのデータ分析ツールの導入	システム構築に先立つニーズ把握の不足（人間にしかできない機能とITとのシナジー発揮が不十分）
保険会社での販売支援ツールの開発	システム運用方法・ルールの不徹底 従業員の意識改革の不徹底
日用品メーカーの子会社におけるシステム構築	情報フォーマット統一が不徹底 システム運用方法・ルールの不徹底 ユーザーの情報リテラシーの不足

対象事例	プロジェクト失敗の主要原因として指摘されているもの
アパレルメーカーの販売子会社でのシステム構築	ITシステムの想定業務フローと実際フローの齟齬 プロジェクトマネージャーの実力不足
専門学校でのWBTの導入	運営・メンテナンスのためのコストに対する認識不足 システム運用を支える社内組織の未確立 システム構築に先立つニーズ把握の不足
電子部品製造販売会社での物流システムの再構築	プロジェクトマネージャーの実力不足 基本設計の集約の遅延 IT化の目的の定義が不十分
電機メーカーにおける代理店情報データベースの構築	システム運用方法・ルールの不徹底 社内サポートの不在
空調機器製造販売会社の販売管理システムの再構築	アウトソーシング先とのコミュニケーション不足 アウトソーシング先の能力不足
衣料品素材メーカーへのERPパッケージの新規導入	システム構築に先立つニーズ把握の不足 IT化以前のビジネスモデルの安易な転換
物流サービス企業での営業支援システムの整備	プロジェクトマネージャーの実力不足 基本設計の集約の遅延
損害保険会社による代理店管理システムの構築	ITシステムの想定業務フローと実際フローの齟齬 システム構築に先立つニーズ把握の不足（人間にしかできない機能とITの能力とのシナジー発揮が不十分）
製造業者における「パソコン1人1台体制」の構築	運営・メンテナンスのためのコストに対する認識不足 社内サポートの不在
金融サービス業者の管理会計システムの再構築	アウトソーシング先（子会社）とのコミュニケーション不足
会員制スポーツクラブの顧客管理システムの構築	プロジェクトマネージャーの実力不足 基本設計の集約の遅延
電子機器製造会社の販売システムの再構築	プロジェクトマネージャーの実力不足 IT要員の能力向上に係る長期戦略の欠如
化学品製造会社におけるERPシステムの導入	IT化以前のビジネスモデルへの固執
電子部品製造会社における営業支援システムの構築	システム運用方法・ルールの不徹底
スーパーマーケットチェーンの人事情報システムの構築	社内の情報システム部門との連携不足 アウトソーシング先の能力不足
不動産販売・賃貸業者での販売管理システムの構築	社内サポートの不在 本稼動後の反省や事後評価の欠如
建設設備機器大手販売会社の販売管理システム再構築	プロジェクトマネージャーの実力不足 採用ソフトウェアの未成熟
医療品物販会社の企業情報システムの構築	IT化以前のビジネスモデルへの固執
ホームセンターへのSCMシステムの導入	プロジェクトマネージャーの実力不足 アウトソーシング先とのコミュニケーション不足

寝装品製造・販売会社による仮想店舗開設	情報システム部門以外からの全社的サポートの不足
オフィス用品販売業者での販売受注管理システムの再構築	プロジェクトマネージャーの実力不足 採用ソフトウェアの未成熟
業務用調理・厨房機器販売会社での営業支援システムの構築	社内の情報システム部門のキャパシティ不足 社内の情報システム部門との連携不足
電子部品素材メーカーの財務・経理システムの再構築	ソフトウェアベンダーのサービス内容の変化
オフィス機器製造・販売業者の販売管理システムの導入	アウトソーシング先の能力不足
専門学校における顧客管理・業務管理システムの構築	アウトソーシング先の能力不足
百貨店での通信販売システムの再構築	社内の情報システム部門のキャパシティ不足 IT化の目的が社内で非共有 社内の情報システム部門との連携不足
電子部品製造販売会社での受注管理・在庫管理システムの構築	基本設計の集約の遅延 プロジェクトマネージャーの役割に対する認識不足

出典：岩井・加藤（2000），岩井（2001）を基に筆者作成
注：表中における略語の意味は以下のとおり。
　　WBT=Web-Based Training, EDI=Electronic Data Interchange,
　　ERP=Enterprise Resource Planning, SCM= Supply Chain Management

3　本章のまとめ

　本章では，IT投資が経済活動に及ぼす効果についての先行研究を概観した。

　1987年のSolowの指摘を嚆矢とするいわゆる「IT生産性パラドクス」をめぐる議論は，1960年代後半あるいは70年代初頭から継続する米国経済の労働生産性成長率鈍化（あるいはTFP成長率の鈍化）というマクロ指標の傾向と旺盛なIT投資の間に一定の関係が存在することを暗黙の前提としたものであり，IT投資が所期の効果を生んでいないことを説明しようとした議論であった。議論の中ではいくつもの説明仮説が提出されたが，それらは，①時間的ラグ説，②経営ミス説，③ゼロサムゲーム説，④投資蓄積過少説，および，⑤統計不備説の5種類に分類することができる。

　また，パラドクスの議論において前提とされていた命題，すなわち「IT投資の経済的効果が実際に存在するか否か」をめぐり，多数の実証研究が行われ，近年ではIT投資には労働生産性を改善する力があるという結論が共通

して得られつつある。但し，IT 資本の限界生産性がプラスであるのみならず，その水準が他の資本に比べて超過リターンを生むレベルに達しているという結論が得られていることは，企業の合理的意思決定を前提とする古典的ミクロ経済学モデルの観点からは解釈困難ともいえる結果であり，新たなパラドクス（Kraemer パラドクス）の源となる可能性がある。

　一方，IT の経済効果が実証的に確認されるにつれ，その潜在効果を上手く引き出すための経営施策の分析や事後評価の重要性といったものに焦点を当てた議論も見られる。そこでは IT 投資の効果発揮を補完するいくつもの条件が発見・定義されているが，Weill（1990）および Lucas（1999）のフレームワークに従えば，それらはいずれも，conversion effectiveness すなわち「IT 投資効果の発現の効率性」を改善する要因であると整理できる。

　わが国における IT 化についてもいくつかの分析例がある。そこではアンケート調査やケーススタディにより日本独自の conversion effectiveness を改善する要因に関して活発な議論が行われている。但し，米国とは異なりわが国では IT 投資統計が十分には整備されていないため，ミクロあるいはマクロの生産関数を推定することで IT 投資の効果を検証しようとする実証研究の例は数少ない。ただ，いずれの例においても，わが国の IT 投資はミクロ，マクロの両面において望ましい効果をもたらすことが確認されつつある。

第3章　IT投資の評価フレームワーク

1　はじめに

　IT投資の経済性を評価し，政府によるIT化支援策の必要性の有無を論じるためには，IT投資のコストと並んで，その効果を適切に把握する必要がある。前章に示した数々の先行研究で用いられているアプローチでは，マクロ経済指標の改善や個別企業レベルにおける生産性向上率等を分析対象としているが，それらはいずれも量的に把握可能な私的効果の範疇に該当する効果である。しかしながら，ITが実現する効果には定量的には評価し得ない質的アウトプット[1]や，市場メカニズムを介さないで第三者に及んでいく技術的外部効果が含まれている可能性がある。その場合，従来までの評価フレームワークではITの効果を正確に計量できず，したがって現状において最適なIT投資の水準が満たされているか否かについて判断を下すことができない。たとえば，前章で論じたKraemerパラドクスについて正確な評価を行うためには，質的アウトプットを含めたIT投資レベルの最適性の判断が不可欠であるし，政府の施策を論じる際には外部性の大きさを含めた検討が必須である。しかし，だからといって質的アウトプットや外部性を網羅的かつ正確に計量し実証モデルに組み入れることは現実的ではなく，その意味で先行研究のアプローチは合理的選択の結果であることは疑いない。

　本章では特にITのもたらす外部性について着目する。ITを用いることで

---

[1] 質的アウトプットは，最終的には収益率等の量的アウトプットに反映していくことが想定される。しかしながら，少なくとも短期的な分析においてすべてが量的に把握可能であると考えることは現実的ではない。

容易に実現できるシステムであるテレワークを例にとり，ITの導入により私的効果を大きく上回る外部性が生まれる可能性を指摘し，本来あるべき評価フレームワークについて考察する。本章の構成は以下のとおりである。まず，次節でIT投資効果を評価するために従来用いられてきた評価フレームワークを説明し，従来フレームワークでは対象としてこなかった外部性が存在する場合，経済効率性について正確な判断を下せない可能性を示す。第3節ではテレワークの実現する数々の効果について分析し，第4節で本章を総括する。

2　従来までのアプローチ

2-1　先行研究の評価フレームワーク

　IT投資が個別企業のレベルにおいて効果を発揮するメカニズムとして，従来認識されてきたものは，「①ITを利用することにより，生産プロセス自体の物理的効率性や生産物の特性が改善される」という直接経路と「②ITの導入が，労働者の意識改革や企業の組織改革を惹起し，その結果，ユーザーの行動パターンが変化することによって（たとえ生産プロセス自体の物理的効率性や生産物そのものは不変であったとしても）生産効率性が改善される」という間接経路の2種類に大別することができる。プロセス・イノベーションあるいはプロダクト・イノベーション[2]は前者に該当し，後者の例としては，IT導入によって可能になった新しい仕事のやり方（規模・範囲の経済性ではなく，スピードの経済性[3]の追求等）を通じた経営効率の改善が挙げられる。

---

[2] プロセス・イノベーションとプロダクト・イノベーションはすでに一般的な用語となっており，たとえばStoneman（1995）によれば，「プロダクト・イノベーションとは，（既存製品に係る生産プロセスには変化を生じさせない形での）新製品の開発・導入・普及を意味し，プロセス・イノベーションは（製品自体には変化をもたらさない形での）新生産プロセスの開発・導入・普及を意味する」という定義が与えられている（p.3，下線部は筆者による補足）。
[3] 企業内部の意思決定のスピードを改善し，迅速かつ的確な意思決定に基づく機動的な経営を通じて，柔軟かつ迅速な市場対応力を備えることによりコスト削減が実現され，競争優位性を獲得できるという概念。ITを中心に技術革新のテンポが一層加速し，経営を取り巻く環境の変化がより一層速まる中で，大規模経営による競争力の獲得（規

両経路は相互依存的であり，たとえば，企業内 LAN やグループウェアがその所期の効果を十分に発揮するのは，長期的な既定路線に従って粛々と生産を進めるタイプの企業においてではなく，変転する環境に応じリアルタイムに生産計画を改定していくタイプの企業においてであろう。

第1章の冒頭でも説明したが，自由市場経済を前提とする最も基本的なミクロ経済モデルの枠組みの下では，企業は周辺環境を考慮しつつ利潤最大化動機に基づき IT 投資を実施する。IT 投資は，直接および間接の両経路を通じて生産性改善を実現し，その結果，企業は価格競争力の向上，製品の高品質化といった競争優位性を享受し，超過利潤を獲得する。このことは，競合企業（および潜在的競合企業）に一定の対応を促す。すなわち，一部の企業が IT 投資を通じて競争優位を獲得した場合，競合する企業は，同様の，あるいはより高度な IT 投資を行うことが求められる。その結果，中長期的に見た場合，一部企業の先行者利得（first-mover advantage）としての超過利潤が失われるとともに産業全体の生産性が改善される。

同時に，サプライチェーンを通じて結びつく関連企業において，生産性や環境負荷軽減にプラスの効果が生まれる。機械製造業において IT 投資が進み，生産物である工作機械の低価格化あるいは高品質化が実現されたと考えよう。そのことにより，たとえば自動車産業は同じ費用で従来より多数の工作機械を購入，あるいは以前よりも高性能の工作機械を利用できるようになり，アウトプットである自動車の限界費用を引き下げることができる。さらに，安価に提供されるようになった自動車を大量に導入することで，物流業者の効率性改善も期待される。

十分な競争圧力が見込まれる市場環境においては，こういった経済効果は最終的にはすべて最終消費者の余剰増大を実現する。Hitt & Brynjolfsson（1996）は米国の実証データを用いて，個別企業における IT 投資は高い生産性を実現するが，当該 IT が模倣不可能である場合，および当該産業に参

模の経済性）や多角経営による競争力の獲得（範囲の経済性）に代えて，本概念の重要性が高まりつつある。たとえば，「再分割により，市場毎に焦点を絞った機動的・効率的な経営体とすることにより，自らの競争力を高める」という AT&T の経営戦略はスピードの経済性を志向したものと解釈されている。

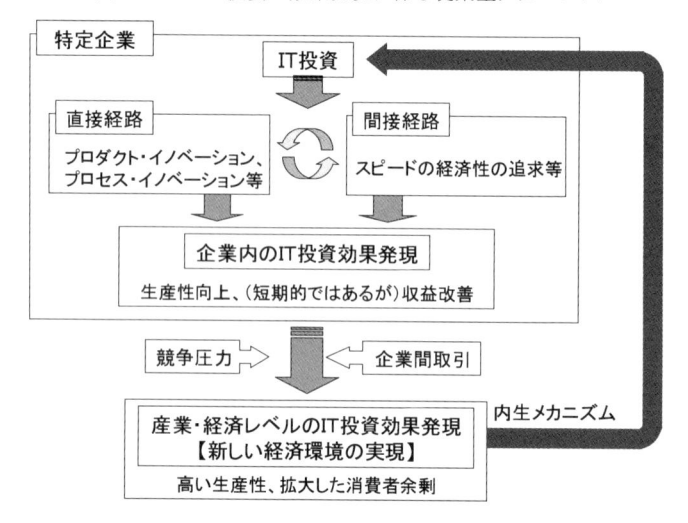

図3-1　IT投資の効果発現に係る従来型メカニズム

```
┌─────────────────────────────────────────┐
│ 特定企業         ┌──IT投資──┐            │
│   ┌─直接経路─┐   ↓        ┌─間接経路─┐  │
│   │プロダクト・イノベーション、│ │スピードの│ │
│   │プロセス・イノベーション等│ │経済性の追求等│ │
│   └──────────┘           └──────────┘  │
│          ↓                              │
│    ┌─企業内のIT投資効果発現─┐            │
│    │生産性向上、(短期的ではあるが)収益改善│ │
│    └─────────────────┘            │
└─────────────────────────────────────────┘
       競争圧力 →   ← 企業間取引
        ┌─産業・経済レベルのIT投資効果発現─┐
        │【新しい経済環境の実現】         │ 内生メカニズム
        │高い生産性、拡大した消費者余剰   │
        └─────────────────────┘
```

出典：筆者作成

入規制が敷かれている場合を除いて，当該企業の収益性については計測可能な改善がもたらされることはなく，ITの果実は余剰増大という形で最終消費者に還元されていると指摘している。

IT投資は，従来，このようなメカニズムを通じてマクロ経済にインパクトを及ぼすと考えられてきた。当該メカニズムを簡単に示したものが図3-1である。

2-2　外部性の影響

自由市場経済モデルによって導かれた均衡解が社会的に「効率的」であるためには，以下の3つの前提条件が満たされている必要がある(岸本 1998)。

① 当事者が取引される財の性質と価格について完全な情報を持っているという「完全情報の条件」
② 各経済主体の状態は市場で取引される財のみによって決まるという「広範性の条件」

③　市場に参加する経済主体はすべて価格受容者であるという「完全競争の条件」

　このうち，「広範性の条件」については，①非競合性と排除不能性を兼ね備えた「公共財」が存在しないこと，および，②市場を介さずに経済主体間が相互作用しあう「（技術的）外部性」が発生していないこと，の2つの要素が具体例として挙げられることが多い。

　外部性は，影響を受ける側から見て望ましい効果である「外部経済」と，望ましくない効果である「外部不経済」に二分できる。外部経済あるいは外部不経済が存在する環境下で，企業が利潤最大化を目的として最適行動をとった場合，問題となる財・サービスの普及が最適水準と比較してそれぞれ過少あるいは過大となり，パレート最適[4]が実現できない。外部経済の存在が均衡解に及ぼす影響を図3－2に示す。

　本研究が問題にしているIT投資に関しては外部性の発生が不可避であることが多い。IT投資の目的は最終的には生産活動の効率化に求めることができるが，生産性改善は生産に要するエネルギー消費量の削減（投入要素の需要減によるものを含む）を通じて，地球環境の維持・改善という外部効果を発生させる。オフィスのIT化により紙の消費量が減少すれば，森林伐採が減少し，温室ガス吸収力を保全するという望ましい外部性を発現する。また，IT化によりテレワークが普及すれば，朝夕のピーク時の公共交通機関・道路における通勤混雑が緩和され，テレワーカー以外の一般の人々の効用が増大したり，あるいは将来的な交通インフラの拡張が不要となることを通じて環境保全が達成されるという外部経済の発生が期待できる。

---

[4] 「他のいずれかの経済主体の効用（あるいは生産量）を減らさずにはどの経済主体の効用（あるいは生産量）も増加することのできない状態。生産要素や財の配分に無駄のない状態」（西村 1995, p.454）。条件の整った自由市場経済において達成される資源配分はパレート最適という性質を持つ（厚生経済学の第一定理）。「パレート効率的」とも称される。

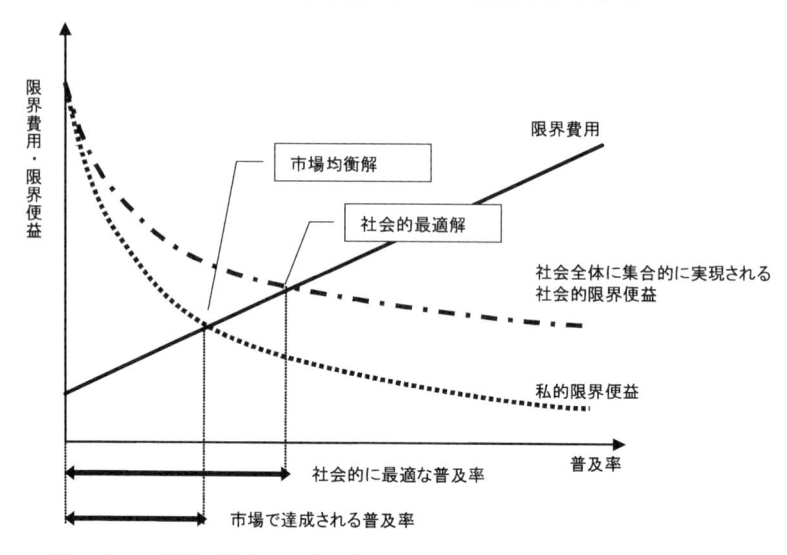

図3－2　外部経済の存在が均衡解に及ぼす影響

出典：三友・実積（1997a）および Mitomo & Jitsuzumi（1999）を一部修正

　外部性が存在する環境の下で均衡解のパレート効率性を確保するためには，法制度的な手当てにより外部性の内部化を試みたり，あるいは部分均衡的な解決策にはとどまるがピグー税[5]の導入等を講じる必要がある。しかしながら，外部性の発生が不可避であるとしても，その規模が私的効果と比較してわずかな水準にとどまるものである場合は，外部性に対する特段の配慮が経済的にみて引き合わないケースもある。したがって，適切な IT 化を進めるためになんらかの政策的手当てをする必要があるか否かを議論するためには，IT 投資の生み出す外部性の規模を実証的に推計することが必要である。次節では，企業向けの最も基本的な IT アプリケーションの 1 つであるテレワークを取り上げ，その外部効果のうち通勤混雑緩和効果の規模を試算する。同種

---

[5] 私的限界費用と社会的限界費用との乖離を解消してパレート最適な市場均衡を実現する目的で導入される税であり，最適生産水準における限界的外部費用に等しく設定される。厚生経済学の始祖とされるピグー（A.C. Pigou）が提唱。

の試みを，より広範囲に拡大することで，IT投資を議論する際，外部性を明示的に考慮したフレームワークを用いる必要があるか否かを判定する基礎資料を得ることができる．

3　テレワークによる外部経済性

3-1　テレワーク

テレワークという言葉が新しいワーキングスタイルを意味する新語として定着してから，かなりの年月が経過したが，その言葉が具体的に指し示すものの範囲は今なお明確ではない．むしろ，分析者の視点・嗜好に応じて適切な定義が試みられている．その中でも，代表的ないくつかの定義を順に列挙すると次のようになる．

① IT手段を活用して，場所と時間の制約にとらわれない形式で行う柔軟な働き方
② 仕事上必要とされるヒトの移動をITによって代替する働き方
③ ITの力を借り，上司によるフェイス・トゥ・フェイスの監督を離れて勤務すること
④ 都市等にあるメインオフィスとIT手段を利用してコミュニケーションを確保しながら，そこには出勤せず勤務日の一部を自宅ホームオフィスやサテライトオフィス等で通常の時間帯に勤務を行うこと
⑤ 自宅のOA機器を通信回線で会社のシステムと接続することによって，会社に出勤せずに自宅で仕事をする在宅勤務のこと

各定義の最大公約数をとるならば，テレワークとは「IT手段を活用して，具体的には，自宅あるいはテレワークセンターのOA機器と会社のシステムをネットワークを介して接続することにより，場所と時間の制約にとらわれない形式で行うことが可能になった勤務形態」と定義できる．

3-2 テレワークに期待される効果

　テレワークの推進は，従来，先進各国において官民のイニシアティブのもとで行われてきているが，その動機は時代背景や国・地域によって大きく異なっている。

　たとえば，極端な車社会である米国の場合，古くから自動車の排気ガスによる環境汚染や，都市部のハイウェイにおける交通渋滞等，自動車に関わる社会問題が深刻化している。特に，ニューヨークやロサンゼルス等の大都市では，交通渋滞の緩和・解消が急務であり，テレワークは，これらの問題に対する根本的かつ有効な解決手段の1つとして注目されている。中でも，南カリフォルニア大気保全局は「レギュレーション15」を制定し，従業員100人以上の企業に対してテレワーク等の採用を義務付けるまでに至った。また，都市機能が麻痺する中で約70万人がテレワークにより業務を継続できた1994年のノースリッジ地震は，危機管理手段としてのテレワークに対する認識を喚起している（スピンクス 1995）。これら一連の動機付けにより，米国におけるテレワークは他に先駆けて急速に普及しており，現時点でのテレワーク先進国の地位を確かなものとしている。

　一方，産業構造の転換に伴い，地方経済の衰退が大きな問題となっている西欧では，ハイテク型の新産業を興すことで地域の雇用を発生させて地方経済を活性化させることが，テレワーク普及の動機となっている。企業労働者によるテレワークの実践を基調とするわが国とは異なり，テレワークを個人の起業手段として捉えていることになる。たとえば，英国では，生産性・顧客サービスの向上に加え，郊外地区での雇用増加，中小ビジネスの活性化が，また，ドイツでは，地方での雇用機会の拡大，柔軟な労働力市場の実現を通じた経済成長への貢献が，テレワーク普及の目的となっている。併せて，定年引退後の高齢者といった優秀な潜在労働力の活用手段としても，テレワークは注目されている。（1995年以前の西欧の事情については Korte & Wynne［1995］に詳しい。）

　オーストラリアでは，政府や民間のサービス拠点の撤退により，大きなダメージを受けている地域経済の救済・活性化を目的としてテレワークの普及が推進されている。政府は，1992年以来，補助金を供与することで地域のテ

レワークセンターの設立を支援し，地域の雇用機会・起業機会の拡張を図ることを通じて，さらには，地域の情報拠点や遠隔教育等のサービス拠点としてテレワークセンターを活用することを通じて，農業を基盤とする地域経済の再活性化を目指している。

一方，わが国におけるテレワークは，1980年代半ばに高速通信ネットワーク実験の一部として始められたのが嚆矢である。その後，90年代初頭にはバブル崩壊により，サテライトオフィス，リゾートオフィスのかなりの部分が閉鎖され，テレワークの普及は一時頓挫するものの，90年代後半以降，職場・家庭へのIT機器の普及を背景に，大都市一極集中を緩和し，地域に雇用を創出する手段として再注目された。最近では，バブル崩壊以降，ホワイトカラーの生産性に対する関心が高まったことを背景に，労働者の生産性向上手段[6]としての普及が進められている。

他方，テレワークに伴い数多くのマイナス効果（コスト・弊害）も生じる。職場の対人関係から隔絶されることに由来するテレワーカー自身のストレス増大や，テレワーク導入企業が人事評価のシステムを成果主義に変更しなければならないコスト等がその例として挙げられることが多い。

先行研究において指摘されているテレワークの効果をまとめたものを表3－1に示す。着目すべきは，①数量的に把握可能な効果はわずかであり，そのほとんどは（少なくとも短期的には）質的にしか把握できないものであること，および，②テレワークに対する意思決定主体であるテレワーカー自身や導入企業以外の社会一般に顕現する効果（外部性）が数多くあることの2点である。

---

[6] 米国の調査例ではおおよそ20%の生産性向上が報告されている。Nilles (1998) は，テレワーカーは全仕事の37%を，仕事時間の18〜23%しか占めないテレワーク実施日に達成しているという調査結果を報告している。わが国の場合，「テレワーク白書2000」（(社)日本テレワーク協会 2000）に調査例が収録されている。

表3−1　テレワークの効果

	利益	コスト・弊害
テレワーカー自身への効果	●自らの裁量で自由に使える時間の増加 ●通勤に関するコストの削減 ●通勤ストレスからの解放	●疎外感・孤立感 ー同僚等から隔離されるストレス ●ライフスタイルの圧迫 ー仕事と家庭の混交 ー住居移転によるコスト
テレワークを導入した企業に対する効果	●生産性・労働意欲の向上 ●経営コストの削減 ーオフィス費用・駐車場費用等削減 ー新規採用・訓練費用の削減 ●労働力市場における地位改善 ー新規採用，離職防止に効果 ー新たな市場へのアクセス ●危機管理能力の向上 ●地元との繋がりの強化	●新しい人事管理手法の確立の必要性 ●テレコミューティングについての初期投資および運営経費の負担 ●都心部のオフィス縮小・撤退による企業イメージの損傷 ●新たな組合問題の発生可能性 ーテレコミューティングを誘因とした組織拡大
テレワーカー自身や導入企業以外の社会一般に対する効果	●交通問題への貢献 ー交通混雑，通勤混雑の緩和 ー新道路建設の必要性の緩和 ー交通事故の減少 ●エネルギー問題への貢献 ー車通勤の減少によるガソリン節約 ●環境問題への貢献 ー排気ガス汚染の緩和 ●地域コミュニティへの貢献 ー労働者の在宅時間の延長によるコミュニティ活性化 ●地域経済への貢献 ー都市部以外での経済発展が可能 ●社会的弱者の社会参加支援 ー身体障害者，主婦，あるいは交通インフラが未整備の地区に住む少数民族の就業機会の増大 ●政府財政の負担軽減 ー費用は，労働者・企業が大部分を負担	●通勤目的以外での交通量増大 ●新たな環境負荷の発生 ーテレコミューター自身によるサテライトオフィス付近の環境破壊 ●失業率の増大 ーテレコミューティング導入による生産性向上による失業率の上昇 ●都市スプロール化現象の拡大

出典：三友・実積（1997b, p.27）を一部修正

3-3 テレワークの外部性の推定

　テレワークの実施に伴い発生することが予想される外部性のうち，本節では，まず，わが国における「通勤混雑の緩和」の規模を推定する。

　そのためには，まず，テレワークの普及予測を行うことが必要である。ところで，テレワーカーがわが国にどの程度存在するかについては，(社)日本テレワーク協会（(社)日本サテライトオフィス協会より改称）がアンケート調査に基づく推計を行っており，1996年においては80万人，2000年時点では246万人のテレワーカーが存在したという報告を行っている（(社)日本サテライトオフィス協会 1996；(社)日本テレワーク協会 2000）。こういったデータに米国運輸省（US Department of Transpotation：DOT [1993]）の予測手法を適用することで，わが国のテレワーカー数は2000年には約300万人，2020年には最高1,800万人に達し，就業者の3人に1人は通勤をテレワークによって代替するという将来予測を得ることができる（表3−2）（三友・実積 1997b）。

　得られた予測に基づき，2010年時点での首都圏における鉄道混雑率の軽減度をシミュレーション手法によって算出したものが表3−3であり，テレワークが普及することによる混雑軽減度は6.9〜10.9%であることが示されている（三友・実積 1997b）。

　予測された混雑軽減効果が発生した場合，テレワーク普及によりテレワーカー以外にプラス効果（外部経済）が生み出される。すなわち，テレワークの普及によって通勤時間帯の電車の混雑度が緩和されることにより，テレワーカー以外の一般の通勤者の効用が改善される。

　屋井他（1993）あるいは(財)運輸経済研究センター（1993）で提案されている混雑不効用関数[7]と，首都圏労働者の平均賃率を用いることで混雑緩和に

---

[7] 混雑する車内に乗車している時間と当該混雑状態から得る不効用を，それと等価値な非混雑車内の乗車時間に変換する関数。本関数によって得られる不効用の時間評価に機会費用を乗じることにより，当該不効用の金銭的指標を得ることができる。

表3-2　わが国におけるテレワークの普及予測

西暦	保守的シナリオ	中間的シナリオ	楽観的シナリオ
1995	814 千人（ 1.20 %）	848（ 1.25 %）	862（ 1.27 %）
2000	2,943（ 4.24 ）	2,934（ 4.23 ）	2,931（ 4.22 ）
2005	6,367（ 9.16 ）	7,199（ 10.35 ）	7,656（ 11.01 ）
2010	8,490（ 12.47 ）	11,290（ 16.58 ）	13,400（ 19.68 ）
2015	9,152（ 13.86 ）	13,200（ 20.00 ）	16,850（ 25.53 ）
2020	9,421（ 14.52 ）	13,970（ 21.54 ）	18,370（ 28.31 ）

出典：三友・実積（1997b）
注1：本推計で用いた推計方法および各シナリオは次のとおり。
　　テレコミューター数＝総労働者数×α×β
　　但し，αは総労働者に占める情報関連労働者の割合，βは情報関連労働者のうちでテレコミューティングを行う者の割合であり，それぞれロジスティック曲線により推定されている。(但し，括弧内はt値)

$$\alpha = \frac{0.5 \exp(\gamma_1 + \gamma_2 t)}{1 + \exp(\gamma_1 + \gamma_2 t)}, \quad \beta = \frac{K_\beta \exp(\gamma_3 + \gamma_4 t)}{1 + \exp(\gamma_3 + \gamma_4 t)}$$

$\gamma_1 = -87.769, \gamma_2 = 0.044$
　　　　(-13.32)　　　　　(13.41)

「保守的シナリオ」（$K_\beta = 1/3$）：$\gamma_3 = -601.379, \gamma_4 = 0.302$
　　　　　　　　　　　　　　　　　　　　(-11.48)　　　　　　(11.46)

「中間的シナリオ」（$K_\beta = 1/2$）：$\gamma_3 = -534.122, \gamma_4 = 0.268$
　　　　　　　　　　　　　　　　　　　　(-10.41)　　　　　　(10.38)

「楽観的シナリオ」（$K_\beta = 2/3$）：$\gamma_3 = -506.371, \gamma_4 = 0.253$
　　　　　　　　　　　　　　　　　　　　(-10.02)　　　　　　(9.99)

注2：推計に用いる総労働者数については，郵政研究所（1995）による。
注3：括弧内の数値は総就業者数に占める割合。

よる非テレワーカーの効用増大分を金額ベースで評価することができる。さらに，テレワークを「混雑度ゼロ，通勤時間ゼロの通勤行動」と解釈できるとすれば，テレワーカー自身にとっての混雑軽減効果（テレワーカー自身に発生する私的効果）を同じく金額ベースで評価することが可能になる。換算の結果を表3-4に示すが，私的効果の2倍から3倍に相当する規模の巨大な外部経済が生じることがわかる（**Mitomo & Jitsuzumi 1999**）。

　テレワークによって発生する外部性はこれだけではない。物理的な通勤行為がバーチャルな形態に代替されれば，電力やガソリンの使用量削減により環境負荷が低減することが期待できる。逆に，テレワークで通勤しなくなった労働者は，ウィークデーには満たすことができない外出欲求を週末に郊外

表3－3　テレワーク普及による鉄道混雑軽減効果（2010年時点）

方面	ピーク時混雑率（％）			
	テレワーク普及前	テレワーク普及後		
		保守的シナリオ	中間的シナリオ	楽観的シナリオ
東海道	238.1	221.7	216.3	212.2
西南	241.6	225.0	219.5	215.3
中央	220.6	205.4	200.4	196.6
西北	206.2	192.0	187.3	183.8
東北	302.2	281.3	274.5	269.3
常磐	329.1	306.5	299.0	293.3
総武	264.9	246.6	240.6	236.1
京葉	210.5	196.0	191.2	187.6
山手線外回り	329.9	307.1	299.6	294.0
山手線内回り	326.5	304.0	296.6	291.0
合計	261.6	243.6	237.6	233.2

出典：三友・実積（1997b）を一部修正
注1：このシミュレーションに用いた外生変数は次のとおり。
　　　首都圏テレコミューターの全国のテレコミューターに占める割合　40.97％
　　　首都圏テレコミューターの週当たりテレコミューティング回数　0.8回/週
　　　ピーク時間帯（8:15～9:15AM）に通勤する首都圏テレコミューターの割合　60％
　　　首都圏テレコミューター1人当たりの交通量削減寄与率　50％
注2：「混雑率」の値はそれぞれ目安として以下のような状況を意味している。

100％	定員乗車（座席に着くか，吊革またはドア付近の柱につかまりゆったり乗車可能）
150％	肩がふれあう程度で新聞は楽に読める
180％	体が触れ合うが，新聞は読める
200％	体が触れ合い相当圧迫感があるが，週刊誌程度なら何とか読める
250％	電車がゆれるたびに身体が斜めになって身動きができず，手も動かせない

注3：各「方面」に含まれる路線は以下のとおり。
　　　東海道：JR東海道線，京浜東北線，横須賀線，京急本線
　　　西南：東急東横線，目蒲線，新玉川線，小田急小田原線
　　　中央：JR中央線，京王本線，西武新宿線
　　　西北：西武池袋線，営団有楽町線，東武東上線，都営三田線
　　　東北：JR埼京線，京浜東北線，東北本線，高崎線
　　　常磐：JR常磐線，東武伊勢崎線，営団千代田線
　　　総武：JR総武線，京成本線，押上線，営団東西線
　　　京葉：JR京葉線
　　　山手線外回り：JR山手線，京浜東北線
　　　山手線内回り：JR山手線

で（しかも長距離ドライブの形で）満たすようになり，かえって環境負荷を増大させるといった外部不経済を発生させる可能性もある（実積 1999）。加えて，サテライトオフィスやホームオフィスの郊外展開により，従来型の通勤形態の下では予想だにしなかった地域の交通量が増加し，新たな混雑の発生源となる可能性さえある（実積 1996）。

環境問題に対してテレワークが最終的にどういった外部経済的インパクトを持ちうるかを予測したものを表3−5および表3−6に示す（いずれも郵政省［1996］）。相当な大きさの外部不経済が同時に生じるものの，最終エネルギー消費量については差し引き$1,661×10^{14}$ジュール（東京ドーム約3.8杯分の原油に相当），温室ガスについては$3,505×10^{14}$トン（1993年のニュージーランド一国のCO_2排出量の約40%）の削減が達成されることが示され，最終的には望ましい外部経済性が生じていることがわかる。

表3−4 テレワークによる混雑軽減効果の金銭的評価

		1日当たりの効果	うち私的効果	うち外部経済
モデル1	保守的シナリオ	100.2 百万円	35.74%	64.26%
	中間的シナリオ	130.2	36.68	63.42
	楽観的シナリオ	151.8	37.23	62.77
モデル2	保守的シナリオ	228.4	23.75	76.25
	中間的シナリオ	291.0	24.79	75.21
	楽観的シナリオ	334.4	25.61	74.39

出典：Mitomo & Jitsuzumi（1999）
注：モデル1，モデル2は採用した混雑不効用関数が異なる。前者は屋井他（1993）による関数を，後者については㈶運輸経済研究センター（1993）による関数を用いている。

屋井他（1993）の混雑不効用関数：$U = 0.022t(C/100)^2$

㈶運輸経済研究センター（1993）の混雑不効用関数：$U = 0.005t(C/100)^{3.8}$

但し，U：非混雑乗車時間に換算した混雑不効用（分）
t：換算前乗車時間（分）
C：換算前混雑率（%）

表3-5　テレワークによる環境負荷低減効果1

最終エネルギー消費量の削減 (単位:100兆ジュール)	ホーム オフィス	サテライト オフィス	スポット オフィス	出張・業務 移動の代替
環境負荷低減要素	−830	−33	−25	−1,140
1. 通勤・出張・業務移動の代替	−170	−33	−25	−1,140
2. 本来のオフィスに不在の分	−540	*	*	*
3. オフィス増築の不要分	−120	*	*	*
環境負荷増加要素	+322	+1	+2	+42
1. 情報通信ネットワークの利用	+3	+1	+2	+27
2. テレワーク施設に伴う増加分	+240	*	*	*
3. 増加機器の製造・運用	+79	*	*	+15
合計	−508	−32	−23	−1,098

出典：郵政省（1996）
注：*は，定量化が困難であったり，定量化の前提の不確実性が大きいため，試算の対象から除外したもので，0であることを意味するものではない。

表3-6　テレワークによる環境負荷低減効果2

CO_2排出量の削減 (単位:1,000トン)	ホーム オフィス	サテライト オフィス	スポット オフィス	出張・業務 移動の代替
環境負荷低減要素	−1,830	−70	−53	−2,400
1. 通勤・出張・業務移動の代替	−350	−70	−53	−2,400
2. 本来のオフィスに不在の分	−1,200	*	*	*
3. オフィス増築の不要分	−280	*	*	*
環境負荷増加要素	+747	+3	+4	+94
1. 情報通信ネットワークの利用	+7	+3	+4	+65
2. テレワーク施設に伴う増加分	+580	*	*	*
3. 増加機器の製造・運用	+160	*	*	+29
合計	−1,083	−67	−49	−2,306

出典：郵政省（1996）
注：*は，定量化が困難であったり，定量化の前提の不確実性が大きいため，試算の対象から除外したもので，0であることを意味するものではない。

4 本章のまとめ

　IT投資は生産性改善という数量化可能な私的効果に加え，数々の質的効果，さらには大きな外部効果を生む可能性がある。ITの経済性を正確に評価し，最適な経営方針や政策の決定を行うためには，それらの存在に十分配意した評価モデルを構築する必要がある。

　本章では，最も基本的な企業向けITアプリケーションの1つであるテレワークを例にとり，それが多くの質的アウトプットとともに，私的効果に数倍する外部経済を生む可能性があることをシミュレーションの手法を用いて示した。そういった大規模な質的アウトプットや外部経済性の発生がテレワークに特異的な事象であるならば，図3－1に示した想定モデルを変更する必要はないかもしれない。しかしながら，これがIT投資の一般的性質であれば，図3－1のモデルには新たな要素を導入する必要がある。この問に対する厳密な解答を得るためには，そういった計測を，少なくとも主要なITアプリケーションのそれぞれについて実施する必要がある。それらの作業を完遂することは本研究の目的ではないが，少なくとも以下の指摘をすることは可能である。

　まず，2－2節でも簡単に触れたが，ITを導入することで個別企業において実現することが期待される生産性改善は，投入される生産要素の節約という意味で地球環境保全に貢献し，生産プロセスの最適制御は産業廃棄物や騒音量の削減を通じ環境負荷の軽減を実現することが期待できる。紙資源に依存してきた新聞がインターネットで配信されるといった「財のサービス化」，あるいは，数多くの人間の手を煩わせる必要があったサービス提供がITを活用した小さな機器で可能になったこと（オーケストラとCDプレイヤーの関係等がこれに該当する），新機能が物理的な変更を伴わずソフトウェアの書換えとして実現できるようになったこと（ソフトウェア依存度の増大）は物理的な資源の節約（dematerialization）を通じて環境に対し正のインパクトをもたらす。ITの積極的活用によってはじめて可能になったワン・ツー・ワン・マーケティングあるいはダイレクト・マーケティングによる販売効率の改善や流通機構のスリム化を通じて在庫の大幅な縮減を達成することも，生産ロス・在庫ロスの減少を通じて，環境問題に貢献する。

また，電話や携帯メール等，双方向ネットワークにつながることによって機能を発揮する財・サービスには，その利用者数が増大するにつれ（すなわちネットワークが拡大するにつれ）その価値が逓増するという「ネットワーク外部性」を呈する場合がある。インターネットやISDNサービスの活用を前提としている近年のIT投資にも同じ効果の発現が期待できる。たとえば，インターネットを介した電子データ交換（Electronic Data Interchange：EDI）の場合，加盟企業数が増大するにつれ，企業間取引の局面における価値が改善されていくことは容易に想像できる。

他方，テレワークのケースでも指摘したように，ITが正の外部性のみをもたらすとは限らない。オフィスのIT化によりプリントアウト用紙の使用量が増加すれば，森林資源が減少するという意味で地球環境を害することになるし，使用済の紙は（リサイクルされない限り）産業廃棄物として環境負荷を増大させる。事実，IT化の先進国である米国においては年間1人当たり330kgの紙が消費されているが，これは世界平均の6倍を超える水準であるという報告もある（Schauer 2000）。あるいは，IT化による生産性向上が価格低下を実現することにより新規に需要が喚起され，製品当たりの環境負荷は少なくなっているにもかかわらず，経済全体で見た場合の環境負荷量はかえって増大してしまうという事態も想定できる。

以上を考慮した場合，現在，企業が投資に勤しんでいるITについて相当規模の外部性が発生すると考えることが妥当である。すなわち，ITの価値を評価する際に，定量化可能な私的効果のみに着目した従来型の視点を維持することは適切ではない可能性が高い[8]。その場合，パレート効率性の基準を満たす解を得るためには，各種外部性を包括的にとりこんだ上位概念に基づく新たな目的指標を持つ評価フレームワークが必要である。その際，持続可能性（sustainability）といった評価尺度がなんらかの方法で数値化可能であれば有力な目的指標の候補となると思われる。持続可能性という用語自体はい

---

[8] 従来の公的統計作成者の捉え方は，経済的インパクトのなかの私的効果，その中でも特に量的効果に偏したものであるため，IT投資の効果を十分に把握できていない可能性がある。米国においてIT生産性パラドクスの説明仮説として提案された「統計不備説」はまさにこの点を指摘したものに他ならない。

くつかの先行使用例があり（European Commission［2000］には数編の報告が収録されている），概ね，「持続可能な開発（sustainable development）というコンセプトが持続的に実現されている社会（sustainable society）への近接度」として用いられており，質的効果や外部性を包括した基準として扱いうる[9]。しかしながら，第1章脚注5でも論じたがITと持続可能性の関係に焦点を当てた分析は確立されておらず，わずかに三友他（2001）にその例が見られるに過ぎない。すなわち，新たな評価フレームワークの最終的な構築までに残された課題はきわめて多いと言わざるを得ない。

---

[9]「sustainable development」という概念が国際社会に公的な形で登場したのは1987年にさかのぼる。国連環境計画管理理事会特別会合における日本提案（1982年5月）に基づき，1984年に「環境と開発に関する世界委員会（World Commission on Environment and Development：WCED）」が発足，8回にわたる会合の後，1987年にとりまとめられた「Our Common Future」（WCED 1987）と題する報告書の中で用いられている。同報告書における sustainable development とは「将来の世代の欲求を充たしつつ，現在の世代の欲求も満足させるような開発」であり，「何にも増して優先されるべき世界の貧しい人々にとって不可欠な『必要物』の概念」とともに，「現在および将来の世代の欲求を満たせるだけの環境の能力の限界についての概念」を包含するものとして描写されている（WCED 1987, p.43［和訳 p.66］）。国際会議における議論では，sustainable society の実現を図るには，地球規模での人口増加圧力に抗しつつ，「地球環境の維持・改善」や，「限りある生産資源の節約」，「生産性の持続的向上」を達成する必要があるとされる。一方，近い将来に人口減少が予測されているわが国のみに議論の焦点をしぼる場合，人口増加圧力は問題とはならない。しかしながら，労働力人口が減少していく環境下で生活の質（Quality of Life：QOL）を維持・改善していくためには，「環境保全」や「生産資源の節約」，「生産性の持続的向上」は依然として重要な政策目標にとどまると思われる。

第4章　IT 投資効果の発現メカニズム

1　はじめに

　第4章では，前章における議論を踏まえた上で，IT 投資の効果発現メカニズムの分析フレームワークを提案する。

　分析フレームワークの下において，IT 投資の効果発現メカニズムは，数量化して把握できるアウトプットのみならず，数量化が困難あるいは不可能な質的アウトプットや種々の外部性を生み出し，「経済メカニズム」と「政治・社会的メカニズム」の2つのサブ・メカニズムを包含するものとして構想される。前者のサブ・メカニズムはさらに，ミクロレベル・メカニズムとマクロレベル・メカニズムの2つの下部構造に分解できることが仮定される。

　こういった想定の下，IT 投資効果についての分析とは，「本メカニズムに対するインプットである IT 投資の量」と「本メカニズム自体の効率性の程度」という2つの対象を分析・評価することに他ならない。IT に対する投資がどの程度の効果を生むかは後者の分析であり，わが国における IT 生産性パラドクスの原因究明を目的とする本書の焦点もそこにある。

　予め断っておくが，本章で提案する分析フレームワークは，現実に IT の価値を評価するための枠組みとして採用するに足るだけの実行可能性を備えるものではない。たとえば，外部性を包摂するメカニズムを具体的に構築する際には，①問題とすべき外部効果の選択，②選択された外部効果の計測と数量化，および③目的変数を導く社会厚生関数の構築という3つのハードルを克服する必要がある。

　第1の問題点は「IT が生み出す可能性のある外部効果の中で，われわれの

社会厚生の観点からみて重要と考えられるものはどれか」という問いに言い換えることができる。この問いに対する回答としては，「われわれの社会において尊重すべき価値に密接に関連するもの」，または，「当該外部性を考慮しないことによる社会的最適解からの乖離幅が大きいもの」という2つの基準を提案することができる。しかしながら，前者の基準に関しては，「尊重すべき価値」とは何かについて，あるいは「尊重すべき価値に密接に関連する」か否かを判定する手法について社会的合意を得ることはきわめて困難であり，しかも多数決を基盤とする民主主義社会の下ではその合意が合理的なものであることを期待できない（Arrow 1963）。一方，後者の基準を採用するためには「社会的最適解」自体を算出するという点と，外部性毎の乖離幅の大きさを定量的に評価するという点の両者をクリアする必要がある。

　また，第2と第3の問題点は，第1の問題点以上に難問である。たとえば，前章で示したテレワークの導入による外部経済の計測・数量化手法にしても，唯一絶対の基準となる混雑不効用関数が存在するわけではなく，その意味で，表3－4に示したテレワークによる混雑軽減の金銭的評価にしてもおおまかな傾向を示すに過ぎない。このように，提案される分析フレームワークは，現実社会への適応可能性の面において大きな問題を包含してはいる。しかしながら，IT投資を評価するにあたって今後追求すべきフレームワークの方向性を示すという意義は残るものと思われる。

　さて，本章の分析フレームワークの下で想定されるメカニズムを通じてIT投資のマクロ経済への貢献がなされるとすれば，IT投資の効果がその潜在能力まで発揮されるか否かは，本メカニズムによってITへの投資が有益な成果に転換されるプロセスの効率性に依存することになる。したがって，なんらかの要因が効率性の水準を左右するのであれば，当該要因の欠如によりIT生産性パラドクスが引き起こされる可能性があることになる。たとえば，Bresnahan et al.（1999, 2002）では米国大企業約400社のデータに対し実証分析を行い，生産活動に対し，IT化，労働力の高技能化，組織の分権化の三者は相互に補完的なプラス効果をもたらすと結論付け，これら要因のうち1つでも欠落すると，何もしない場合よりもかえって生産性が悪化することを示している。仮に，わが国に特有な事情が，IT投資効果発現メカニズムの

効率性の確保を妨げる効果を果たしているのであれば，わが国において積極的に進められている IT 化が米国並みの目覚しい成果をあげることはそもそも期待できないことになる。

本章の構成は次のとおりである。第2節では，第5章以降の実証分析で採用する IT 投資効果発現メカニズムについて論じる。続く第3節では，当該メカニズムの効率性を左右する要因についていくつかの例を挙げて説明する。第4節は本章のまとめである。

2　IT 投資効果発現メカニズム

2-1　想定するメカニズムの概要

本章で想定する IT 投資効果発現メカニズムは図4-1のようにモデル化される。

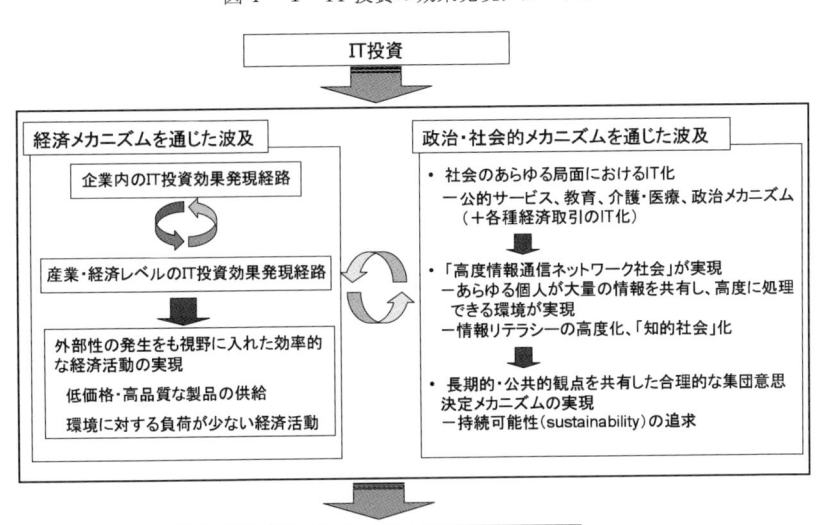

図4-1　IT 投資の効果発現メカニズム

```
                    ┌─────────┐
                    │  IT投資  │
                    └────┬────┘
                         ▼
┌─────────────────────────────┬─────────────────────────────────┐
│ 経済メカニズムを通じた波及   │ 政治・社会的メカニズムを通じた波及 │
│                             │                                 │
│  企業内のIT投資効果発現経路  │ ・社会のあらゆる局面におけるIT化  │
│           ⇅                 │  ―公的サービス，教育，介護・医療， │
│  産業・経済レベルのIT投資効果 │    政治メカニズム                │
│  発現経路                    │   （＋各種経済取引のIT化）        │
│                             │                                 │
│  外部性の発生をも視野に入れた │ ・「高度情報通信ネットワーク社会」│
│  効率的な経済活動の実現       │   が実現                        │
│    低価格・高品質な製品の供給  │  ―あらゆる個人が大量の情報を共有 │
│    環境に対する負荷が少ない    │    し，高度に処理できる環境が実現 │
│    経済活動                   │  ―情報リテラシーの高度化，「知的  │
│                             │    社会」化                      │
│                             │                                 │
│                             │ ・長期的・公共的観点を共有した合理 │
│                             │   的な集団意思決定メカニズムの実現 │
│                             │  ―持続可能性(sustainability)の追求│
└─────────────────────────────┴─────────────────────────────────┘
                         ▼
          ┌──────────────────────────────────┐
          │ 社会的な最適解の実現＝社会的厚生の最大化 │
          └──────────────────────────────────┘
```

出典：実積他（2001）を基に筆者作成

IT 投資の効果発現経路として従来認識されてきたのは，「①IT がプロセス・イノベーションやプロダクト・イノベーションを通じて生産性向上を実現することによって発生する直接効果（生産過程の省力化，製品の高付加価値化等によるもの）」と「②IT の採用がユーザーの行動パターンを変化させること（規模・範囲の経済性に代えたスピードの経済性の追求等）によって実現する間接効果」という 2 つのルートで生じた個別企業レベルの成果が，競争や企業間取引等を通じてマクロ経済に波及していくというものである。しかしながら，そこには質的アウトプットの評価という視点が含まれるべきであり，さらには，外部性に属する効果を配慮しなければ，適切な IT の経済性評価は困難であるというのが前章での結論であった。

　さて，公害・環境破壊といった外部不経済の存在を考慮し，さらに世代間の負担の公平性といった観点を加味すると，社会的にみて最適な水準の資源配分を実現するためには，消費者や企業が，「環境への影響を考慮するという公共的な観点から，現時点での自己の欲求充足をある程度抑える」といった行動をとることが必要である。社会構成員の自由意志を尊重する民主主義的意思決定を基礎とする社会でそういった集団行為を実現するには，社会構成員すべてが自己の意思決定が引き起こす短期的影響と長期的影響，さらにはそれに伴う外部性に関する情報を包括的かつタイムリーに共有するという情報環境を実現した上で，各人が合理的に判断を下すことを期待する以外に途がない。しかしながら，そこにおいて考慮すべき情報は複雑かつ膨大であり，社会レベル，コミュニティレベル，さらには個人レベルにおける適切な IT のサポートがなければ，情報処理能力の超過による判断の誤りや停止を招きかねず，各人が合理的な判断を下すことが困難になる。この意味で，IT の広範な普及を基盤とし，大量の情報が自由・高速かつ組織的に流通し，加えて社会構成員一人ひとりがそのような情報を理解し利用しうる能力を保有している知的社会の実現は，IT 化により社会厚生の最大化を達成するためには不可欠な前提条件であると言える。すなわち，IT が特定の先進企業のみならず，産業分野全体，さらには，消費者を含む社会全体に普及していくにつれ，IT と社会的最適解の実現とを結ぶもう 1 つの波及経路（「政治・社会的メカニズムを通じた波及」）が機能することが期待される。

2-2　経済メカニズムを通じた波及

　企業が利潤最大化動機に基づいて行うIT投資が，当該企業の生産性向上を生み，それが競争や企業間取引を通じてマクロ経済指標にインパクトを及ぼす経路が「IT投資効果発現に係る経済メカニズム」である。同メカニズムは基本的に以下の4ステップより構成される[1]。

第1ステップ：

　　人件費の高騰や需要の高度化，あるいは技術革新により生産可能性フロンティア[2]を拡張する可能性が出現したといった環境変化に対応し，利潤最大化を目指す企業は戦略的投資としてITの導入を行う。ITは汎用技術（General Purpose Technology：GPT）という性質を持つ技術であり[3]，企業活動における応用可能性は広大である。限られた資源を基にどういった種類のITをどこに導入するかは企業により様々であり，そのため，同規模のITを同時期に導入しても，その導入態様に応じて，期待される効果は一様ではない。

第2ステップ：

　　導入されたITは，直接効果や間接効果を通じて，当該企業内で所期の効果を生み出す。期待される効果は数量的あるいは金銭的に評価可能なものとは限らず，顧客満足度の改善といった（少なくとも短期的には数量的アウトプットには還元しない）質的なものであるケースもある。こうした効果の発現に成功した企業は高い生産性を実現しうることに加え，短期的には超過利潤を享受する。また，同時に，インプット資源

---

[1] 本メカニズムについては，すでに，第3章2－1節でその概要に触れている。
[2] 一定の資源から生産することができる財の組合せである生産可能性集合とそれ以外の部分の境界。
[3] Lipsey et al.（1998）によれば，汎用技術（GPT）には以下のような定義が与えられている。
　「汎用技術とは，導入当初に大きな発展の可能性を有し，その後，広範に利用されて数多くのユーザーを獲得し，Hicks的かつ技術的な補完性を多くの局面で顕現するような技術である」(p.43)。

の節約等により,環境負荷軽減といった外部経済の発現も期待できる。

第3ステップ:

特定の企業でIT化による効果が発現した場合,当該企業は競合他社(あるいは競合他産業)に対し競争上の優位性を獲得する。競合企業(産業)が市場から排除されないためには,同様の,あるいはそれ以上のIT化を行い,少なくとも同程度の生産性向上効果を実現することが要請される。その結果,中長期的には,先行者利得は失われ超過利潤は消失するが,当該産業全体あるいは類似製品を生産する産業グループの平均的な競争力や収益性は改善されうる。個別企業が始めたIT投資は本ステップを通じることで,大きな経済トレンドとして観察されるものになる。

第4ステップ:

IT投資に起因して発生した経済トレンドはマクロ経済指標の改善をもたらす。改善されたマクロ指標は新しいビジネス環境として,各企業に従来までとは異なる戦略的投資行動を要請し,再び第1ステップがスタートする。

これら4つのステップはその性質により3つに分割できる。

① IT投資が個別企業における効果発現をもたらすまで:第1,第2ステップ
② 個別企業のIT効果が産業セクターやマクロ経済のレベルに波及する過程:第3ステップ
③ マクロ経済指標の変化が企業に新たな戦略的投資を要請するフィードバック:第4ステップ

以下では,①の部分を「ミクロレベル・メカニズム」,②の部分を「マクロレベル・メカニズム」と称する(図4-2)。

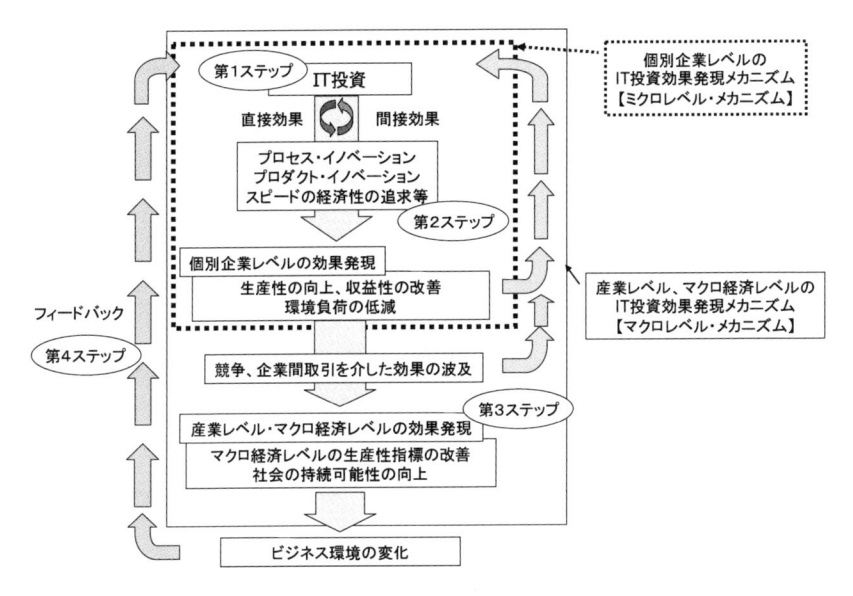

図4－2　IT投資効果発現に係る経済メカニズム

```
                                    ┌──────────────┐
                   第1ステップ  IT投資  │ 個別企業レベルの │
                                    │ IT投資効果発現メカニズム│
                   直接効果  間接効果  │【ミクロレベル・メカニズム】│
                                    └──────────────┘
                   プロセス・イノベーション
                   プロダクト・イノベーション
                   スピードの経済性の追求等
                              第2ステップ
                   個別企業レベルの効果発現
                   生産性の向上、収益性の改善
       フィードバック   環境負荷の低減          ┌──────────────┐
                                           │ 産業レベル、マクロ経済レベルの│
       第4ステップ  競争、企業間取引を介した効果の波及 │ IT投資効果発現メカニズム│
                              第3ステップ   │【マクロレベル・メカニズム】│
                   産業レベル・マクロ経済レベルの効果発現└──────────────┘
                   マクロ経済レベルの生産性指標の改善
                   社会の持続可能性の向上

                           ビジネス環境の変化
```

出典：Jitsuzumi et al.（2002）を基に筆者作成

2-3　波及メカニズム間の相互作用

　IT投資の効果発現メカニズムを構成するもう1つの要素である「政治・社会的メカニズム」について論じる前に，2つのメカニズムの間の相互作用について説明する。

　前節で説明した経済メカニズムからは，近年のITの急速な進歩が利潤獲得・生産性向上の可能性を広げたことで，あらゆる種類の企業が活動の隅々にITの導入を進めていくという将来像が予測される。その結果，2－1節で概説した「政治・社会的メカニズム」の発動の前提条件となる社会全体のIT化が促進される。「経済メカニズム」の発動が「政治・社会的メカニズム」に及ぼす具体的な貢献としては少なくとも以下の3種類を挙げることができる。

① 企業のIT投資が進むことで，IT機器に対する需要が増大し，その結果，当該機器の価格が低下する。機器の価格が個人消費者にとっても手が届く範囲になれば，家庭等にITが導入される可能性が高まる。

② 企業のIT化が進めば，従業員としてITを使いこなす（あるいは使わざるを得ない）機会が増大する。ITを使えるようになれば，各労働者は自らの能力を拡大し，より高次の自己実現を図ることが可能になる。こうしたITエンパワーメント[4]を経験した労働者は，日常生活においても同様の満足を得るため，家庭にIT機器（特にパソコン）を持ち込む可能性が高い。

③ IT化を達成した企業はその活動範囲をインターネット上の電子市場（B to B市場およびB to C市場）に拡大しつつある[5]。顧客獲得競争等を通じてB to C市場がより利便性が高く魅力的なものになれば，消費者の側に，パソコンを購入し，インターネットに接続して，当該市場に参加しようという需要が高まる。

経済メカニズムの働きに起因するこういった要因により日常生活のIT化が進展し，それが人口に対し一定のシェアに達すると，インターネット上で日常の社会活動を行う「バーチャル・コミュニティ」が生まれる。バーチャル・コミュニティが参加者に与える利便性は，コミュニティの規模に応じて

---

[4] 本章では，「ITエンパワーメント」を，ITの使用により労働者自身が認識している能力が増大するプロセスとして使用している。ある組織にITが導入された場合は，組織全体として「ITエンパワーメント」が発生する。「エンパワーメント（empowerment）」には様々な内容が含まれるが，本章での用い方は，Conger & Kanungo (1988)が提唱し，Thomas & Velthouse (1990)が詳細に議論した「モチベーショナルな概念（motivational construct）としてのエンパワーメント」に対応するもので，Conger & Kanungoは「組織構成員の無力感の原因を特定し，フォーマルな形で組織的に対応したり，効力（efficacy）に関する情報をインフォーマルに伝えたりすることで，当該要因を取り除くことを通じた，組織構成員の自己効力感（self-efficacy）増進のプロセス」(p.474)と定義している。

[5] 情報通信白書（総務省 2002）によれば，2001年時点で，B to B市場の規模は53.9兆円（対前年比41.5％増，B to C市場の規模は1兆2,218億円（対前年比96.0％増）に達し，両市場ともに着実な拡大を続けている。ここでは電子商取引を「TCP/IPを用いたネットワーク上で財・サービスの受発注を行う商取引」と定義している。

拡大すると予想されるから（ネットワーク外部性），日常生活のIT化・消費者のネットワーク化は，加入者規模がクリティカル・マス[6]を超えることで加速度的に進行する[7]。加えて，「e-Japan戦略」の重点分野には「行政の情報化および公共分野におけるIT活用の推進」が含まれているが[8]，国や自治体レベルにおける情報化が進めば，バーチャル・コミュニティに参加することによって得られる利便性が拡大し，住民のIT武装のさらなる動機付けになる。こういった相互作用を通じ，社会全体のIT化が進めば，政治・社会的メカニズムの発動の準備が整うことになる。

　もちろん，メカニズム間の相互作用は一方的なものではない。政治・社会的メカニズムが機能することで，経済メカニズムが促進される余地もある。たとえば，社会全体のIT化が達成され，日常生活でITを利用する場面が増加すれば，国民の平均的なITリテラシーが向上する。あるいは，社会のIT化の進展過程で避けることはできないデジタル・ディバイドに対処するためのわが国政府の介入（IT講習会[9]や学校インターネット事業[10]）が，ITリテラシー向上に貢献することも期待できる。国民一般のITリテラシーが改善された結果，企業が従業員のITリテラシー向上のために支出しなければならない訓練費用を抑制することができれば，IT投資からの純収益が増大し，

---

[6] 「臨界加入者集合」とも呼ばれ，本水準を超える加入者が利用することで初めて自律的な発展経路をたどりうる。ネットワーク外部性を有する財の場合に存在することが理論上予測される需要水準である。
[7] IT化が社会全般に一様に進展することは期待できない。ネットワーク外部性が働くとはいえ，高所得者層は低所得者層よりもIT化のペースが速いことは十分に予想される。実際，わが国のIT化の進展状況は一様ではない（第1章図1－7参照）。バーチャル・コミュニティが参加者に与えるメリットが大きければ，IT化のペースの格差は大きな社会的不公平を生み出す。こうした不公平はデジタル・ディバイドと呼ばれ，そのインパクトがあまりにも大きいと，IT化に対する社会的な理解が得られない可能性が生じる。
[8] 第1章2－2節を参照のこと。
[9] 政府は，地方公共団体が行う住民対象のIT講座を支援しており，「IT基礎技能講習事業」の受講者数は2001年末までに約387万人に達している。
[10] 政府は，将来の高度情報通信社会に生きる児童生徒に，情報化に主体的に対応できる資質や能力を育成するため，1999年度から学校インターネット事業を開始し，全国で約3,000校の小中高等学校を高速インターネットに接続し，高速回線を用いた効果的な教育方法等についての研究開発を行っている。

2-2節で示した経済メカニズムの第4ステップが刺激されることを通じて，企業のIT化がさらに進展することが期待できる。

2-4 政治・社会的メカニズムを通じた波及

社会全般のIT化が実現されることにより発動される「政治・社会的メカニズム」は，公共財の最適供給に関わる問題に集約して議論することが適当である。

わが国のように間接民主制を採用している国では，公共財の恩恵に預かり，そのコストを負担する国民の意思は，「代議士→内閣→官僚機構」というルートを通じて公共財の供給に反映される。意思集約の方法としては，代議士（国政選挙，国会の議決）に関わるケースについては多数決，内閣（閣議）の場合は全会一致，官僚機構ではボトムアップの稟議制が採用されている。これらは歴史的に練り上げられたシステムであるが，公共財供給に係る経済効率性の面から見ると問題が多いと言わざるを得ない。主要な問題点は以下の2つである。

(1) 多数決システムの非効率性

多数決が最適に機能するためには，まず，投票の対象となる政策的選択肢が正確かつ十分な情報に基づいて適切に選択されていなければならない。非効率な選択肢に対して投票を行っても，非効率な結果しか得られないことは明らかである。

次に，すべての投票者が正しい情報に基づく合理的な判断を下しうる状況にあることが必要である。その際，情報入手のコストと投票行動のコストが投票の利益を上回らないことが確保されないと，投票率が下がる結果，最多数の票を獲得した選択肢が必ずしも社会全体の意思に沿った最適解ではない可能性がある。

また，各投票者が十分な情報に基づき合理的に行動していたとしても非効率性は残る。Arrow（1963）は，多数決システムは，投票者の選好が単峰型[11]に整理可能であるといった特定の場合を除き，望ましい帰結をもたらさないことを証明している（投票のパラドクス）[12]。

(2) プリンシパル・エージェント問題 (principal-agent problem)

　　現在の公共財提供システムは，仕事の依頼人（プリンシパル）である国民の意思が公共財の決定を直接左右するのではなく，その間に代議士・閣僚・官僚といった代理人（エージェント）を介するシステムである。この場合，エージェントの利害は必ずしもプリンシパルの利害と一致せず，しかも，国民一人ひとりがエージェントの行動を100%監視できるわけではないため，非効率性の発生は不可避である。その結果，国民利益の最大化が達成できない可能性がある。

社会全般の IT 化が進展することにより，こういった問題点が緩和，あるいは解消される経路が，「IT 投資効果発現に係る政治・社会的メカニズム」の意味するところである。

　まず，政府や自治体の IT 化が進めば，必要な情報を即時かつ網羅的に入手し，適切に処理する能力が高まる結果，国民に対し長期的・公共的観点から見て，より適切な選択肢を提示することが可能になる。

　第 2 に，日常の生活が IT 化し，個人個人の IT リテラシーが向上すれば，国民ひとりひとりが意思決定に必要な情報を即時かつ網羅的に入手し，適切に処理することが可能になる。その結果，たとえば，公共財の供給量に関する個々人の選好が（十分な情報が与えられない場合と比較して）遥かに合理的なものとして決定される。2－1節で既に論じたが，社会全体を視野に入れての長期最適な資源配分を実現するためには，消費者や企業が，「環境への影響を考慮するという公共的な観点から，現時点での自己の欲求充足をあ

---

11 「財・サービスの組合せや社会状態に関する選択肢を任意の一定順序で横軸にとり，それぞれに対する個人の効用指標を縦軸にとった場合，社会構成員全員にとっての当該効用指標のグラフがそれぞれただ 1 つの峰を持つような仕方で表現できる」という条件。単峰型選好の下では多数決により社会的に望ましい結論が得られる（Arrow 1963）。
12 岸本（1998, 第 7 章・第 8 章）は，複数の政党が存在し，政権（得票率）を目指す競争過程を通じて選択可能な政策集合を変えていくというプロセスを仮定した場合，あるいは 3 つ以上の政党が競い合う状況の下であっても単独政権が成立している場合，実現される政策がパレート効率的となることを指摘し，投票のパラドクスの成立の余地を小さく見積もっている。

る程度抑える」といった行動をとることが必要である。自らの意思決定が公共の利害得失にどういったインパクトを与えるかについて，包括的かつタイムリーな情報を得，ITの力を借りてそれを適切に処理することで，個々の経済主体が真に合理的な判断を下しうる可能性が高まる。加えて，ITを利用すれば情報収集コストを低く抑えることが可能である。電子政府がインターネット等のIT手段で積極的な情報開示を行えば，国民に対する情報提示の手段が官報や記者会見に限られている状況と比較して，政府・候補者の提示する政策上の選択肢に関する情報収集コストは大幅に低下する。その結果，投票行動のコストが低下して高投票率が実現されれば，投票結果が社会的最適解と一致する可能性はさらに高まる[13]。

第3に，個々の意思決定を取り巻く混乱した状況がITエンパワーメントによってわかりやすく整理できれば，不十分かつ不正確な情報の下で混乱した意思決定を行う場合と比較して，単峰型の選好を実現しうる可能性は高いと思われる。

第4に，IT化が進むことで，プリンシパル・エージェント問題の発生の余地を減少させることが期待できる。そもそも，プリンシパル・エージェント状況の下で非効率性が発生する原因は，プリンシパルがエージェントの行動やプロフィールを直接観測することができず，その不完全な代替物としてエージェントの行動の結果を観察しうるにとどまるという単純な制約条件があるからである。IT化が十分に進めば，プリンシパルである国民一般は政府の意思決定等に関するより詳細かつタイムリーな情報を収集・分析することができるようになり，問題点は解消される可能性がある。事実，プリンシパルがエージェントの行動に関する情報をすべて得ることができれば，非効率性の発生する余地はない[14]。

---

[13] 2001年11月30日には「地方公共団体の議会の議員及び長の選挙に係る電磁的記録式投票機を用いて行う投票方法等の特例に関する法律」が成立し，電子投票が可能になっている。電子投票が一般化すれば，投票コストは無視しうる水準にまで低下する可能性がある。

[14] プリンシパル・エージェント問題の全般的な説明については，たとえば，Varian (1992, Chap.25) やMas-Colell et al. (1995, Chap. 14) 等を参照されたい。

最後に，IT化により間接民主制に基づく現在の政治システム自体が根本的に変わる可能性がある。そもそも，現代の民主主義国家で間接民主制がポピュラーとなっているのは，直接民主制施行に伴う莫大な交渉コスト（調整コスト）の存在が大きな原因である。先に挙げた電子投票等の手段により政治プロセスのコスト構造が劇的に変化すれば，直接民主制の採用が可能になる局面が生じることも期待できる。もちろん，間接民主制と直接民主制にはそれぞれ長所と短所があるので両者の優劣を一概に決めることはできないし，IT化が如何に進展しても間接民主制を維持すべき局面がなくなることは想定できない。電子政府が完備し，電子投票等のシステムが普遍化した後においても，機会費用を考えた場合，政治参加のコストがすべての国民にとって完全に無視しうる水準になる保証はない。しかしながら，政治参加の方法を最適化するにあたり，常に複数のオプションを考慮することができれば，政治・社会システムの効率性改善が期待できる。

3　IT投資効果発現メカニズムの効率性を左右する要因

第2節で説明したIT投資効果発現メカニズムがどの程度効率的に機能するかによって，各企業が行うIT投資のマクロ経済指標へのインパクトが左右されるというのが本章の基本的メッセージである。

そこで，当該メカニズムの機能効率性，すなわちIT投資が経済的メカニズムと政治・社会的メカニズムを通じて有益な効果を生み出す効率性を以下では，「IT投資効果の発現効率」，あるいは短く「発現効率」と称する。この「発現効率」は第2章で紹介したWeill（1990）およびLucas（1999）によるconversion effectivenessと基本的には類似のコンセプトである。但し，Lucasらの概念は企業の経営スタイル等が個別企業レベルでのIT投資効果発現にどういった影響を及ぼすかという論点に焦点を絞っているのに対し，本書では，導入されるITの性質や産業構造が，マクロ経済に与えるIT投資のインパクトの規模をどの程度コントロールするかという議論までをも包摂する概念として利用している。したがって，Lucasらの概念は狭義のものであり，本書のそれは広義のものである。発現効率が悪化した状況の下ではIT投資はマクロ経済指標に期待したほどの効果はもたらすことができず，いわ

ゆる IT 生産性パラドクスが生じる。発現効率はいくつもの要因（efficiency control factor［E.C.要因］）によって上下することが予想されるが，E.C.要因に関してわが国と米国の差を見出すことができれば，それはわが国における IT 生産性パラドクスの原因を構成する可能性がある。第5章以降に展開される実証分析は，まさに日本独自の E.C.要因を見出そうという試みである。そこで本節では，メカニズムの発現効率を左右する E.C.要因のいくつかを例示し，検討を加える。

3-1 経済メカニズムに係る E.C.要因

第1のサブ・メカニズムである経済的メカニズムに係る E.C.要因を分類し，いくつかの例について言及したものが図4－3である。経済的メカニズムがミクロレベルとマクロレベルに二分可能であるのに対応して，E.C.要因についてもミクロ要因とマクロ要因に大別できる。

ミクロレベル・メカニズムに係る E.C.要因の主なものとしては，「IT 自体の潜在能力」と，「導入企業の補完的経営施策の実施状況」のそれぞれに係るものがある。後者については，Lucas らの主張する狭義の「発現効率」に対応する。

「IT 自体の潜在能力」はさらに，①当該 IT が競争優位性をどの程度改善しうるかに係る技術的潜在能力，②投資目的，③適用分野の影響を受ける。ドッグイヤー等と称される IT 関連の急速な技術進歩を考えた場合，投資を行うに際し，長期的に見て最適な IT を実装した財を選択することは容易な課題ではない。とりわけ，ネットワークとの接続を前提とした IT については，「過剰慣性（excess inertia）」が発生する可能性があり，純技術的に進んだものが必ずしも競争上有利な技術とは限らないことが Farrell & Saloner（1985, 1986）により指摘されている。その場合，最適な IT の選択は，今後のベンダー間の標準化競争の結末を予測することをも含む，よりいっそう困難な課題となる。さらに，同じ技術であっても投資目的に応じてその効果発現には差があることが予測される。一般的にみて，IT 導入企業側の努力だけで完結するプロセス・イノベーションに用いられた IT の方が，需要側のレスポンスを必要とするプロダクト・イノベーション目的で利用され

第 4 章　IT 投資効果の発現メカニズム

図4－3　経済的メカニズムに係る E.C.要因

[左側フロー図]

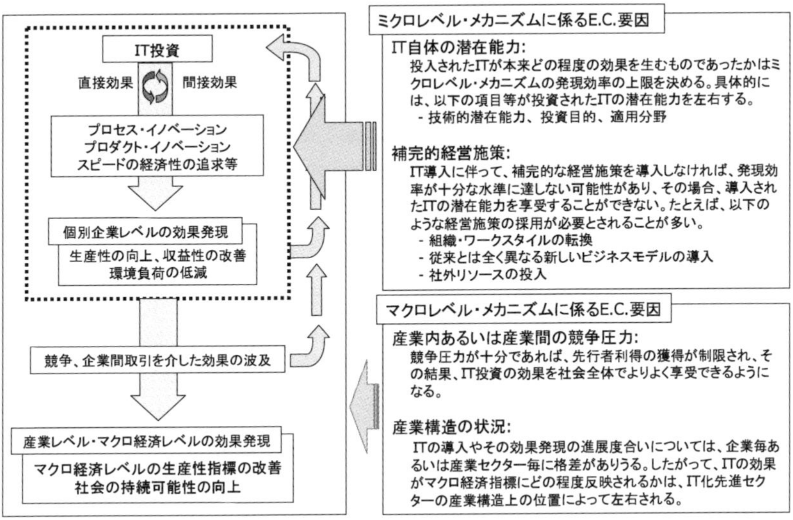

IT投資
直接効果　間接効果
↓
プロセス・イノベーション
プロダクト・イノベーション
スピードの経済性の追求等
↓
個別企業レベルの効果発現
生産性の向上、収益性の改善
環境負荷の低減
↓
競争、企業間取引を介した効果の波及
↓
産業レベル・マクロ経済レベルの効果発現
マクロ経済レベルの生産性指標の改善
社会の持続可能性の向上

[右側説明]

ミクロレベル・メカニズムに係るE.C.要因

IT自体の潜在能力：
　投入されたITが本来どの程度の効果を生むものであったかはミクロレベル・メカニズムの発現効率の上限を決める。具体的には、以下の項目等が投資されたITの潜在能力を左右する。
　－技術的潜在能力、投資目的、適用分野

補完的経営施策：
　IT導入に伴って、補完的な経営施策を導入しなければ、発現効率が十分な水準に達しない可能性があり、その場合、導入されたITの潜在能力を享受することができない。たとえば、以下のような経営施策の採用が必要とされることが多い。
　－組織・ワークスタイルの転換
　－従来とは全く異なる新しいビジネスモデルの導入
　－社外リソースの投入

マクロレベル・メカニズムに係るE.C.要因

産業内あるいは産業間の競争圧力：
　競争圧力が十分であれば、先行者利得の獲得が制限され、その結果、IT投資の効果を社会全体でよりよく享受できるようになる。

産業構造の状況：
　ITの導入やその効果発現の進捗度合いについては、企業毎あるいは産業セクター毎に格差がありうる。したがって、ITの効果がマクロ経済指標にどの程度反映されるかは、IT化先進セクターの産業構造上の位置によって左右される。

出典：実績他（2001）を基に筆者作成

る場合よりも、短期的にはより大きな効果を生みやすいことが想定される。また、同じプロセス・イノベーション目的であっても、具体的な適用分野によって IT の効果は異なる。第5章で詳述するが、わが国の大企業を対象にしたアンケート調査では、適用分野によって IT 効果の認識に大きな差があることが明らかになっている（図4－4）。

　補完的経営施策の具体例については、Weill（1990）および Lucas（1999）にいくつか挙げられている。諸要因の有効性については、いくつかの実証研究によって確認されているが、詳細については第2章1－6節を参照されたい。

　マクロレベルで作用する E.C.要因としては、産業内あるいは産業間の競争圧力と各産業の相互関係（産業構造）を挙げることができる。まず、個別企業あるいは特定の産業セクターのレベルで、IT 化が十分な効果をあげていた

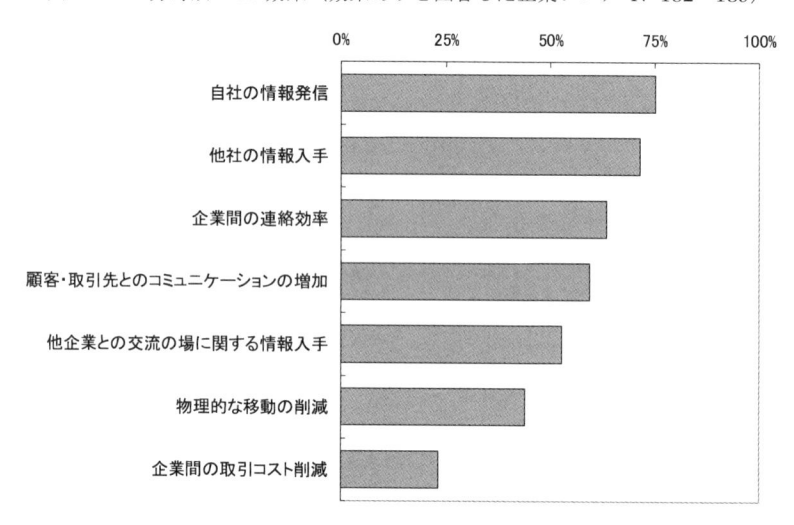

図4-4 分野別のIT効果（効果ありと回答した企業シェア N=182～189）

- 自社の情報発信
- 他社の情報入手
- 企業間の連絡効率
- 顧客・取引先とのコミュニケーションの増加
- 他企業との交流の場に関する情報入手
- 物理的な移動の削減
- 企業間の取引コスト削減

出典：実積（2003）

としても，当該企業・産業が直面する市場において競争圧力が存在しなければ，せっかくの効果は当該セクターの超過利潤に転化されるにとどまり，生産量の増大や価格低下・高品質化を通じて他セクターあるいは消費者一般に望ましい波及効果をもたらすことは望めない。また，競合企業（産業）のIT化を促進する効果も期待できないため，十分な競争圧力がある場合と比較してマクロ経済指標の改善幅は小さくなる。

　一方，「IT化の恩恵を享受している企業群が他の企業群とどういった関係を取り結んでいるのか」，すなわち，「IT化先進産業が当該国の産業構造上どういった位置を占めているか」が，IT投資のマクロレベルへの影響を大きく左右するという点に関する議論は必要あるまい。マクロ経済に占める割合が大きな産業におけるIT成果の発現が，小さな産業での発現よりも大きな波及効果をもたらすこと，あるいは，より基盤的で中間生産物として生産されるアウトプットのシェアが高い産業におけるIT成果の発現が，より最終消費者に近い産業での発現よりも大きな波及効果をもたらすことは直感的に

も理解できる。

3-2 波及経路間の相互作用に係る E.C.要因

　経済メカニズムと政治・社会的メカニズムの間の相互作用においても E.C. 要因を考慮する必要がある。本相互作用が阻害されている場合，企業における IT 投資が政治・社会的メカニズムを十分に発動することができず，社会全体への効果は小さくなる。主な要因として，以下の4つを挙げることができる。

(1) IT の供給キャパシティ

　両メカニズム間の相互作用は，企業の IT 投資の活発化により IT 機器が安価かつ大量に供給される事態を前提条件としている。それは，IT 製造セクターが十分な生産余力を持っていること，あるいは輸入が円滑に行われていくことを前提とした議論である。IT の供給に限界がある場合，企業の IT 投資による需要増は IT の価格の上昇を招来することになり，予定された相互作用が機能しない。わが国ではインターネットの必需品化が進展しつつあるが[15]，社会一般のさらなる IT 化を促進するためには，パソコン等のより一層の低廉化が望ましいことは言うまでもない。

(2) 労働者の積極性

　オフィスで IT エンパワーメントを体験した労働者が，それを日常生活に積極的に活かしていく意欲を持つかどうかは相互作用の成否を大きく左右しうる E.C.要因である。ホームオフィス型テレワークが普及すれば，ビジネス局面以外での IT 利用が促進されることも期待できる。

---

[15] インターネット利用者に，日常生活におけるインターネットの必要性についてウェブアンケート調査（「IT と国民生活に関する調査分析」）を行った結果，3人に2人が，日常生活にインターネットは「必要不可欠」であると回答している（総務省 2002, p.69）。

(3) B to C 市場の環境

　B to C 市場の環境整備が十分に進んでいれば，消費者が IT 環境を備える際の障害が少なくなる。しかしながら，総務省（2002）の調査[16]ではB to C 市場での取引に際し「クレジットカード番号や個人情報が第三者に盗まれないか」という不安を持つ消費者が回答の 77.7%を占めるという結果が得られており，環境整備が十分であるとは言えないのが現状である。

(4) バーチャル・コミュニティにおけるネットワーク外部性の大きさ

　バーチャル・コミュニティにおけるネットワーク外部性の強弱も，経済メカニズムと政治・社会的メカニズムの間の相互作用を左右する重要なファクターである。そのため，バーチャル・コミュニティへの参入障壁やコミュニティ自体の親和性，IT 化に対する一般的な態度等も E.C.要因の一翼を占める可能性がある。

3-3　政治・社会的メカニズムに係る E.C.要因

　公共財提供の効率性が IT によって改善される経路である政治・社会的メカニズムの効率性を左右する E.C.要因としては以下の 5 つが考えられる。

(1) 人々の選好

　IT による知的社会の実現は個々人の需要をより合理的なものとすることが期待される。しかしながら，個々の需要の「合理性」は多数決メカニズムを通じて形成される社会的意思の合理性を保証するものではない[17]。したがって，IT 化が（本章の政治・社会的メカニズムで期待されているように）社会的意思の合理化を実現し，社会的な最適解を導くか否かは，最終的には個々の社会構成員の選好に依存する。たとえば，

---

[16] 「情報通信分野の安全性と将来技術に関する調査」：2002 年 2 月 27～28 日にインターネット上のアンケート調査サイトである goo リサーチを利用して実施された。
[17] General Possibility Theorem（いわゆる「アローの不可能性定理」）(Arrow 1963, p.59)

個々の選好が単峰型であれば，多数決に基づく社会的意思は望ましい性質を持ちうる[18]。

(2) 政府・自治体等の情報公開度

　IT化により社会構成員のひとりひとりが合理的な判断を下すためには，必要な情報へのアクセスが十分に確保されていなければならない。公共財供給に係るプリンシパル・エージェント問題への対処としての政府・自治体への監視を実効的なものとするためには，「開かれた政府」の実現が必須の条件である。また，仮に個々の公務員のパフォーマンスに関する情報が公開されれば，公務員の勤務倫理が改善され，非効率性が発生する余地はさらに小さくなる。

(3) デジタル・ディバイドに対する一般的態度

　知的社会の実現により社会構成員が社会全体の長期的最適解を志向するというのは，1つの仮定に過ぎない。個人個人が極めて利己的に行動した場合，ITは社会的な長期最適解を達成しないかもしれない。たとえば，IT化に先行したグループが，IT化に後れているグループに対する優位性を利用して資源配分を歪め，後者の犠牲の上に自らの利益の確保を図るような選択肢をとるならば，政治・社会的メカニズムは期待どおりの働きを見せない。

(4) 政府・自治体の政策に対する信頼性，現状満足度

　政治・社会的メカニズムは，知的社会における個人が積極的に政治システムに介入することにより，社会的最適に近接していくというプロセスである。しかしながら，政治システム（具体的には投票）への参加には様々なコストが必要であり，情報収集や意思決定に費やす時間コスト

---

[18] Possibility Theorem for Single-Peaked Preferences (Arrow 1963, p.78)

まで考慮に入れた場合，IT 化された知的社会においても政治参加コストがゼロとなることは期待できない。その場合，各人が政治・社会的メカニズムで予定されている政治参加を果たすためには，政治参加によって得られる期待便益がコストを上回るという条件を満たす必要がある。したがって，現存の政府・政策に対する満足感が高ければ，メカニズムが予定している政治参加により得られる期待便益は小さくなるため，政治・社会的メカニズムの機能する余地が小さくなる。但し，この場合は，同メカニズムが発動しないことによる最適解からの乖離幅も小さいため，本 E.C.要因は実際には大きなインパクトを持たない可能性が高い。

(5) 政府部内における補完的経営施策の整備

政治・社会的メカニズムには電子政府化により政府の生産性が向上し，納税者あるいは社会全体にメリットが及ぶという側面が含まれる。政府・自治体を，税金等のインプットを用いて公共サービスというアウトプットを生産するメカニズムとして捉えた場合，政府部内において補完的経営施策がどの程度実施されているかは，IT 化が当該メカニズムの効率性をどの程度改善させうるかを左右する。

4 本章のまとめ

本章では，第 5 章以降で試みる実証分析において想定する IT 投資効果発現メカニズムを提案し，その機能発揮を左右する E.C.要因について解説を加えた。

提案したメカニズムにしても，それに作用する E.C.要因にしても，今後それぞれの存否について実証研究を試みることが必要である。第 5 章以降はその 1 つの試みである。

第5章　わが国企業のIT化の現状

1　アンケート調査方法・回答者属性

　前章で説明したフレームワークによる分析を行うため，全国の上場・店頭公開企業3,300社に対しアンケート調査を実施し，必要なデータを収集した[1]。アンケートでは，上記フレームワークの分析に直接役立つデータ項目に加え，わが国企業のIT化の現状を記述するのに有用な様々な項目を設問として取り上げている。本章では，アンケートデータから得られる記述統計情報を提示し，わが国企業のIT化の現状について解説する。

　なお，本章以降に展開される個別企業を対象とした分析において，IT化のための支出（情報関連諸経費）として言及される具体的内容には，企業の情報化の対象として近年注目されている情報処理システム（具体的にはパソコン・通信機器を中心とするハードウェアやソフトウェア）への支出のみならず，IT関連サービスの購入，ITスタッフ育成のための支出が含まれている（表5－1）。

1-1　調査方法

　アンケート調査は，郵政省郵政研究所（現　総務省情報通信政策研究所）における1999年度調査研究として，次のとおり実施された。得られた回答数は195サンプル，回答率は6％であった。

---

[1] 調査計画の全貌についてはJitsuzumi et al.（2000）を参照されたい。

調査方法：郵送による配布・回収式のアンケート調査
調査対象：全国の上場・店頭公開企業 3,300 社
調査時期：2000 年 1 月 17 日（調査票配布）〜1 月 31 日（回収期限）

表5－1　アンケート調査で利用した情報関連諸経費の内訳・定義

ハードウェア関連費用	情報関連機器*に係る減価償却費（買取の場合），レンタル／リース料（年額），導入諸掛り，保守料等
ソフトウェア関連費用	既存のパッケージ／ソフトウェア，プログラム等を購入した費用，使用料（年額），ならびに委託契約に基づいて発注したシステム設計，プログラム作成に係る費用等
サービス関連費用	データの作成・入力・購入に関する費用，情報処理，提供サービスの料金，外部のオペレータ・プログラマ・ネットワーク管理者等の外部からの派遣要員の人件費として派遣元に支払った人件費，講習会等の教育・訓練に関する費用等
通信関連費用	通信回線使用料（社内 LAN やイントラネット関連を除く），ネットワーク加入・使用料等
人件費	コンピュータ室，システム開発室等の情報処理部門に所属し，その業務に専従している社内の要員に対する人件費（税込み）金額
その他の関連費用	コンピュータ室・通信用施設等の賃料または償却費，電力料金，消耗品費，管理費等の他の区分に含まれない費用

出典：筆者作成
注：「情報関連機器」には，汎用コンピュータ，ミニコン，オフコン，ワークステーション，パソコン等の各種コンピュータ，ならびに周辺機器，制御装置，端末装置，社内 LAN やイントラネット関連の通信装置・回線を含む。また，パソコン機能や通信機能を内蔵している携帯情報端末も対象としている。

1-2　回答者属性

　得られた 195 サンプルは，母集団の 6%を占めるに過ぎないが，χ^2 統計量から判断すると，サンプル内の産業構成が母集団を代表する程度は概ね良好である。産業間の差異を分析する目的で，全産業を以下の3セクターに分類する。サンプル内の産業別構成を示したものが図5－1である。

① 製造セクター（財を提供する部門）：
　　製造業

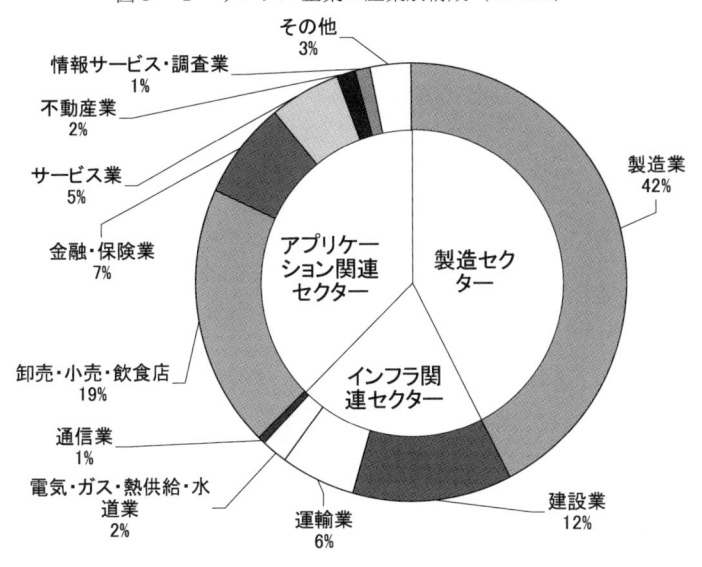

図5－1　サンプル企業の産業別構成（N=195）

その他 3%
情報サービス・調査業 1%
不動産業 2%
サービス業 5%
金融・保険業 7%
卸売・小売・飲食店 19%
通信業 1%
電気・ガス・熱供給・水道業 2%
運輸業 6%
建設業 12%
製造業 42%

アプリケーション関連セクター
製造セクター
インフラ関連セクター

出典：実積（2003）

② インフラ関連セクター（経済活動の基盤構築に関連する部門）：
　　建設業，運輸業，電気・ガス・熱供給・水道業，通信業
③ アプリケーション関連セクター（「インフラ関連セクター」によって構築された基盤の上で「製造セクター」が生み出した財を用いて経済活動を行う部門）：
　　前二者に含まれない産業

　セクター毎の回答者属性に関しては，従業員規模，1999年度売上高，1998年度末有形固定資産残高のいずれの基準で判断しても，インフラ関連セクター，製造セクター，アプリケーション関連セクターの順で大規模事業者の占める割合が大きい。また，アプリケーション関連セクターに比較的若い企業が集中しており，労働者の平均年収および平均年齢は，インフラ関連セクター，製造セクター，アプリケーション関連セクターの順となっている。

2 アンケート調査結果

2-1 IT化動向

　近年のIT化は，個別機器の導入というよりも，個々の情報機器を通信ネットワークにより相互に接続することでシステムとして総合力を発揮させる点に意味がある。そこで，まず，企業内パソコンのネットワーク化状況を見てみよう。1998年度末の総保有パソコンのうち，ネットワークに接続されているパソコンの割合は全サンプル平均で81.6％であり，他方，1998年度中に新たに導入されたパソコンのみのネットワーク化率は当該数値を5.9％ポイント上回る87.5％に達している。このことは，企業内パソコンのネットワーク化が平均的にみて進展していることに他ならない。個別のサンプル企業に着目しても，有効データを得られた152サンプル中133サンプルにおいて同様の傾向が見られ，わが国企業のIT化に対する意欲が反映されている。

　企業のIT化は，また，予算額の変遷によっても確認することができる。サンプル全体およびセクター毎の情報関連諸経費の変化率を表5－2に示すが，情報関連諸経費は「その他の投資的経費」[2]の伸び率を平均的に上回っている。但し，セクター毎の傾向は一定ではなく，製造セクターでは情報関連諸経費総額はそれ以外の投資的経費と同水準の伸び率である。また，セクターを通じて2000年度予算の方が全般的に伸び率が低いのは全般的な景気の影響と考えることが妥当であろう。同じことは個別企業レベルでも確認できる。有効データを得られる100サンプル中77サンプルにおいて1999年度の情報関連諸経費総額の対前年度伸び率がその他の投資的経費額の伸び率を上回っており，2000年度予算見込額の対前年度伸び率においても93サンプル中77サンプルにおいて同様の傾向を観察することができる。

　IT化に対する今後の意向に関しては，製造セクターと比較して，インフラ関連セクターおよびアプリケーション関連セクターにおいて強いことが示されており，表5－2に見られるセクター毎の傾向と整合的な知見を得ることができる（図5－2）。

---

[2] 情報関連以外の設備への投資および付随する経費。

第5章　わが国企業のIT化の現状　　101

表5-2　情報関連諸経費等の対前年度伸び率平均

		1999年度予算	2000年度予算見込額
全サンプル	情報関連諸経費総額	13.2%	7.5%
(N=93)	その他の投資的経費	10.2%	4.4%
製造セクター	情報関連諸経費総額	13.0%	4.8%
(N=39)	その他の投資的経費	13.0%	3.0%
インフラ関連セクター	情報関連諸経費総額	5.2%	−2.9%
(N=22)	その他の投資的経費	3.1%	−10.0%
アプリケーション関連セクター	情報関連諸経費総額	18.9%	18.0%
(N=32)	その他の投資的経費	11.8%	15.9%

出典：実積（2003）

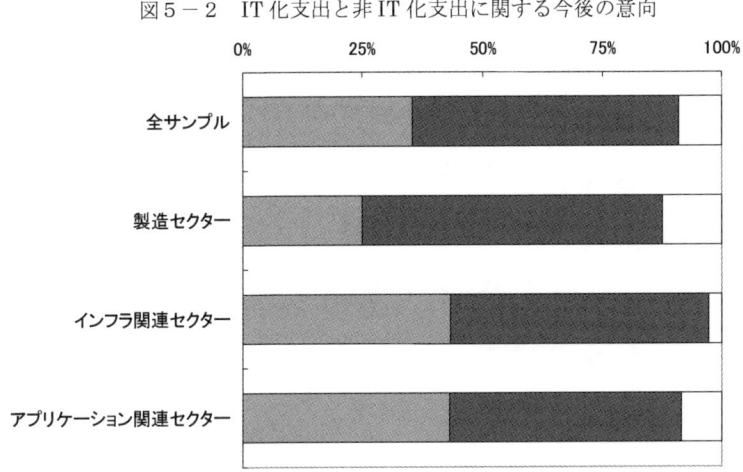

図5-2　IT化支出と非IT化支出に関する今後の意向

■ 情報関連諸経費の割合を高める
■ 両経費の割合は変わらない
□ その他の投資的経費の割合を高める

出典：実積（2003）

　情報関連諸経費の支出目的について調査した結果が図5-3である。アプリケーション関連セクターにおいて顧客満足（customer satisfaction：CS）改善目的と回答した企業数が多いことを除けば，セクター毎の傾向は共通している。情報共有化や経営スピード向上という，「既存のビジネスモデルの機能効率化」という目的のシェアが最大で，ローコスト経営，損益管理徹底，CS改善という「既存ビジネスモデルからの金銭的・質的アウトプットの改

善」という目的がそれに次ぎ，市場機会発見や新能力獲得・技術創造という「ニュービジネスへの展開」目的でIT化を行う場合が最も低くなっている[3]。第2章で論じたように，IT資産の潜在能力を解き放ち，IT化を成功に導くためには既存のビジネスモデルや組織を大幅に見直すことが必要であるということが，Hammer (1990)，Brynjolfsson & Hitt (1998)，Kraemer (2001) 等の先行研究で主張されている。米国企業を対象としたこれら先行研究の知見がわが国にも適用可能であるとすれば，既存ビジネスモデル上での改善を重視するという現状は，わが国のIT化の全般的な不具合の原因の1つを示唆している可能性がある[4]。

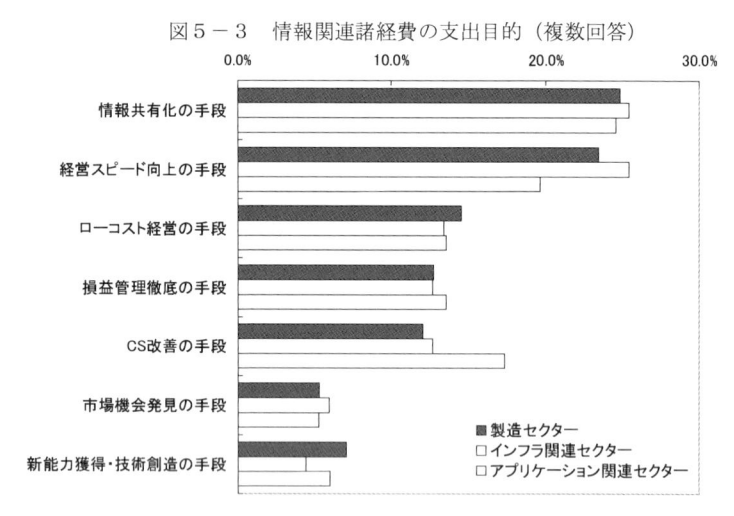

図5－3　情報関連諸経費の支出目的（複数回答）

出典：実積（2003）
注：グラフはセクター毎の回答数合計に対するシェア

---

[3] アプリケーション関連セクターは顧客に対するサービス提供が事業目的であるため，同セクターにとっての「CS改善」は「既存のビジネスモデルの機能効率化」に他ならないことに注意。
[4] わが国企業におけるIT化の失敗例をケーススタディとして取り扱った岩井・加藤（2000）の分析のいくつかはビジネスモデルの問題を指摘し，116社の製造業者を分析した浜屋（2000）は組織・人事制度の見直しが遅れたためにIT化の恩恵を享受できていないことを指摘している。

表5－3　情報関連諸経費の支出目的の組合せ頻度の上位10パターン

サンプル数	15	14	13	12	12	11	11	8	8	7
情報共有化の手段	○	○	○	○	○	○	○	○	○	○
経営スピード向上の手段	○	○	○	○	○	○	○	○	○	
損益管理徹底の手段		○			○			○	○	○
ローコスト経営の手段		○		○		○	○		○	○
CS改善の手段	○					○	○	○	○	○
市場機会発見の手段									○	○
新能力獲得・技術創造の手段										○

出典：実積（2003）

　また，アンケート結果によれば，企業がIT投資を行う場合，いくつかの目的を同時に達成することを狙うケースが通常である。そこで，目的の組合せ方のうち頻度の高い10パターンを表5－3に挙げた。「情報共有化の手段」と「経営スピード向上の手段」「損益管理徹底の手段」「ローコスト経営の手段」「CS改善の手段」が，個別企業のレベルにおいてポピュラーな目的であることがわかる。

　いくつかの代表的ITアプリケーションについて，サンプル企業における導入状況を調査した結果が図5－4である。全社向けのITアプリケーションであり，高度情報通信ネットワーク社会において企業活動を行う上で必要不可欠なインフラ的な役割を果たす電子メールシステムについては，過半数のサンプル企業が全社導入を果たしており，一部導入を含めると93.3%に達している。一方，同じインフラ的アプリケーションであっても，若干高度な部類に属するスケジュール・プロジェクト管理システムあるいは電子稟議・電子会議システムについては，導入率がそれぞれ54.2%, 22.3%に過ぎない。電子メールシステムは，従業員個々のデスクにパソコンを導入し，それらでネットワークを構築することだけでほぼ利用可能で，しかも，わずかな講習で必要な知識を習得できる[5]。さらに実際の利用にあたっては電話コミュニケーションの代替・補完から始めることが可能で，ビジネスプロセスの見直し

---

[5] 携帯電話やPHSが学生・生徒層に普及していくにつれ，就業以前から電子メールに触れる機会が増大しつつある。そのため，若年労働者が電子メール利用にあたり必要な研修量は今後減少していくことが予想される。

を必要とするケースは非常に少ない。これは，同システムを導入するにあたっての障害が些少であることを意味する。それに対し，スケジュール・プロジェクト管理システムや電子稟議・電子会議システムは導入作業自体により大きな時間・コストが必要である上，システムに習熟することもより困難である。さらに，前者についてはスケジュール更新や書き込み権限等について最低限の新規ルールの導入が求められ，後者については社内の意思決定メカニズムの成文化（あるいは，見直し）が必須である等，総合的にみて導入にあたって克服すべき障害の大きさは電子メールの比ではない。その意味で，これら数値には各システムの導入障壁の大きさが反映されていると解釈することができる。

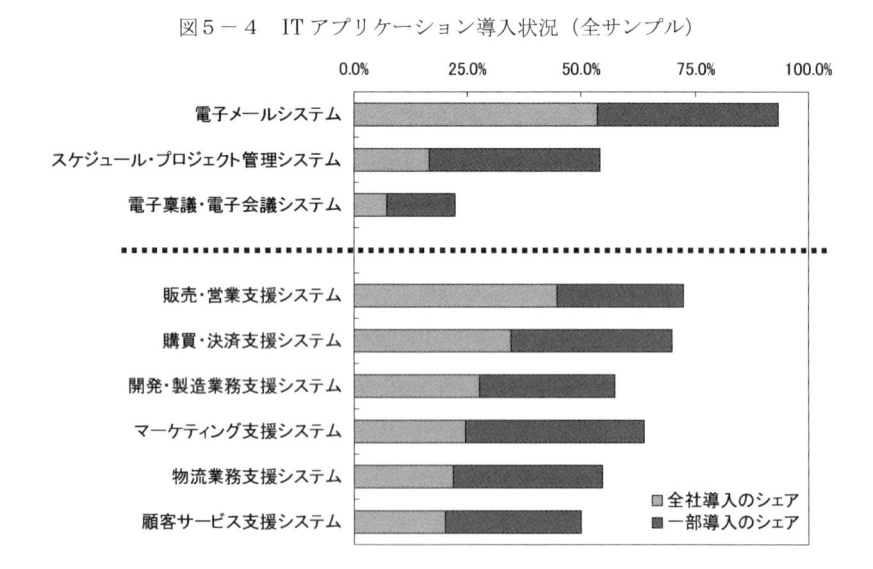

図5－4　ITアプリケーション導入状況（全サンプル）

出典：実積（2003）
注：販売・営業支援システム以下については当該業務が存在する企業の中でのシェア

また，特定業務向けのアプリケーションである「販売・営業支援システム」以下の6種のアプリケーションについては，該当業務が存在する企業の中で全社的に導入している企業の割合が最大45%から最低20%までと大きな差異がある。一口に「ITアプリケーション」と言っても，導入メカニズム，あるいは技術的な成熟度や企業側のニーズ等の諸要因には大きな差異があることが示唆される。

2-2 IT化の効果

　ITに対する投資・支出が企業内のどの部門に実際にコスト削減効果をもたらしたかについて尋ねた結果を図5-5に示す。全般的な傾向としては，IT化が事務部門や管理部門といったいわゆる間接部門でのコスト削減に貢献する場合が多い。一方，生産・製造・物流といったいわゆるブルーカラー部門での効果が観察されるのは2割を大きく下回り，研究・開発部門については1割，顧客サービス部門においては，わずか3.6%に過ぎない。IT化は，ホワイトカラー労働者が行う単純労働に対し大きな効果を発揮すると言われているが，ここでの結果はそういった見解と整合的である。また，セクター毎に見た場合，製造セクターでは，営業・販売部門を除く部門においてコスト削減効果が平均頻度以上に観察されており，他セクターとの比較においても概ね優越した割合を示している。

　次に，98年度中に導入したITが，同年度中にどの程度の金銭的メリットを与えたかについて尋ねた結果を示す（表5-4および表5-5）。明確なコスト抑制効果が観察されたケースは全サンプルの13～14%にとどまり，その倍以上のサンプルが明確に「経費削減効果なし」と回答していることから，IT投資から短期的な収益改善効果を望むことは困難であることがわかる。売上増大効果についての状況はさらに厳しい。しかしながら，アプリケーション関連セクターにおいては他のセクターの場合と比較して短期的効果がより期待できることがわかる[6]。

---

[6] サンプル企業毎の効果発現状況に着目すると，各効果の間には正の相関関係が示唆され，IT化の金銭的効果は収入と支出の両面に同時に発生する傾向が見られる。

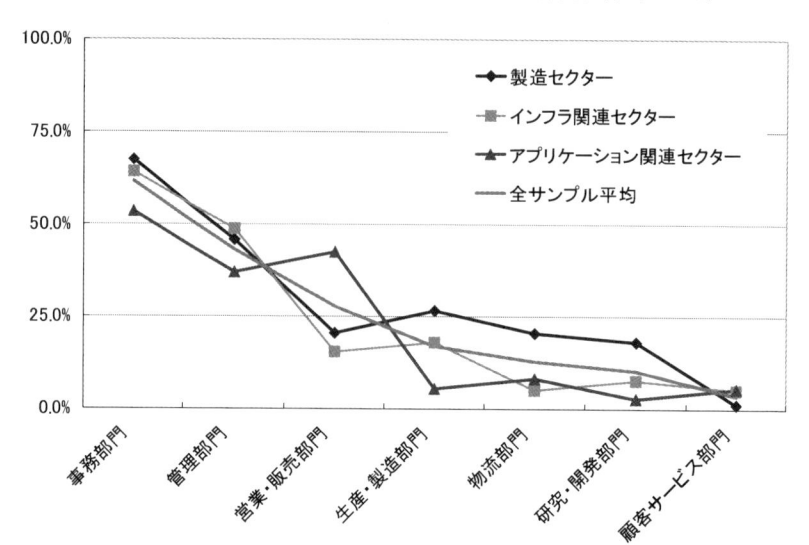

図5-5 IT化によるコスト削減効果が現れた部門割合 (N=195)

凡例：製造セクター／インフラ関連セクター／アプリケーション関連セクター／全サンプル平均

横軸：事務部門／管理部門／営業・販売部門／生産・製造部門／物流部門／研究・開発部門／顧客サービス部門

出典：実積 (2003)

表5-4 IT化の短期的効果1：コスト抑制効果

人件費へのインパクト	抑制された	影響なし	増加した	不明
全サンプル (N=173)	13.3%	33.5%	0.0%	53.2%
製造セクター (N=73)	11.0%	23.3%	0.0%	65.8%
インフラ関連セクター (N=36)	11.1%	33.3%	0.0%	55.6%
アプリケーション関連セクター (N=64)	17.2%	45.3%	0.0%	37.5%
総経費額へのインパクト	抑制された	影響なし	増加した	不明
全サンプル (N=171)	14.0%	29.2%	2.9%	53.8%
製造セクター (N=74)	12.2%	18.9%	2.7%	66.2%
インフラ関連セクター (N=35)	5.7%	25.7%	5.7%	62.9%
アプリケーション関連セクター (N=62)	21.0%	43.5%	1.6%	33.9%

出典：実積 (2003) を一部修正
注：Nは各質問項目に関して得られた有効回答数

第5章　わが国企業のIT化の現状　107

表5-5　IT化の短期的効果2：売上高への影響

	増大した	影響なし	不明
全サンプル（N=181）	7.2%	39.2%	53.6%
製造セクター（N=76）	3.9%	35.5%	60.5%
インフラ関連セクター（N=38）	5.3%	42.1%	52.6%
アプリケーション関連セクター（N=67）	11.9%	41.8%	46.3%

出典：実積（2003）を一部修正

図5-6　IT化が情報等の取り扱いに好影響を与えたと回答した企業の割合

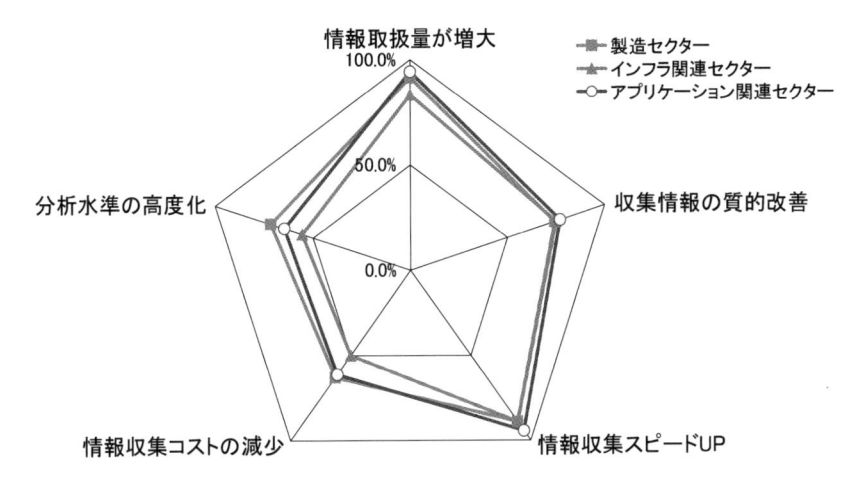

出典：実積（2003）

　IT投資から短期的な収益改善効果を望むことは困難であるとしても，IT機器の本質を考えた場合，企業が情報やデータを取り扱う際の効率性に好影響を与えることは最小限期待できる。IT化が情報やデータの処理に好影響をもたらしたと回答した企業の状況を図5-6に示す。

　取り上げたすべての項目について，半数以上の企業が肯定的な回答を返している。一般にIT機器はホワイトカラー労働者の生産性向上をもたらすと信じられているが，わが国企業におけるホワイトカラー労働者の多くはいわゆる中間管理職であり，中間管理職の主要な業務の1つは企業を取り巻く環

境情報を効率的に収集することにあるから,IT 化により「情報取扱量の増大」と「情報収集スピードの改善」があったと回答した企業割合が約 90%という高い数値を示していることは納得できる。それと比較して,収集情報の質的改善や分析水準の高度化を挙げる企業シェアが 15〜20%ポイント程度小さくなっていることは,IT 機器がホワイトカラー労働者の労力に代替することはできても,判断力に代替することは現時点では比較的困難であることを示していると解釈できるかもしれない。この点に関して,Autor et al. (2000) は,小切手取扱業務へのIT 機器の導入を例にとり,IT 化により単純労働は代替されうるが,高度な判断を伴う作業については代替が困難であることを指摘している。さらに,Autor et al. (2001) では,IT は日常業務に関して代替的なインパクトを持つと主張している。

図 5－6 では企業の情報・データの内部的処理に関連する IT 化の効果を示したが,図 5－7 には企業の対外的情報受発信能力等の局面における IT 化の効果を示す。

図 5－7 適用分野別の IT 化の効果（効果ありと回答した企業シェア）

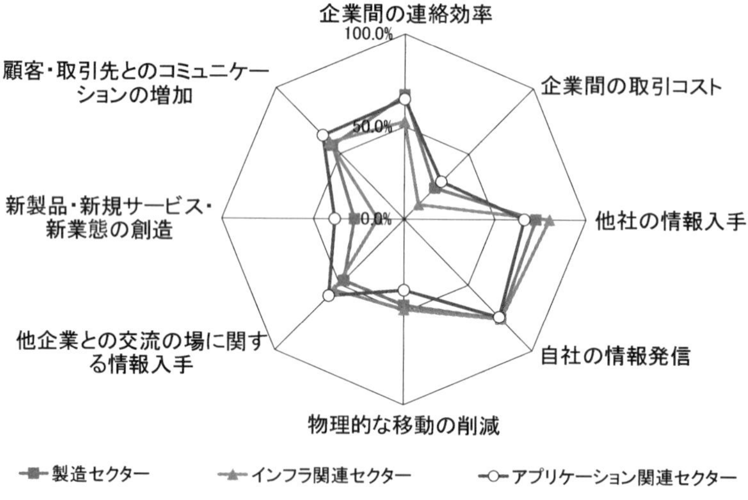

出典：実積（2003）

「企業間連絡」「情報入手」「情報発信」といった IT 機器の本質的能力が直接発揮できる局面（言い換えれば，従来，電話やファックスあるいは対面によって実施してきた行為を IT 機器が単純に代替することが可能な局面）において IT 化の効果ありと回答している企業数が多い。他方，「物理的な移動の削減」や「新製品等の創造」といった，IT 化以前にはなかったビジネス行動や新たな価値を創造することが求められる局面において，IT 化の効果を認識している企業数は半数以下にとどまっている。さらに，IT 化が「取引コストの削減」を実現していると認識している企業は全サンプルの 23% に過ぎない。この結果からは，企業の対外行動局面に対する IT 機器の導入は，当初は「既存の通信手段を単純に代替する」（第 1 ステップ）だけであるが，その後，「ビジネスモデル等の転換を惹起することを通じて新しい付加価値を創造」（第 2 ステップ）し，最終的には「取引コストの削減を実現する」（第 3 ステップ）といった順で効果を発揮するというシナリオを描くことができる。もちろん，第 2 ステップを介さず，取引コストの削減に至るシナリオも考えられるが，前述の Hammer (1990)，Brynjolfsson & Hitt (1998)，Kraemer (2001) の先行研究を踏まえた場合，必要な環境整備なしに IT を稼動することを意味するため，観察されるコスト削減幅は IT がもたらしうるインパクトを過少評価したものとなる。

表5-6　IT 化により業務効率が改善されたと回答した企業の割合

	全サンプル平均	製造セクター	インフラ関連	アプリケーション関連
事務部門	86.6% (186)	89.0% (82)	83.3% (36)	85.3% (68)
管理部門	77.4% (186)	82.9% (82)	80.6% (36)	69.1% (68)
営業・販売部門	56.4% (179)	59.5% (79)	33.3% (33)	64.2% (67)
生産・製造部門	55.8% (120)	58.2% (79)	57.9% (19)	45.5% (22)
物流部門	56.1% (132)	59.5% (74)	43.8% (16)	54.8% (42)
研究・開発部門	46.3% (123)	51.9% (77)	60.0% (20)	19.2% (26)
顧客サービス部門	47.1% (140)	45.9% (61)	54.2% (24)	45.5% (55)

出典：実積 (2003)
注：カッコ内の数値は回答を寄せた企業数

次に，コスト削減といった金銭的影響にとどまらず，一般的な業務効率の改善を実現したか否かに関して尋ねた結果を表5－6に示す。事務部門や管理部門において大多数の企業が効率改善を報告している一方で，研究・開発部門や顧客サービス部門においてはその数が全サンプルの半数に満たないという結果は，図5－6から得られた知見（「IT機器はホワイトカラー労働者の労力を代替するが，判断力の代替は困難である」）と整合的である。

また，業務効率改善効果の発現事例とコスト削減効果の発現事例には大きな齟齬があることも観察できる（表5－7）。企業は業務効率改善により余剰人員・機器の削減等を行い，中長期的にはコストの削減効果を享受することができる。しかしながら，短期的には，固定的生産要素の存在や労使慣行により，コスト削減につながる合理化が実行できないケースがありうるが，表5－7はそういった事情を反映しているものと見られる。

これらの知見からは，IT化の効果を検証する場合，売上高やコスト等への数量的インパクトに着目する通常のアプローチでは，IT化の効果を十分に把握できないという可能性を強く示唆している。加えて，ITによる業務効率改善効果の発揮効率，さらに業務改善がコスト削減に転換する効率には部門毎にかなりの差があることが明らかになっており，事務・管理部門と顧客サービス部門を比較した場合，IT化との親和性の差異が前者において如実に高いことが示された。このことから，IT化の効果を分析する場合には，ITが利用されている業務の性質を十分に加味すべきであることが示唆される。

表5－7 業務効率は改善したがコスト削減は観察されなかった企業の割合

	全サンプル平均	製造セクター	インフラ関連	アプリケーション関連
事務部門	36.0% (161)	31.5% (73)	30.0% (30)	44.8% (58)
管理部門	51.4% (144)	51.5% (68)	44.8% (29)	55.3% (47)
営業・販売部門	61.4% (101)	72.3% (47)	63.6% (11)	48.8% (43)
生産・製造部門	61.2% (67)	60.9% (46)	63.6% (11)	60.0% (10)
物流部門	71.6% (74)	68.2% (44)	71.4% (7)	78.3% (23)
研究・開発部門	77.2% (57)	72.5% (40)	91.7% (12)	80.0% (5)
顧客サービス部門	92.4% (66)	96.4% (28)	92.3% (13)	88.0% (25)

出典：実積（2003）を一部修正
注：カッコ内の数値は回答を寄せた企業数

表5−8 IT投資目的と環境負荷軽減効果

	IT投資の環境負荷軽減効果を認識	環境負荷軽減を目的にIT投資を実施
全サンプル	72.5%（189）	13.6%（191）
製造セクター	73.2%（ 82）	17.3%（ 81）
インフラ関連セクター	68.4%（ 38）	10.3%（ 39）
アプリケーション関連セクター	73.9%（ 69）	11.3%（ 71）

出典：実積（2003）を一部修正
注：カッコ内の数値は回答を寄せた企業数

　IT化によって，企業活動が周辺環境に与えるインパクトにどういった影響が及ぶのかを尋ねたところ，なんらかの環境負荷軽減効果があると回答した企業は72.5%に達しており，ITの環境負荷軽減効果の存在については広く理解されている。しかしながら，環境負荷軽減を目的としてIT投資を行った企業は，13.6%（191社中26社）に過ぎず，同効果はアンケート時点においては「事前段階では意図していなかった副次的効果」の地位にとどまっていることが窺える（表5−8）。

　環境に対する効果に関しては，セクター毎に若干のバリエーションは見られるものの，紙の消費については過半数，ビジネスに係る交通に関しては半数弱の企業で環境負荷の軽減が期待されている（表5−9）。それに対し，エネルギー消費や温暖化物質・環境汚染物質・産業廃棄物の排出に関してIT化が効果を及ぼすと期待している企業は2割を下回っている。また，IT化が環境負荷をかえって増大させる可能性も指摘されている。たとえば，事務作業にプレゼンテーションソフトが導入されたため，試行錯誤が容易になり，頻繁にプリントアウトを繰り返すようになったことで，（手書きで資料を作成していたときと比較して）紙や電力の消費量はかえって増大したということは，様々なオフィスで経験されていると思われる。また，ITの急速な技術進歩は，頻繁なモデルチェンジ，すなわち既存設備の破棄・更新を要請し，産業廃棄物の増大を惹起する可能性がある[7]。事実，今回のアンケート結果に

---

[7] もちろん，ソフトウェアのバージョンアップで済むケースもあり，その場合は廃棄物の発生が見られない場合がある。

表5-9 ITが環境に及ぼす効果

環境負荷の種類		負荷軽減	変化なし	負荷増大
ビジネスに係る交通	全サンプル (184)	40.8%	57.1%	2.2%
	製造セクター (80)	45.0%	52.5%	2.5%
	インフラ関連セクター (38)	44.7%	52.6%	2.6%
	アプリケーション関連セクター(66)	33.3%	65.2%	1.5%
紙の消費	全サンプル (188)	58.0%	23.4%	18.6%
	製造セクター (81)	60.5%	22.2%	17.3%
	インフラ関連セクター (38)	42.1%	21.1%	36.8%
	アプリケーション関連セクター(69)	63.8%	26.1%	10.1%
エネルギーの消費	全サンプル (185)	18.4%	55.7%	25.9%
	製造セクター (79)	16.5%	64.6%	19.0%
	インフラ関連セクター (38)	15.8%	42.1%	42.1%
	アプリケーション関連セクター(68)	22.1%	52.9%	25.0%
温暖化物質の排出	全サンプル (179)	11.7%	83.8%	4.5%
	製造セクター (77)	15.6%	81.8%	2.6%
	インフラ関連セクター (36)	5.6%	86.1%	8.3%
	アプリケーション関連セクター(66)	10.6%	84.8%	4.5%
環境汚染物質の排出	全サンプル (177)	5.1%	93.2%	1.7%
	製造セクター (77)	1.3%	97.4%	1.3%
	インフラ関連セクター (35)	5.7%	94.3%	0.0%
	アプリケーション関連セクター(65)	9.2%	87.7%	3.1%
産業廃棄物の排出	全サンプル (179)	14.5%	55.9%	29.6%
	製造セクター (78)	17.9%	53.8%	28.2%
	インフラ関連セクター (35)	8.6%	48.6%	42.9%
	アプリケーション関連セクター(66)	13.6%	62.1%	24.2%

出典：実積 (2003) を一部修正
注：カッコ内の数値は回答を寄せた企業数

おいて，紙やエネルギーの消費，産業廃棄物に関しては，20％程度の企業が環境負荷の増大の可能性を指摘している。

2-3　IT化のスケールとその効果の関係[8]

　一口にIT化と言っても，具体的にどういった種類のハードウェアアプリケーションを，企業活動のどの局面に導入するかによってその効果は大きく異なることが予想される。たとえば，企業サーバー上に顧客データベースを構築し，既存のLANシステムを通じて社員が利用する場合，（セキュリティ

---

[8] 本節の記述については，三友他（2001）に多くを依存している。

やプライバシー等の観点から）利用範囲を経営陣プラス営業部門に限るケースと，製造部門・財務部門を含む全社が当該データベースを利用可能なケースを比較してみよう。両ケースにおいて，ITストックの金銭的価値（データベースシステム＋LAN）は等しいが，顧客管理のみに利用される前者と比較して，新製品投入や与信管理にまで利用可能な後者のほうが，より大規模のIT化メリットが観察される。すなわち，IT化のスケールを測定する場合に，ITストックの金銭的価値のみに依存することは適当とは言えない場合がある。

　IT化の効果についても同様の議論が可能である。ITが汎用技術として広範な応用範囲を持つ（Lipsey et al. 1998）ことを考えれば，その効果を測定するためには性質の異なる様々な指標を総合的に判断することが求められる。加えて，既述のとおり，IT化は，コスト削減や売上拡大等の金銭的インパクトとともに，「業務効率の改善」という非金銭的インパクトを発生させており，しかも表5－7で示したように両者の発生には大きな齟齬が観察される。そのため，評価尺度には，量的指標のみならず質的な指標も包含されるべきである。

　そのため，本節では，アンケートで得られた種々の量的・質的情報に（追加的仮定を導入する必要がない）主成分分析の手法[9]を適用し，企業のIT化の進展度合いを反映する「IT導入指数 IT」，IT化が企業経営に及ぼす効果を反映する「経営改善効果指数 Mgt」，IT化による環境負荷軽減の度合いを反映する「環境負荷軽減効果指数 Env」という3つの指標（主成分得点）

---

[9] 主成分分析は，複数のデータ系列が有する変動に関する情報を極力失うことなく，より系列数が少なく，かつ相互に無相関な総合指標（＝主成分）に統合しようとするものであり，そういった総合指標を導入することによって，原データに含まれる変数間の関係や特徴が容易に把握できるようになることを目指している。「主成分得点」とは，主成分分析によって得られる総合指標の値であり，各主成分の分散を「固有値」，原データ系列を統合するときに用いるウェイトを「固有ベクトル」，各「固有値」と原系列の分散の総和の間の比率を「寄与率」と呼ぶ。第1主成分は固有値がもっとも大きな主成分であり，したがって最大の寄与率を有している。本分析手法の詳細については，刈屋（1985）等に解説がある。

を得た[10]。これら 3 指数間の相関を観察することで，IT 化のスケールとそのインパクトの関係を評価することができる。

---

[10] 各主成分得点に関する固有ベクトルは以下のとおり（いずれも第 1 主成分）。

脚注表 5 − 1　IT 導入指数

寄与率：36.96%	固有ベクトル
従業員 1 人当たりのパソコン台数	0.4391
保有パソコンのネットワーク化率	0.3811
電子メールシステムの普及度合	0.2864
スケジュール・プロジェクト管理システムの普及度合	0.5185
電子稟議・電子会議システムの普及度合	0.3807
従業員 1 人当たりの情報関連諸経費（1998 年度）	0.4706

出典：実積（2003）

脚注表 5 − 2　経営改善効果指数

寄与率：27.87%	固有ベクトル
人件費の抑制（短期的効果の有無）	0.1288
総経費の抑制（短期的効果の有無）	0.1304
売上・収入の増加（短期的効果の有無）	0.1023
情報・データの量的増加	0.2085
情報・データの質的向上	0.2365
情報・データの迅速な収集	0.2630
情報・データ収集のコストの削減	0.2468
情報・データ分析の高度化	0.2872
企業間の連絡効率の向上	0.2995
企業間取引のコスト低下	0.2163
他社情報の入手の容易化	0.2848
自社情報の発信の容易化	0.3340
交渉に係るヒトの物理的な移動量の抑制	0.2490
企業間交流に関する情報交換の促進	0.3056
新製品・新規サービス・新業態の創造	0.2659
顧客・取引先からの問合せ・コミュニケーションの増加	0.2978

出典：実積（2003）

脚注表 5 − 3　環境負荷軽減効果指数

寄与率：37.78%	固有ベクトル
ビジネスに係るヒト・モノの移動量の削減	0.2033
紙の使用量の削減	0.3853
エネルギー使用量の削減	0.4477
温暖化物質の排出量削減	0.5097
環境汚染物質の排出量削減	0.4607
産業廃棄物の排出量削減	0.3712

出典：実積（2003）

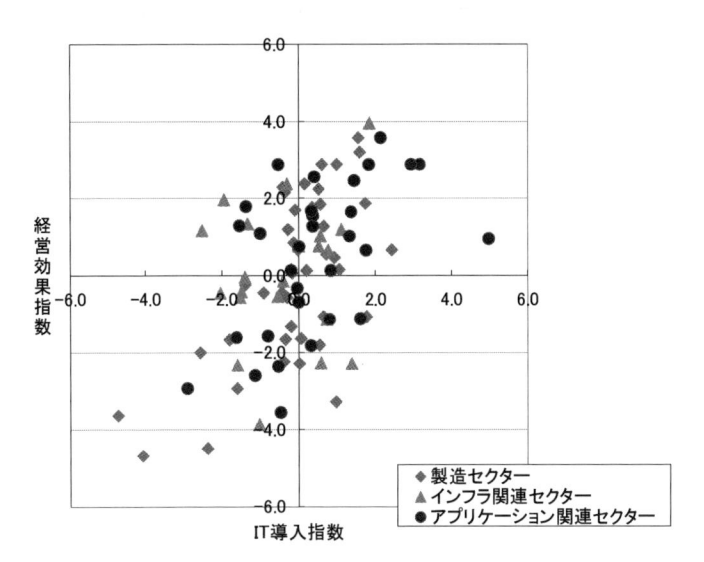

第 5 章　わが国企業の IT 化の現状　　115

図 5 − 8　IT 化が企業の経営面に及ぼす影響

$Mgt = \underset{(0.8243)}{0.1461} + \underset{(5.6514)}{0.6840} \times IT, R^2 = 0.2556$ （括弧内は t 値）

出典：Jitsuzumi et al.（2001）を基に筆者作成

　IT 化の進展度を横軸に，企業経営への影響を縦軸にとった散布図が図 5 − 8，縦軸に環境への効果をとったものが図 5 − 9 である。両グラフには，全サンプルを対象に行った最小二乗法による単純回帰の結果を添えている。IT 化と諸効果の因果関係が存在するとした場合，これらの回帰式からは，IT 化が進展するほど企業経営に対しては良好な効果がもたらされるが，情報化の進展と企業の環境改善効果の関係はそれほど強くはないことが示唆されている。

図5－9　IT化が環境負荷に及ぼす影響

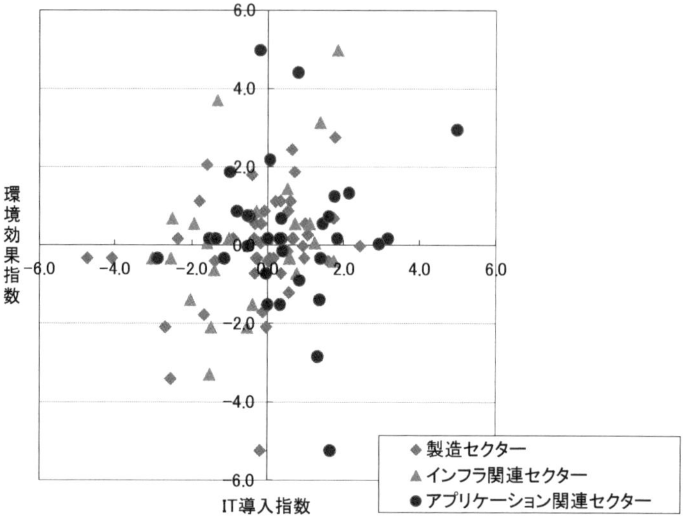
6.0
4.0
2.0
0.0
-2.0
-4.0
-6.0
-6.0
-4.0
-2.0
2.0
4.0
6.0
環境効果指数
IT導入指数
製造セクター
インフラ関連セクター
アプリケーション関連セクター

$$Env = \underset{(0.6483)}{0.0997} + \underset{(2.1685)}{0.2262} \times IT,\ R^2 = 0.0425$$ （括弧内はt値）

出典：Jitsuzumi et al.（2001）を基に筆者作成

2-4　関連経営施策の採用状況

IT化は単にIT機器やソフトウェアを導入するだけで達成されるものではない。Lucas（1999）等に見られる「IT化の効果を享受するためには，ビジネスモデルや就業形態等を調整する必要がある」という主張はビジネス誌においても一般的である。しかしながら，ITのポテンシャルを発揮するためには具体的にどういった施策を整える必要があるかについての見解は論者によって必ずしも同じではなく，包括的なリストを掲げたと主張するものも未だ現れていない。本節では，ビジネス誌上や新聞紙上において「IT化を補完する施策」として議論されることの多い施策を取り上げ，その採用状況を分析する。

もちろん，各施策は相互に独立して成立しうるものとは限らない。また，取り上げた5種類の施策がより上位の施策，たとえば「ビジネスモデルの変

更」のサブ施策として計画されることもありうる。したがって，本章で行う関連経営施策の分析は部分的なものにとどまっている。

分析対象とした施策は以下の5種類である。

(1) パートタイマーへの依存

　最新のIT機器やソフトウェアを導入しても使いこなせなければ話にならない。ITの進歩は，ドッグイヤーと称されるほど急速であるため，人材を企業内部で育成することは困難であり，外部の専門家をパートタイマーとして活用することが必要とされる場合がある。

　また，IT化により，企業は環境の変化に適切かつ柔軟に対処しうる力を獲得する。しかしながら，企業が環境の変化に対処しようとしても，わが国のような長期安定的雇用が一般的となっている環境下では，人事処遇面が重大な足枷になってしまう。この場合，低コストかつ容易に増減できるパートタイマーに対する依存度を高めることで，ITによって強化された環境変化対応力を享受することが可能になる。

(2) アウトソーシングへの依存

　取引コストの削減を実現するIT化は，企業内資源と企業外資源との競争を激化させる。各企業は相対的な競争優位性を有する分野（コアコンピタンス）に特化し，それ以外の業務についてはアウトソーシングという形で市場において調達することが求められる。逆に，アウトソーシングを行わない企業は，コスト面で不利を被ることになり，せっかくのIT化の効果を享受することができない。

(3) 勤務形態の変更（テレワーク，サテライトオフィス勤務等の採用）

　IT化により可能になるテレワークは労働者を通勤行動から解放する。テレワークによってもたらされるメリット等については第3章での議論に譲るが，いくつかのケーススタディでは2割程度の生産性改善をもたらすことが報告されている。さらに，テレワークを採用することで，いわゆる「通勤弱者」の能力を活用することが可能になり，さらなる生

産性改善の余地が生じる。逆に言えば，IT 化を進めているにもかかわらず，テレワークの導入に踏み切れない企業は，そういった利潤機会を放棄していることになる。

(4) 組織形態の変更（社内組織のフラット化・統廃合等）
　　IT 化は企業内部で行われている情報・データ処理に好影響を与えることは先に論じたが，これにより「中間管理職」あるいは「中間管理職的部門」の合理化の余地が生まれる。合理化を行い得ない企業は，テレワークの場合と同じく，機会費用を負担し，IT 化の潜在力を享受できない。

(5) 企業形態の変更（分社化，他社との提携・合併等）
　　IT 化による取引コストの削減に伴い，コアコンピタンスに資源集中していくことを余儀なくされた企業体は，企業価値最大化の観点から自身の業務ポートフォリオの柔軟性を高めるため，あるいは社内機能のコスト競争力を高めるために，分社化を行い市場競争の果実を取り入れることが有利となる場合がある。著名な例としては，富士通㈱CE 本部をルーツとして 1989 年に設立された富士通サポートアンドサービス㈱（FSAS）や，新日本製鐵㈱エレクトロニクス事業部を 1 つのルーツとする新日鉄ソリューションズ㈱があり，両社とも社内の IT システム部門が分離・独立し，競争的なコンサルティングサービス，ソリューションサービスを広く提供している。また，IT 化により取引コストが削減されたことを活用して，他社との提携・合併等により自企業の価値を高める戦略もありうる。

各施策の実施状況についてまとめたものが表5－10および表5－11である。パートタイマーへの依存度を高めている企業および組織形態の変更を行った企業はサンプルの過半数に達し，アウトソーシングについてはアプリケーション関連セクターにおいて3分の2の企業が依存度を高めていることがわかる。一方，勤務形態の変更に踏み切った企業はサンプル全体の 3.7%

表5−10　関連施策の実施状況1

		高まった	変化なし	低下した
パートタイマーへの依存度	全サンプル（192）	56.3%	41.7%	2.1%
	製造セクター（81）	54.3%	45.7%	0.0%
	インフラ関連セクター（39）	51.3%	43.6%	5.1%
	アプリケーション関連セクター（72）	61.1%	36.1%	2.8%
アウトソーシングへの依存度	全サンプル（191）	51.8%	46.6%	1.6%
	製造セクター（80）	45.0%	52.5%	2.5%
	インフラ関連セクター（39）	38.5%	59.0%	2.6%
	アプリケーション関連セクター（72）	66.7%	33.3%	0.0%

出典：実積（2003）を一部修正
注：カッコ内の数値は回答を寄せた企業数

表5−11　関連施策の実施状況2

		実施	検討中	検討せず
勤務形態の変更	全サンプル（190）	3.7%	13.7%	82.6%
	製造セクター（81）	3.7%	18.5%	77.8%
	インフラ関連セクター（39）	0.0%	10.3%	89.7%
	アプリケーション関連セクター（70）	5.7%	10.0%	84.3%
組織形態の変更	全サンプル（192）	55.2%	31.3%	13.5%
	製造セクター（81）	60.5%	25.9%	13.6%
	インフラ関連セクター（39）	53.8%	35.9%	10.3%
	アプリケーション関連セクター（72）	50.0%	34.7%	15.3%
企業形態の変更	全サンプル（190）	34.2%	24.2%	41.6%
	製造セクター（81）	43.2%	17.3%	39.5%
	インフラ関連セクター（38）	18.4%	26.3%	55.3%
	アプリケーション関連セクター（71）	32.4%	31.0%	36.6%

出典：実積（2003）を一部修正
注：カッコ内の数値は回答を寄せた企業数

（190社中7社）に過ぎない。日本テレワーク協会が2000年に実施した調査でも，テレワークを正式に導入している企業は，全体（N=579）の2.9%，上場企業（N=82）に限っても9.8%という低い水準にとどまっており（(社)日本テレワーク協会 2000），フェイス・トゥ・フェイスの労務管理を基本とする「日本型雇用慣行」の変更には大きな困難が伴うことを示唆している。

　また，企業レベルにおける各施策の実施状況を分析すると，「勤務形態の変更」と「パートタイマーへの依存」以外の施策ペアについては正の相関が

観察される。すなわち，1つの施策の導入に積極的な企業は往々にして他の施策の導入にも積極的であるという結果が得られた。

3　本章のまとめ

今回取り扱ったアンケートデータから窺えるわが国企業のIT化の特徴は，以下の6点に集約できる。

1. わが国企業は旺盛なIT化意欲を示している。
2. IT化の目的としては，「既存ビジネスモデルの機能効率化」というプロセス・イノベーション関連の目的が最もポピュラーである。一方，組織・人事制度・ビジネスモデルの見直しを伴うようなIT化の例は少ない。
3. IT化の効果には金銭的に把握可能なものと，質的にしか把握できないものがあるが，わが国企業の場合，前者よりも後者の発現頻度が高い。また，両者の発現事例の間には大きな離齬が観察される。
4. ITによる環境負荷軽減効果が投資の目的となるケースは少ないが，効果自体は広く認識されている。但し，IT化によりかえって環境負荷が増大する事例も認識されている。
5. IT化の進展度と企業経営の効率化には強い相関があり，IT化の有効性が示唆された一方で，環境負荷軽減に対しては強い相関を見出すことはできなかった。
6. ITの潜在能力を享受するために必要とされている各種経営施策の採用状況にはバリエーションがあり，「日本型雇用慣行」の存在が大きな阻害要因となっている可能性がある。

第6章　ミクロレベルの発現メカニズムI[1]

1　はじめに

　企業の行う投資は，直接的には当該企業の生産性に影響を及ぼし，間接的には競争や付加価値連鎖を通じて産業分野さらには経済全体に波及効果を発生させていくが，そのメカニズムは様々な要因の影響を受ける。経営者によるIT投資効果の評価，あるいはIT投資をよりよく活かす戦略の案出，さらには政策担当者の手によるIT化促進政策の立案に際しては，そういった関連要因がIT投資効果の発現効率に与える影響を考慮しなくてはならない。

　本章の目的は，個別企業におけるIT投資が当該企業において所期の効果を実現する程度を左右するミクロレベルのE.C.要因に関し実証分析を行い，それら要因を用いてIT投資の日米両国経済へのインパクトの差を説明できる可能性を探る点にある。なお，個別企業において実現されたIT投資効果がマクロ経済指標上に反映される程度をコントロールするE.C.要因については第8章で論じる。

　さて，ミクロレベルのE.C.要因については，第4章3-1節で，「IT自体の潜在能力」および「補完的経営施策」の2つを例示し，さらに前者については「技術的潜在能力」，「投資目的」，「適用分野」の3つを具体的な要素として示した。本章では，これらの要因のうち，客観的な検証が容易な「技術的潜在能力」，「適用分野」，および「補完的経営施策」といった3種類に着目する。

---

[1] 本章の分析は，実積他（2002）で示した基本的枠組みを筆者がさらに発展させたものである。

本章の構成は次のとおりである。まず次節で，第4章での議論を参考にして，本章で検証する 3 つの仮説を設定する。第3節から第5節にかけては，第5章で概要を示した個別企業データを用いた実証研究の結果について示す。「IT 投資自体の潜在能力」に係る仮説の検定においては，わが国企業の IT 化に見られる特色を，「補完的経営施策」についての仮説検定においては，Bresnahan et al.（1999, 2002）で採用されたアプローチを考慮に入れている。検定結果からは，わが国の IT 投資は米国におけるものと同じく個別企業の生産に対してプラスの貢献をしていることが確認された。また，IT の適用分野によってその貢献の程度が左右されることが統計的に示されている。一方，補完的経営施策に関する検定からは，わが国企業は米国企業の場合とは異なり，平均的には必ずしも適切な経営を行っていない可能性が示唆された。第6節は本章全体のまとめに充てられる。

2 仮説の設定

IT 投資が個別企業レベルにおいて効果を発揮するメカニズム（ミクロレベル・メカニズム）とは，環境変化に触発された企業の IT 投資が直接効果や間接効果を通じて，個別企業段階における生産性や収益性の向上あるいは環境負荷の軽減といった望ましい効果を発生させるメカニズムであった。本章では，「技術的潜在能力」，「適用分野」，「補完的経営施策」といった3種類の E.C.要因に着目し，各々がどの程度の力を発揮しているかを検証する。具体的には，IT 投資自体の価値や，IT 投資の適用分野，経営者が採用している各種施策の優劣が，IT 投資の日米両国経済へのインパクトの差を説明しうるか否かを吟味する。

そもそも，投資対象となる IT の能力自体に日米格差が存在すれば，両国のマクロ経済への波及効果が異なるのは当然である。しかしながら，情報通信ネットワークを介することで誰でもどこからでも最先端の技術情報にアクセスすることが可能で，しかも IT 関連財の大部分がたとえば電子商取引形式で国内外のメーカーから入手可能であるという現状では，IT 投資の潜在能力の日米格差の存在を想定することは現実的ではない。とりわけ，ネットワーク上で取引が完結するソフトウェアについては日米格差が成立すること自

体が不可能であると思われる。したがって，IT 投資自体の価値に関する検定仮説は「IT 投資が個別企業の生産に対してもたらす貢献の程度に日米格差はない」であるべきである。本仮説を検証するためには，日米で IT 投資（IT 資本）を明示的に考慮した生産関数を仮定し，推定されたパラメータから IT の限界生産性を算出するという作業が必要である。米国については，Hitt & Brynjolfsson（1996）が，IT ストック C，非 IT ストック K，労働投入 L を説明変数とし，付加価値額 V を被説明変数としたコブ・ダグラス型の生産関数（(1)式）を用いて IT 資本のグロスの限界付加価値生産物を年 94.9％と推定している。

$$\ln V = \ln\left(\sum_t D_t + \sum_i D_i\right) + \beta_1 \ln C + \beta_2 \ln K + \beta_3 \ln L \qquad (1)$$

但し，D_t, D_i はそれぞれ観測時点，産業を示すダミー変数

その一方で，コンピュータの減価償却率に関する BEA のデータ等を基に IT 資本の年間ユーザーコストを投資財価格の 35％と想定し，IT 資本のネットの貢献は正であると結論付けている。

わが国の個別企業レベルのデータを用いて同種の分析を行えば，先の仮説の成否が検証可能なはずである。IT 投資が企業の生産活動に対して及ぼす貢献は，(1)式の右辺第 2 項（$\beta_1 \ln C$）に表現されている。しかしながら，この特定化では，IT 投資が Hicks 中立的な技術進歩を実現し，他の生産要素（K および L）に対し同様のインパクトを与えるというメカニズムを想定するケースを含んでいる。Hicks 中立的[2]なインパクトを IT ストックに認めることは，IT 化を進めても労働投入量を維持する傾向にあるわが国企業の生産行動を説明する場合に適切とは言えない。事実，2001 年 1 月に実施したアンケート調査によれば，IT 化に際して日本企業はレイオフや雇用削減を行ってい

---

[2] 時間 t とともに進む技術水準を $A(t)$ として，生産関数を $Y = A(t)F(K, L)$（但し，K は資本サービス，L は労働投入）のように特定化することができる場合，$A(t)$ が表現する技術進歩は「Hicks 中立的」であると称される。

ない[3]。この点に対処するため，本章では，コブ・ダグラス型を基本としつつも，ITを「直接的には資本節約効果のみを有し，それ以外の投入要素への影響は間接的である」という解釈と整合性のある非対称なインパクトを持つ投入要素として考えた関数形を採用する。さらに，パラメータの推定にあたっては，ITストックの量（あるいはITストックから生み出される資本サービスの量）を計測する必要があるが，個別企業に対するアンケートから資本ストックの現在価値を得ることは，回答の煩雑さ等の理由からわが国では実際的ではない。したがって，企業レベルを対象とする本章の分析においては，ITストックに代わる別の指標により，IT化の程度を表現する[4]。

加えて，IT投資の生産へのネットの貢献（限界生産物）を評価するためには，IT投資の利用コスト（つまり，IT資本のユーザーコスト）を算出し，グロスの貢献との差を測定する必要がある。Jorgenson（1963）やHall & Jorgenson（1967）以来の研究によれば，税制を考慮しない資本財のユーザーコスト ρ は，投資財価格を P ，借入金利を r ，資本償却率を δ とした場合，(2)式で表現できる[5]。

$$\rho = P\left(r + \delta - \frac{d \ln P}{dt}\right) \qquad (2)$$

すなわち，IT投資のコストを考えるためには，IT資産の陳腐化の速度と償却率に関する信頼できるデータを得る必要がある。しかしながら，本研究においては，利用したアンケートデータに対応する上記数値を見出すことができなかった。そのため，IT投資の潜在能力に関する分析はグロスの貢献を用いて行っている。

---

[3] 次章第3節の表7－4を参照。
[4] 米国においては，Computer Intelligence InfoCorp (CII)，Compustat II，あるいはInternational Data Group (IDG) が個別企業におけるITストックのデータを継続的に収集しており，Brynjolfsson & Hitt（2000）やBresnahan et al.（2002）等の実証分析に利用されている。
[5] 本パラグラフおよび(2)式については，吉岡（1989, pp.121-122）による。

以上の問題点等を考慮した場合，米国企業を対象とした先行研究で推定されたパラメータと比較することで，「IT投資が個別企業の生産に対してもたらす貢献に日米格差はない」という仮説の検定を目指す当初のアプローチは放棄せざるを得ない。実行可能性を考慮した結果，本章では，以下の仮説を設定する。

仮説1：わが国の企業において進められているIT化は適切なものであり，それぞれが個別企業の生産に対してプラスの貢献をしている。

次に，適用分野によってIT投資効果の発現が異なる点については次の仮説を検定する。

仮説2：IT投資の適用分野により，IT化が企業の生産活動に及ぼす貢献の大きさは異なる。

最後に，補完的経営施策については，日米の社会的・文化的背景が異なるため，具体的施策は異なることが予想できる。組織規範を重んじる社会と起業家精神を尊重する社会では，個人個人の能力を飛躍的に拡大するITに対する態度に大きな差がありうる。しかしながら，IT投資の効果を十分に発揮させるためには，発現メカニズムにおいて一定の効率性を確保する必要があり，そのためには適切な補完的施策を整えることが必要であるというロジックの認識の程度自体に差異はないと思われる。第5章で説明したとおり，今回取り扱うわが国のサンプル企業において，パートタイマーやアウトソーシングへの依存拡大や，組織形態の変更が進められているというアンケート結果が得られており（表5－10および表5－11），ミクロレベルのメカニズムが良好に働くためにはそういった施策を整備する必要があることが広く認識されているものと解される。したがって，最後の仮説は次のとおりとなる。

仮説3：IT投資に伴ってわが国企業において整備されつつある各種の補完的経営施策は，企業の生産活動に対してプラスの効果を生んでいる。

但し，補完的経営施策の採否をめぐって予想される生産性向上効果は単純なものではなく，Bresnahan et al.（1999, 2002）が行った米国企業を対象にした分析では，個別施策の間には正の補完性といえるものが存在し，一部施策のみの採用はかえって生産性に有意なマイナス効果を示すことが示されている。仮説3の検証作業においては，そういった補完的効果をも捉えられるようなモデルの特定化を行う必要がある。また，仮説3において検証すべき施策の選択について，アンケート票配布時点では適当な理論的基準を見出すことはできなかった。そのため，ビジネス誌や新聞記事を参考に実施し，勤務形態の変更（テレワークの導入等），組織形態の変更（社内組織のフラット化，組織の統廃合等），企業形態の変更（分社化，他社との提携・合併等），パートタイム労働力の重用，および，アウトソーシング化の進展という5種類のビジネス環境整備施策を分析対象として採用した。

3 IT投資の生産性への影響について

3-1 モデル

仮説1（「わが国の企業において進められているIT化は適切なものであり，それぞれが個別企業の生産に対してプラスの貢献をしている」）の検証に際しては，個別企業レベルの生産関数を推定し，パラメータの符号条件を検定することで成否を判定する。生産関数の構築に際しては，Hitt & Brynjolfsson（1996）で用いられたように，グロスの生産量の代わりに付加価値生産量を被説明変数とする形態（付加価値生産関数あるいは「ネットの生産関数」）も選択肢として考えうるが，本章ではStiroh（2001a）の主張[6]

---

[6] 「グロスのアウトプットが生産性の分析に適した概念であることは経済理論および実証分析から明らかである。概念的に考えよう。企業や産業は実際に生産活動において，本源的生産要素（primary input）および中間投入財（intermediate input）を用いてグロスのアウトプットを生み出している。たとえば，靴産業においては，資本と

等を考慮し，グロスの生産関数を選択する[7]。具体的には，総生産高 Y を被説明変数とし，労働投入量 L ，中間投入量 X ，資本投入量 K を説明変数としたグロスの生産関数を構築する。

関数の特定化はコブ・ダグラス型を基本とするが，「わが国において IT 化は（少なくとも名目上の）雇用削減に直結していない」という現状認識の下，IT 化進展度 Z を，既存資本の使用効率を向上させる「資本節約」効果を生む変数として導入し，さらに「景気の変動に対する企業の第 1 次的な対応は稼働率の調整によってなされる」ことを仮定する。但し，IT 化進展度 Z は直接観察できないので，従業員 1 人当たり IT 支出 S の関数であると考える。労働投入量については，「企業内失業」の存在を加味し，資本稼働率 γ_K に対応する「労働稼働率 γ_L 」という概念を考慮する。企業内失業が発生している場合，労働稼働率 γ_L が 1 未満の値をとる。結局，ここで取り扱う個別企業の生産関数は以下の(3)式になる。

$$\ln Y = \beta_0 + \beta_1 \ln L + \beta_2 \ln K + \beta_3 \ln X + \varepsilon \qquad (3)$$

但し
$$\begin{cases} L = \gamma_L l \\ K = K(k, \gamma_K, Z) = (\gamma_K k)^{\ln Z} \\ Z = Z(S) = \exp(\alpha_0 + \alpha_1 \ln S + \alpha_2 (\ln S)^2) \end{cases}$$

α, β ：パラメータ　　　　　　ε ：誤差項
i ：産業セクター　　　　　　　t ：時間（＝1997, 1998, 1999）
Y ：総生産高　　　　　　　　　L ：労働投入量
K ：資本投入量　　　　　　　　X ：中間投入量
k ：資本ストック　　　　　　　l ：雇用者数
γ_K ：資本稼働率　　　　　　　γ_L ：労働稼働率
Z ：IT 化進展度　　　　　　　S ：従業員 1 人当たり IT 支出

労働，皮革，電力を用いて靴というアウトプットを生み出す。生産モデルはこういった活動にできるだけ近似して構築されるべきである。他方，付加価値は，本源的生産要素のみを反映した人工的な概念にすぎず，産業レベルのアウトプットの概念に対応していない。さらに，付加価値生産関数が存在し，その拠って立つ生産技術を描写しうるためには，本源的生産要素と中間投入財の分離可能性に関する一定の条件を必要とする」(p.10)。

[7] そのため，Hitt & Brynjolfsson（1996）等の米国先行研究との対比可能性は喪失する。

従業員1人当たりIT支出が生産に及ぼす限界的な貢献度の大きさ（貢献弾力性）は(4)式として表現される。(4)式の符号はITの限界生産性のそれと一致するため，ITがわが国企業にプラスの貢献をしているか否か（仮説1）は，$\beta_2\alpha_1$ および $\beta_2\alpha_2$ の符号から判定可能である。$\ln(\gamma_K k)$が正であることを考慮すると，仮説1が成立するためには，$\beta_2\alpha_1$ および $\beta_2\alpha_2$ の符合が有意に正，あるいは，サンプル区間において $\beta_2\alpha_1 + 2\beta_2\alpha_2 \ln S$ が有意に正となることが求められる。

$$\frac{\partial \ln Y}{\partial \ln S} = (\beta_2\alpha_1 + 2\beta_2\alpha_2 \ln S)\ln(\gamma_K k) \qquad (4)$$

3-2 分析結果

実証分析に使用するデータは，2000年1月に実施したアンケート調査結果に日経NEEDS所収の企業財務データを結合することで作成したパネルデータである。（詳細な説明については補論1を参照されたい。）

本パネルデータを用いて(3)式を推定するにあたっては，当該サンプルが得られた年次（t）および当該サンプルが属する産業セクター（i＝製造セクター，インフラ関連セクター，or アプリケーション関連セクター）毎の特性をコントロールするために，固定効果（fixed effects）あるいは変量効果（random effects）の可能性を考慮する[8]。こうしたモデルの特定化については，これまで様々な先行研究[9]が存在し，検定方法も確立されている。本書では，Greene（2000）に示された手順に従い，単一の定数項を持つ古典的回帰モデルに代えて個別効果を考慮したモデルを構築する必要性の有無については有意水準5％のF検定およびラグランジェ乗数検定（Breusch & Pagan

---

[8] クロスセクションデータを時系列にわたって集積したパネルデータに対する統計的分析に際し，各サンプルの属するグループ間の差異（個別効果）を定式化する2つの方法。固定効果アプローチは当該効果をグループ特有の定数項とみなし，変量効果アプローチではグループ特有の撹乱項とみなして分析を行う。
[9] Baltagi（1995）等に包括的にサーベイされている。

1980）を，固定効果と変量効果のいずれの定式化を選択するべきかについては有意水準を5％にとったHausman検定（Hausman 1978）を用いる。検定の結果，固定効果モデルが適切と判断された場合は最小二乗ダミー（Least Square Dummy Variable：LSDV）推計により，変量効果モデルと判定された場合は一般化最小二乗（Generalized Least Square：GLS）推計によりモデルのパラメータを推計する。

また，非製造業に属するサンプルに適用する資本稼働率 γ_K についての推定方法，企業内失業の可能性の考慮の有無については理論的な判断基準を見出すことができなかったため，推定作業は，考えられるバリエーションのいくつかについて実施する[10]。

(3)式のパラメータに関する推定結果を表6－1に示す。

パラメータ $\beta_2\alpha_1$ および $\beta_2\alpha_2$ の符号から明らかなとおり，「わが国のIT化は個別企業の生産に対してプラスの貢献をしている」という仮説1の成立が確認されている[11]。

また，両パラメータの符号が有意に正であることは，従業員1人当たりのIT支出 S が大きくなれば，その生産への貢献弾力性も逓増することを意味する。

ここで，得られたパラメータを用いて，総生産を S について2階微分し，その符号を調べる。求める式は(5)式で与えられる。

$$\frac{\partial^2 Y}{\partial S^2} = \left((2\alpha_2 - \alpha_1)\beta_2 - 2\beta_2\alpha_2 \ln S\right)\ln(\gamma_K k) \cdot \frac{Y}{S^2} \qquad (5)$$

---

[10] データセットに係る仮定には理論的な優劣はない。したがって，推定量の解釈においては，データセットの仮定を変えても符号や統計的有意性が一定か否かを重視する。
[11] このパラメータ推定結果に関して，本書において想定している因果関係を逆転させて，「IT化以外のなんらかの理由で生産性が高くなった企業がIT化を進める傾向にある」と解することも可能であることは認めねばならない。いずれの方向の因果関係が正しいのかを検証するためには，たとえばGrangerの因果性テストが利用可能であるが，本書においてはデータの制約上これを実施していない。より豊富なデータを用いて，この因果性の検証を行うことは今後の研究課題である。

表6-1 (3)式のパラメータ推定結果

Data set #	01	02	11	12
推定方法	GLS	GLS	GLS	GLS
n	235	235	235	235
R^2	0.9933	0.9933	0.9937	0.9935
β_0	1.0770**	1.0784**	1.0765**	1.0818**
β_1	0.2046**	0.2047**	0.1991**	0.1912**
$\beta_2\alpha_0$	3.19E−02**	3.11E−02**	3.26E−02**	3.22E−03**
$\beta_2\alpha_1$	6.76E−03**	6.75E−03**	6.64E−03**	6.32E−03**
$\beta_2\alpha_2$	1.14E−03**	1.14E−03**	1.15E−03*	1.09E−03**
β_3	0.7678**	0.7685**	0.7708**	0.7765**

出典:実積(2003)
注1:*はP値が10%以下、**は5%以下であることを示す。
注2:データセット01、02は、非製造業に係る資本稼働率の推定方法および企業内失業をどの程度考慮するか(労働稼働率)において違いがある。

Data set #	非製造業に係る資本稼働率	労働稼働率
01	[資本稼働率1]	100%
02	[資本稼働率2]	100%
11	[資本稼働率1]	資本稼働率と同じ
12	[資本稼働率2]	資本稼働率と同じ

[資本稼働率1]は全産業活動指数あるいは第3次産業活動指数の対前年比、[資本稼働率2]は全産業活動指数あるいは第3次産業活動指数の過去5年の最大値との比率を意味する。

　基本的なミクロ経済モデルでは、生産要素の最適投入量は当該生産要素の限界生産力が逓減する範囲に定まるはずであり、したがって(5)式の値は最適点ではマイナスになる。しかしながら、推定された結果からは、データセット毎にそれぞれ 59, 59, 65, 60 のサンプルについて(5)式の値が正となった(総サンプル数 235)。この結果は、わが国の一部企業のITに対する支出は未だ過小であり[12]、当該企業は最適な生産活動を行っていないことを示唆している。つまり、これは第2章で示した Kraemer パラドクスがわが国においても見出されることを示している。あるいは、古典的モデルのように企業の合理的意思決定を前提とした場合、この推定結果は、ITへの支出を行うにあたり、なんらかの暗黙的コスト(調整コスト)が発生することを意味し

ているとも解釈できる。この解釈は，Brynjolfsson & Hitt（1996），Brynjolfsson & Yang（1997），およびBresnahan et al.（2002）の主張と同旨である。

4 適用分野の差異による影響について

4-1 モデル

仮説2（「IT投資の適用分野により，IT化が企業の生産活動に及ぼす貢献の大きさは異なる」）を検討するため，(3)式にIT投資の適用分野を示すダミー変数を導入し，(6)式のモデルを構築する。ダミー変数 A は，アンケートで尋ねた7つの適用分野のそれぞれに対応しており，企業が行ったIT投資が当該分野に該当する場合には1を，該当しない場合には0をとる変数である。

$$\ln Y = \beta_0 + \beta_1 \ln L + \beta_2 \ln K + \beta_3 \ln X + \beta_{ya} A + \beta_{yaS}(A \times \ln S) + \varepsilon$$

$$\text{但し} \begin{cases} L = \gamma_L l \\ K = K(k, \gamma_K, Z) = (\gamma_K k)^{\ln Z} \\ Z = Z(S) = \exp(\alpha_0 + \alpha_1 \ln S + \alpha_2 (\ln S)^2) \end{cases} \tag{6}$$

この場合，従業員1人当たりIT支出が生産に及ぼす貢献弾力性は(7)式として表現される。したがって，IT支出との交差項 $A \times \ln S$ に係るパラメータ β_{yaS} の符号が有意に正あるいは負であれば，当該要因がIT支出の貢献度を向上（あるいは悪化）させることを意味し，仮説2が成立する。

$$\frac{\partial \ln Y}{\partial \ln S} = (\beta_2 \alpha_1 + 2\beta_2 \alpha_2 \ln S)\ln(\gamma_K k) + \beta_{yaS} A \tag{7}$$

---

[12] マクロ的に見た場合，この結果は，先進国ではIT資本ストックが適正水準以下であることを主張するDewan & Kraemer（2000）と整合的に解釈できる。

4-2 分析結果

仮説2に係る実証分析に使用するデータは，第3節で使用したものと同じものである。本データの利用にあたっても，当該サンプルが得られた年次，および，サンプルが属する産業セクター毎の特性をコントロールするため，固定効果あるいは変量効果の可能性を考慮する。モデル選択の基準，データのバリエーションについては前節と同じである[13]。

まず，(6)式のパラメータを推定した結果を表6－2に示す。パラメータ $\beta_2\alpha_1$ および $\beta_2\alpha_2$ に係る推定結果から明らかなとおり，IT支出が生産性にプラスの効果を持つことが再び確認された。また，β_{yaS} の推定結果からは，2つの適用分野に関して，IT化のインパクトを左右する効果を持つことが確認できた。

表6－2　(6)式のパラメータ推定結果サマリー

適用分野	$\beta_2\alpha_1$	$\beta_2\alpha_2$	β_{ya}	β_{yaS}
情報の共有化の手段	+**	+**		
経営スピード向上のための手段	+**	+**	+*	
損益管理徹底のための手段	+**	+**		
ローコスト経営のための手段	+**	+**		+*(3)
サービス改善、顧客満足獲得のための手段	+**	+**		—**
市場機会発見のための手段	+**	+**		
新しい能力と技術の創造のための手段	+**	+**	+**	

出典：実積（2003）を一部修正
注1：*はP値が10%以下、**は5%以下、空欄はパラメータが統計的に有意でないことを示す。
注2：括弧内の数値は推定された4つのデータセットのうち、有意な結果が得られているデータセットの数を示す。数値が示されていないものは、4つの結果が有意性の点で一致していることを示す。
注3：詳細な推定結果については実積（2003）を参照されたい。

---

[13] 脚注10を参照のこと。

5 補完的経営施策の採否による影響について

5-1 モデル

　仮説3(「IT投資に伴ってわが国企業において整備されつつある各種の補完的経営施策は，企業の生産活動に対してプラスの効果を生んでいる」)を検討するため，Bresnahan et al.(1999, 2002)の手順に従い，(3)式に各施策の採否を表す項を導入する。まず，IT化と各施策の補完効果の有無を計測するために生産関数を(8)式の形で特定化する。ダミー変数 D は，特定の施策を採用している場合には1を，採用していない場合には0をとる変数である。

$$\ln Y = \beta_0 + \beta_1 \ln L + \beta_2 \ln K + \beta_3 \ln X + \beta_{y10} D + \beta_{y1S}(D \times \ln S) + \varepsilon \quad (8)$$

$$\text{但し}\begin{cases} L = \gamma_L l \\ K = K(k, \gamma_K, Z) = (\gamma_K k)^{\ln Z} \\ Z = Z(S) = \exp(\alpha_0 + \alpha_1 \ln S + \alpha_2 (\ln S)^2) \end{cases}$$

　この場合，従業員1人当たりIT支出が生産に及ぼす貢献弾力性は(9)式として表現される。したがって，IT支出との交差項 $D \times \ln S$ に係るパラメータ β_{y1S} の符号が有意に正であれば，当該施策がIT支出の限界的な貢献度を向上させるという仮説が統計的に支持される。

$$\frac{\partial \ln Y}{\partial \ln S} = (\beta_2 \alpha_1 + 2\beta_2 \alpha_2 \ln S)\ln(\gamma_K k) + \beta_{y1S} D \quad (9)$$

　次に，各施策間の相互関係について分析する。Bresnahan et al.(1999)によれば，各施策が同時に採用された場合は生産性に対して正の効果を発揮するが，一部施策のみが採用された場合にはベースケースよりも生産性がかえって悪化するという強い補完性の存在が示されている。彼らの論文で採用

されている分析方法は，次のとおりである。まず，問題となっている施策から任意の2つ（施策A，施策B）を選択し，各施策の採用状況によって全サンプルを4グループ（A，B両者を採用，Aのみを採用，Bのみを採用，いずれの施策も採用せず）に区分する。次にA，Bのいずれの施策も採用しないグループを基準にそれ以外の3グループに対しそれぞれダミー変数（D_{11}, D_{10}, D_{01}）を割り当て，(3)式に導入する。これにより，(10)式が得られ，各施策の単独効果は β_{y10} または β_{y01}，施策間の補完効果の有無は β_{y11} の符号に表現される。

$$\ln Y = \beta_0 + \beta_1 \ln L + \beta_2 \ln K + \beta_3 \ln X + \beta_{y11} D_{11} + \beta_{y10} D_{10} + \beta_{y01} D_{01} + \varepsilon$$

$$\text{但し} \begin{cases} L = \gamma_L l \\ K = K(k, \gamma_K, Z) = (\gamma_K k)^{\ln Z} \\ Z = Z(S) = \exp(\alpha_0 + \alpha_1 \ln S + \alpha_2 (\ln S)^2) \end{cases} \quad (10)$$

本章ではさらに，「ITは量的効果のみならず，質的効果を及ぼすこと」，および「短期的には質的インパクトが量的効果に還元しない可能性があること」を考慮し，「総生産高 Y」という量的アウトプットに加え，「質的向上効果指数 Q」および「情報処理効率改善効果指数 ITQ」という質的アウトプット（＝質的効果）を複数生産物として包含するモデルも取り扱う。質的アウトプットはアンケートデータから主成分得点[14]として導き出される（固有ベクトル等については補論1第8節を参照）。複数生産物を取り扱う方法についてはいくつかの選択肢が考えられるが，ここではノンパラメトリックな分析手法である包絡分析法（DEA）を採用する。

DEAは，複数投入要素と複数産出要素による事業活動に係る効率性を比率尺度により定義する。具体的には，各サンプルの投入・産出ベクトルから線

---

[14] 主成分得点とは，主成分分析によって得られる総合指標値である。詳細は第5章脚注9を参照のこと。

形計画法を利用して各投入・産出項目間の最適ウェイトを求め，効率的フロンティアを特定する。当該フロンティアの上に位置するのは最も効率的であると判断される事業体の集合である。問題となっている事業体と類似の投入・産出構造を持つ効率的事業体の集合（参照集合）によって構築される効率的フロンティア（の一部）と当該事業体の投入・産出ベクトルとの相対的位置に基づいて，効率値が算出される。本手法の詳しい解説については刀根（1993）およびCooper et al.（1999）を参照されたい。

分析においては，IT化の程度（強と弱）と各補完的経営施策の採否の状況，あるいは，(10)式の場合と同じく1組の施策の採用状況によってサンプルを4分割し，各々(11)式あるいは(12)式として特定化されるDEAモデルを解くことで各サンプルの効率値を算出する。こうして得られたサンプル毎の効率値の各グループ間の差が統計的に有意であるか否かを検定することで，仮説3の検定を行うことができる。検定には，DEAによって導かれる効率性指標の理論的分布が明らかではないことを考慮し，ウィルコクソン・マン・ホイットニー検定（順位和検定）を利用した[15]。

$$\min \ \theta \tag{11}$$

$$s.t. \begin{cases} \theta x^A - \sum_{j \in B} x_j \lambda_j \geq 0 \\ y^A - \sum_{j \in B} y_j \lambda_j \leq 0 \\ \lambda_j \geq 0 \ (\forall j \in subgroup \ B) \end{cases}$$

$$\left(\mathbf{x}^A, \mathbf{y}^A\right) \in subgroup \ A, \ \mathbf{x}^A = \left(\gamma_L L^A, X^A, \gamma_K K^A\right), \ \mathbf{y}^A = \left(Y^A, Q^A, ITQ^A\right)$$

---

[15] DEAによって算出される効率性指標に影響する外生要因を探索する場合，効率性指標を被説明変数，外生変数候補を説明変数として回帰分析を行うという手法が試みられる場合がある。しかし，DEAの効率性指標はサンプル間の相対評価であり，変数相互の独立性に欠けるため，当該指標を被説明変数とした回帰分析は望ましい結果を生まない。この点に関しては，たとえばブートストラップ法の採用が提案されている（Xue & Harker 1999）。

$$\min \theta \qquad (12)$$

$$s.t. \begin{cases} \theta x^A - \sum_{j \in B} x_j \lambda_j \geq 0 \\ y^A - \sum_{j \in B} y_j \lambda_j \leq 0 \\ \lambda_j \geq 0 \; (\forall j \in subgroup\ B) \end{cases}$$

$$(\mathbf{x}^A, \mathbf{y}^A) \in subgroup\ A,\ \mathbf{x}^A = (\gamma_L L^A, X^A, \gamma_K K^A, S^A),\ \mathbf{y}^A = (Y^A, Q^A, ITQ^A)$$

5-2 分析結果

　アンケートにおいて各企業に尋ねているのは，過去3年度における各補完的経営施策の採否である。残念ながら施策毎の採用時期に関する情報が得られていないため，本節では，第3節で使用したパネルデータから1999年度分のみを抽出したクロスセクション・データによって推計作業を行う。本節においても，サンプルが属する産業セクター毎の特性をコントロールするため，固定効果あるいは変量効果の可能性を考慮する。モデル選択の基準，データのバリエーションについては前節と同じである[16]。

　まず，(8)式のパラメータを推定した結果について表6－3にまとめる。パラメータ $\beta_2 \alpha_1$ および $\beta_2 \alpha_2$ に係る推定結果から明らかなとおり，ITへの支出が生産性にプラスの効果を持つことが再び確認された。しかしながら，β_{y10} および β_{y1S} の推定結果からは，各施策が生産性に対して所期の効果を生んでいないという示唆が得られている。とりわけ，組織形態の変更がIT化に対してマイナスの影響を及ぼしているという知見が得られていることは，実務的には大きな問題である。

　各施策間の相互関係に係る(10)式についての推定結果のサマリーを表6－4に示す。表6－3と同じく，ここでも各施策は大部分のケースにおいて所期の効果を達成していないことが示唆されている。

---

[16] 脚注10を参照のこと。

表6-3　(8)式のパラメータ推定結果サマリー

施策	$\beta_2\alpha_1$	$\beta_2\alpha_2$	β_{y10}	β_{y1S}
勤務形態の変更	+**	+**		
組織形態の変更	+**	+**	−**	−**
企業形態の変更	+**	+**		
パートタイマーへの依存増大	+**	+**		
アウトソーシングの強化	+**	+**		

出典：実積（2003）を一部修正
注1：*はP値が10%以下、**は5%以下、空欄はパラメータが統計的に有意でないことを示す。
注2：パラメータの符号および統計的有意性については、用いられた4つのデータセットについて一致している。詳細な推定結果については実積（2003）を参照されたい。

表6-4　(10)式のパラメータ推定結果サマリー

施策A	施策B	β_{y11}	β_{y10}	β_{y01}
勤務形態の変更	組織形態の変更	−**	N/A	−**
	企業形態の変更			
	パートタイマーへの依存増大		N/A	
	アウトソーシングの強化		N/A	
組織形態の変更	企業形態の変更		−**(*)	
	パートタイマーへの依存増大		−*	
	アウトソーシングの強化		−**	
企業形態の変更	パートタイマーへの依存増大			
	アウトソーシングの強化	+**		
パートタイマーへの依存増大	アウトソーシングの強化			

出典：実積（2003）を一部修正
注1：*はP値が10%以下、**は5%以下、空欄はパラメータが統計的に有意でないことと、N/Aは該当するサンプルがないことを示す。
注2：推計は4つのデータセットに関して実施している。**(*)は、そのうち3つについてはパラメータが5%の有意水準を満足し、残り1つについては10%の有意水準しか満足していないことを示す。
注3：詳細な推定結果については実積（2003）を参照されたい。

表6－3および表6－4からは，わが国ではビジネス環境整備施策が生産に対し有意な影響を持っていないことが示されており，「IT投資に伴って整備されつつある各種の補完的経営施策は，所期の効果を生んでいる」と結論付けることは困難である。つまり，仮説3は成立しないことが明らかになったが，これは米国企業を対象としたBresnahan et al. (1999, 2002)の結論とは対照的である。

もちろん，今回分析対象とした施策は恣意的に選択されたものであるため，確定的な議論を行うには，企業が選択する可能性のある施策を悉皆調査することが必要である。しかしながら，選択した5種類の施策は巷間喧伝されている企業体質改善策の代表例であり，それらが有効ではないという本章の知見は実務的には大きな問題である。こういった結果が得られた理由としては，適切な施策が捉えられていないという変数選択の誤謬の可能性，あるいは関数形選択の誤りの可能性を除外すれば，少なくとも以下の3つの解釈を考慮することができる。

A) 補完的経営施策の整備はわが国企業にとっても有効である。但し，その効果は少なくとも短期的には売上高に反映されない。
    ⇒ IT化は顧客サービスの向上等の質的改善を実現するが，そのこと自体が量的な生産拡大に直ちに結びつくわけではない。この場合，各施策の効果を正しく判定するためには，売上高に代表される量的指標以外の質的指標も考慮する必要がある。

B) 補完的経営施策の整備が所期の効果を生むためにはある程度の時間がかかる。
    ⇒ 各施策の採用・整備は，企業慣行を転換するという点で大きなエネルギーを必要とするため，整備の達成とその効果発現には長い時間がかかる。したがって，その効果はクロスセクション分析では十分に把握できない。

C) 補完的経営施策自体に問題があるのではなく，わが国企業の体質そ

のものに問題がある。
⇒ 今回選択した施策はIT先進国である米国でその効果が喧伝されているものであり，その意味で米国企業にとって最適化されている。わが国企業には，長期安定的取引関係や終身雇用制度等米国にはない様々な特色があるため，それら施策が十分に効果を発現できない。

名目的な問題のみが発生しているとする解釈Aについては，「ITは量的効果のみならず，質的効果を及ぼすこと」，ならびに「短期的には質的インパクトが量的効果に還元しない可能性があること」を考慮し，質的アウトプットを加えたDEAモデル（(11)式，(12)式）によって得られた効率値に対して，順位和検定を実施することでその成否を判定することができる。ちなみに，解釈Bについては「タイムラグを考慮したモデルによる分析」により，解釈Cについては「サンプル企業の特質をきめ細かく捉えて説明変数に採用したモデルによる分析」により，検定が可能である。ところで，(8)式に対応した複数生産物モデル（(11)式）を上記手法で検定するためには，IT化の程度を示すダミー変数として表現する必要がある。本章ではIT化の程度を「従業員1人当たりIT支出」の増加関数として仮定しているため，ここでも当該数値を基準にダミー変数を構築する。具体的には，「従業員1人当たりIT支出」について中央値以上の値を持つサンプルに対して1を，中央値未満の値を持つサンプルについて0をとるようなダミー変数を考える。

以上の準備の下で行った検定結果が表6－5および表6－6である。量的アウトプットに加えて，質的アウトプットを考慮することにより，各施策が所期の効果を達成していると判断される結果が数多く得られている。すなわち，わが国企業に対しても補完的経営施策のプラス効果は確かに存在するものの，それが数量的に把握可能な生産性への貢献を生み出すには至っていないことが示唆される。但し，依然として半分以上の組合せにおいて，各施策の達成が有意な効果を生むことを観察できないという結果も得られており，わが国における補完的経営施策の問題は，その効果が数量的に把握できないといった名目上の問題点のみならず，IT投資効果の発現効率の改善に実質的

に貢献していないという可能性をも抱えていることになる。そのため，解釈BおよびCに関してさらなる分析を行う必要があるが，本データでは制約が大きい。各企業のパフォーマンスを継続的に観察し，分析に必要なパネルデータを構築することが今後の課題である。

表6－5　複数生産物モデル（(11)式）による検定結果サマリー

施策A	施策B	A&B	A & not B	Not A & B
IT施策の展開	勤務形態の変更	+**		+**
	組織形態の変更	+**		+**
	企業形態の変更	+**(3)	+**	
	パートタイマーへの依存増大	+**		+**
	アウトソーシングの強化	+**	+**	+**(1)

出典：実積（2003）を一部修正
注1：各欄はnot A & not Bの場合との順位和検定の結果を示す。*はP値が10%以下、**は5%以下、空欄はパラメータが統計的に有意でないことを示す。
注2：括弧内の数値は推定された4つのデータセットのうち、有意な結果が得られているデータセットの数を示す。数値が示されていないものは、4つの結果が有意性の点で一致していることを示す。判定の符号についてはすべてのデータセットについて一致している。
注3：詳細な推定結果については実積（2003）を参照されたい。

表6－6　複数生産物モデル（(12)式）による検定結果サマリー

施策A	施策B	A&B	A & not B	Not A & B
勤務形態の変更	組織形態の変更	+**	N/A	－**
	企業形態の変更	+**		
	パートタイマーへの依存増大			
	アウトソーシングの強化		N/A	+**
組織形態の変更	企業形態の変更			
	パートタイマーへの依存増大		+**	
	アウトソーシングの強化	+**		+**
企業形態の変更	パートタイマーへの依存増大			+**
	アウトソーシングの強化			+**
パートタイマーへの依存増大	アウトソーシングの強化	+**	N/A	－**

出典：実積（2003）を一部修正
注1：各欄はnot A & not Bの場合との順位和検定の結果を示す。*はP値が10%以下、**は5%以下、空欄はパラメータが統計的に有意でないこと、N/Aは該当するサンプルがないことを意味する。
注2：判定の符号、判定結果の有意性についてはすべてのデータセットについて一致している。
注3：詳細な推定結果については実積（2003）を参照されたい。

6 本章のまとめ

本章では,わが国の個別企業に関するパネルデータを用いることにより,IT投資効果のミクロ局面における発現メカニズムを左右するE.C.要因に関する実証分析を行った。

仮説検定の結果,以下の3つの知見が得られた。

1. わが国企業が導入しているITは生産性に対してプラスの貢献を及ぼしている。
2. ITの貢献度の規模はITがどういった分野に適用されているかによって左右される。
3. IT化に伴って導入が進められている各種の補完的経営施策は,企業の質的アウトプットに貢献しているが,生産性の改善といった量的成果を生み出すには至っていない。

このうち第1の知見は,他の調査結果と整合的である。総務省(2002)によると「上場企業における情報化の効果に対する認識について見ると,約6割の企業が『コストに見合った効果があった』(58.6%)と回答しており,企業は情報化による効果を概ね前向きに捉えていることがわかる」という結果が得られており,わが国におけるIT化のグロス効果はそのコストを上回るものと認識されている。

加えて,わが国企業のITに対する支出額は未だ過小であるケースが相当数存在することも示唆され,第2章で説明したKraemerパラドクスがわが国においても存在することが窺われる。これは,ITの導入が,なんらかの調整コストを伴うことを示しているのかもしれない。

他方,本章の分析については残された課題も多い。まず,ITの生産性への貢献について,本章ではグロスの効果のみを検証したが,利潤最大化を行動目標とする企業にとっては,費用を差し引いたネットの効果の方が重要である。もちろん,ネットの意味でのプラス効果を実現するためには,グロスの段階で評価された生産性向上効果がプラスであることが必須である。その意味で,今回の実証分析は,わが国において導入されているITの価値を最終

的に判断するための第 1 ステップとしては評価できよう。しかしながら，IT 資本に係るユーザーコストを計測するための必要な資料を見出し，わが国において導入されている IT がネットの意味で有益なものか否かを検証することは今後の課題である。

　また，わが国企業の IT 化が進むにつれ，限界費用と限界生産性の均衡条件から導き出される最適な IT 化水準について議論する必要が生じてくる。第 2 次 IT ブームが，米国における IT 過剰投資により終焉を迎えたことは記憶に新しい。最適投資水準の議論を行うためにも，IT 化コストの推計が必要である。

　生産関数に IT 化の影響を反映する方法についても検討の余地は残されている。たとえば，本章では，IT 化は直接的には資本投入のみに影響を及ぼすものと考えた。しかしながら，IT 化により，労働者の高技能化が進むことは米国の先行研究では技能偏向型技術変化（skill-biased technical change）として指摘されるところであり，中長期的に見た場合，IT 化が労働投入の構造を変化させることを通じて生産性に寄与するという経路がわが国においてもその効果を発揮することは十分に期待できる。

　さらに，Bresnahan et al. (2002) は，個別企業レベルで生産関数を推定する場合，プロセス・イノベーションとは異なり，プロダクト・イノベーションは（特に当該イノベーションが全産業的に発生している場合）観測が困難となる可能性を指摘している。その意味で，横並び体質が強い業界における IT 化の効果を個別企業レベルの生産関数において把握しようとする場合，評価に過少バイアスが発生する可能性がある。その場合，本章の生産関数モデルについても，業界毎の競争強度を考慮に入れてパラメータの推計を行う必要があるかもしれない。

　さて，分析から得られた知見のうち最も意外だったことは，経営関係の雑誌等において IT 化と同時に進めることが推奨されている各種経営施策がわが国においては所期の効果をあげていないというものである。「つまるところ，日本企業は米国企業と完全に同一であるとは言えない」という当たり前の事実が確認されたに過ぎないが，米国の先進事例を盲目的に尊重するというありがちな態度に，実証分析の立場から警鐘をならすものと言えよう。当

然，わが国企業のIT化に対して真に有益な補完的経営施策の探索が次の検討課題として残されている。この探索のためには，アンケートの精緻化に加え，インタビュー等の方法で経営実態を詳細に把握することが必要である。

第7章　ミクロレベルの発現メカニズムⅡ

1　はじめに

　2000年1月に実施したアンケート調査によって得られた前章までの知見を補完する目的で，2001年2月以降，前年に引き続き，アンケート調査を実施した。前年度調査により各企業の施策（組織形態の変更等）の効果発現に問題がある点が日本型IT生産性パラドクスの原因であるとする分析結果が得られたことを踏まえ，今回の調査では，導入アプリケーションをいくつかに分類し，それぞれについてわが国企業が採用した，あるいは採用を計画している補完的施策とその実施状況を調査した。また，それら施策と補完的関係にあると思われる「IT化に伴う企業の人材活用施策」にも焦点を当てた。

　本章では，まず，わが国企業のIT化関連の補完的経営施策導入の現状，ならびに人材活用方策との関連について解説する。次いでWilliamsonのモデルを用いて最適な経営補完施策に関する計量分析を行う。さらに，第5節においては，簡単な生産関数モデルを用いて前章および本章で得られた知見を検討する。

2　調査方法・回答者属性

　アンケート調査は，前年度分と同じく総務省郵政研究所の調査研究として，概要以下のとおり実施された。上場・店頭公開企業のみを対象とした前回とは異なり，わが国経済の中核を占める代表的産業に属する非上場企業（中小企業等）をも対象としている。得られた回答数は281サンプル，回収率は前回と同じく6%である。そのうち，上場・店頭公開企業は242サンプル，非

上場企業は39サンプルである。

 調査方法：郵送による配布・回収式のアンケート調査
 調査対象：上場・店頭公開企業については全社（3,375社）を対象とした。非上場企業については企業数，従業員数，売上高および付加価値額に占めるシェア等を基準として，「製造業」「卸売・小売・飲食店」「サービス業」の3つの産業を代表的産業として選択し，その中から，層化抽出により1,000社を選択。
 調査時期：2001年2月11日（調査票配布）
    ～同年3月2日（第1次回収期限）
    同年7月2日（督促後の第2次回収期限）

3 アンケート結果

3-1 ITアプリケーション毎の補完的経営施策

 2000年1月に実施したアンケートに基づく分析では，IT化において同時に実施すべきとされている各種の補完的経営施策が十分な効果をあげていないという知見が得られた。そもそも，ITアプリケーションにはいくつもの種類・段階が存在し，それぞれについて最適な補完的施策が存在しうる。2001年のアンケートでは，サンプル企業に対し，最も注力したアプリケーションとその際に重点をおいた補完的経営施策を尋ねている。ここでは，回答のあったITアプリケーションを，表7－1のとおり4つに分類して分析を行った。導入対象活動のIT化親和性や，導入時に調整を要する関係者の多さ等からみて，カテゴリーNo.が大きくなるにつれ，より大きな導入コストを費やす必要がある。各カテゴリーのサンプル数を注に示しているが，インフラ関連セクターにおいては統合システムを重視する割合が6割に達する一方，対外機能IT化については9％にとどまっている。また，アプリケーション関連セクターでは個別機能IT化に注力するサンプルのシェアがやや多い。

表7－1　ITアプリケーションの分類

No.	カテゴリー名	具体的内容
1	情報インフラ	・社内LAN・イントラネット・電子掲示板
2	個別機能IT化	・コンピュータを利用した設計・製造加工（CAD，CAM等） ・販売情報の電子化（POS等） ・顧客サポート体制の電子化（CTI，ヘルプデスク等）
3	統合システム	・社内の業務系・勘定系等の複数のシステムを相互接続し，有機的なデータ連携を図るシステム（EAI等） ・企業全体を経営資源の有効活用の観点から統合管理するシステム（ERP等） ・顧客情報，売買情報，保守サービス等の統合管理システム（CRM等）
4	対外機能IT化	・既存取引先との商取引の電子化（EDI等） ・ネット上でのオープン調達 ・受発注・在庫・販売情報の共有化（CALS，SCM等）

出典：筆者作成
注1：表中における略語の意味は以下のとおり。
　　CAD=Computer Aided Design　　　　　　CAM=Computer Aided Manufacturing
　　POS=Point of Sales　　　　　　　　　　　CTI=Computer Telephony Integration
　　EAI=Enterprise Application Integration　　ERP=Enterprise Resource Planning
　　CRM=Customer Relationship Management　EDI=Electronic Data Interchange
　　CALS=Computer-aided Acquisition and Logistic Support
　　SCM= Supply Chain Management
注2：各カテゴリーのアプリケーションを導入したセクター別企業数は以下のとおり。

カテゴリーNo.	1	2	3	4
製造セクター	21	7	32	23
インフラ関連セクター	5	2	13	2
アプリケーション関連セクター	21	14	30	18

表7－2　コスト削減・売上増大効果を想定している
　　　　サンプルの割合

No.	カテゴリー名	コスト削減効果	売上増大効果
1	情報インフラ	48.8%（43）	12.8%（39）
2	個別機能IT化	45.0%（20）	26.3%（19）
3	統合システム	61.7%（47）	22.7%（44）
4	対外機能IT化	57.6%（33）	31.0%（29）

出典：筆者作成
注：カッコ内の数値は回答を寄せた企業数

まず，これら 4 つのカテゴリーに属する IT アプリケーションに対し，採用企業がどういった効果発揮を予定しているのかを尋ねた結果を示す（表 7－2[1]）。すべてのカテゴリーを通じて，IT 化は売上増大よりもコスト削減に有効であると想定されている。さらに，導入コストがより嵩むと予想されるカテゴリーほど，導入によってコスト削減効果の発揮を予想するケースが多い。これについては，導入コストに見合うだけのコスト削減効果が想定されない限り，そういったシステムの導入に踏み切らないという企業の合理的選択の結果とみることができる。

　他方，売上増大について見てみると，第 1 のカテゴリーとそれ以外のカテゴリーで 10 ポイント以上の差が認められる。先にも引用した Lucas（1999）は，インフラ的な IT システムの価値を，①新規商品の市場投入のスピードアップ，②将来におけるプロジェクト費用の削減，および，③不測の事態に対する柔軟性向上の 3 点に求め，「IT インフラは（収益性のある）より高度な IT アプリケーションの基盤となるものであり，それ自体の収益性を認識することは困難である」(p.107) と指摘しているが，ここでの結果は当該指摘と整合的である。

---

[1] IT の効果を評価する場合には，量的な効果のみならず，質的な効果や，さらには外部性をも考慮すべきであるということは本書の主要結論の 1 つである。しかしながら，企業の利潤最大化行動を前提とした場合，大部分の投資効果は最終的には企業利潤に結実することが，少なくとも企業経営者の側からは期待される。環境に与える外部経済性にしても，企業イメージの改善やいわゆるエコファンドからの投資呼び込み効果を通じて，長期的には企業収益の改善を期待できる。近年，企業ホームページに環境改善への貢献に関する情報が数多く掲載されていることはその反映である。本表は，現実に発現している効果ではなく，企業経営者の期待感を示すものであり，したがって，当該 IT 投資の全効果を反映していると解釈できる。

表7－3　各種補完的経営施策のカテゴリー毎の必要性度・進展度

	必要性度	平均必要性度からの乖離				進展度
		情報インフラ	個別機能IT化	統合システム	対外機能IT化	
業務フロー見直し	4.20	−0.18	−0.01	0.13	0.02	2.90
IT教育	3.82	0.27	0.28	−0.19	−0.17	2.78
既存取引先見直し	3.41	−0.03	0.19	−0.19	0.25	2.71
新規取引先開拓	3.41	0.19	0.14	−0.26	0.13	2.77
組織のフラット化	3.37	0.12	0.18	−0.10	−0.08	2.68
組織統合	3.13	−0.02	0.06	0.00	−0.02	2.76
事務職削減	3.06	0.20	0.29	−0.23	−0.06	2.66
アウトソーシング	2.91	−0.13	0.39	0.09	−0.23	2.56
中間管理職削減	2.77	0.12	0.08	−0.08	−0.07	2.49
総合職削減	2.59	0.17	0.16	−0.18	−0.02	2.47

出典：筆者作成
注1：グレーの部分は必要性度のサンプル総平均からの偏差がマイナスであることを示す。
注2：アンケート票では順序尺度を採用しているため、注目すべきは偏差の絶対値ではなくその符号である。

　次に，カテゴリー毎に必要と認識されている補完的経営施策について分析を行う。アンケートでは，サンプル企業に最も注力しているITアプリケーションを尋ねた後，いくつかの施策例を提示し，当該アプリケーションが効果を発揮するための必要性度および進展度について回答を得ている。表7－3は各施策に関し，経営サイドからみた必要性および当該施策の進展度に対する評価（1点［低いor進んでいない］〜5点［高いor進んでいる］）を尋ねた結果である。第2列の数値がサンプル企業における必要性度の平均評点を，第3列から第6列が平均からの偏差を，最終列が各施策の進展度に係る平均評点を表している。

　まず第2列に着目する。「業務フロー見直し」と並んで，「IT教育」「既存取引先の見直し」および「新規取引先開拓」が，「事務職削減」等の人員削減よりも必要性において上位に評価されている。ここには，長期安定的な雇用関係と人材の内部育成を重視するとされるわが国企業の特徴が反映されているとみることができる。

　第3列から第6列にはITカテゴリー毎に補完的経営施策への重点の置き方の特徴が表現されており，「情報インフラ」と「個別機能IT化」から構成されるグループと，それ以外のグループに二分することが可能である。前者のグループの特徴は「業務フロー見直し」の必要性度が比較的低いのに対

し，それ以外の施策の必要性が概ね高く認識されている点にある。本来的にIT化親和度が極めて高いと想定される社内情報流通プロセスに関連する「情報インフラ」の導入と，企業全体の生産プロセスの個別部分の IT 化である「個別機能 IT 化」の推進において，大幅な業務プロセスの見直しを必要とするケースは比較的少ないのは当然である。また，これらアプリケーションについては，個々のシステムを利用する従業員に対する「IT 教育」や，従業員ひとりひとりの処理能力の飛躍的向上を活用する「組織のフラット化」が重要視される。他方，「統合システム」や「対外機能 IT 化」に区分されるIT に関しては「業務フロー見直し」の平均からの乖離が高くなっているが，これは，同アプリケーションの導入にあたっては社内部門間，あるいは社外取引先を含む業務プロセスの見直しが重視されることと整合的である。

　各施策の進展度の大小関係は必要性度に概ね一致している。各企業は，必要と判断する補完的施策を，その必要性の度合いに応じて着実に導入している。ただ，高い必要性が認識されている「業務フロー見直し」等は，大きな調整コストを要し，そのための作業量も膨大であるのが通常であるため，現時点における進展度の高さと施策の達成時期の早さは必ずしも一致しない。そのため，IT 化の効果発現を左右する補完的経営施策の有効性を適切に判定するためには，①導入されている IT の内容と採用されている補完的施策の整合性，および，②当該補完的施策の進展度合い（および今後の見通し）を考慮することが必要である。その意味で，IT 化の進展度を投資額のみで測ろうとする通常のアプローチには一定の限界が存在する。

3-2 人材活用政策へのインパクト

　IT はもはや専門家だけのものではない。今回のアンケートの結果によれば，IT を日常業務で使用している正規従業員の割合は，製造セクターで **51.1%**，インフラ関連セクターで **63.2%**，アプリケーション関連セクターで **62.7%** に達しており，IT の活用が一部専門家の特殊技能ではなく，労働者一般の必須技能となっていることが示されている。IT の活用主体として非専門家が主体となっている点については，上記セクターそれぞれにおいて，情報システム部門に所属している正規従業員の割合が **2.0%**，**1.2%**，**3.3%** に過ぎず，さら

に，ユーザー向け資格の保有割合が 1.0%，0.8%，2.7%，エンジニア向け資格は 1.3%，1.7%，5.8%と，IT 利用者の割合と比べて極めて低い水準にとどまっていることからも窺うことができる[2]。

こういった IT 活用の一般化を背景に IT 導入が企業の雇用水準等にどういったインパクトが生じているのかを尋ねた結果を表7－4に示す。IT を導入した場合，短期的には労働代替効果が生じて雇用が減少するものの，長期的には生産性向上・生産物価格低下による市場拡大効果により雇用が回復・拡大していくと通常は想定されるが，アンケートの結果からは，景気が長期低迷しており市場拡大効果がほとんど見込めないにもかかわらず，雇用水準を減らしていないわが国企業の姿が示されている。

IT 導入に際して長期安定的労使関係を維持し雇用水準を低下させない途を選択する以上，IT 化を図る企業は，従業員を再教育し，IT 環境下においても（少なくともそれ以前と同程度には）生産的たりうる能力を獲得できる

---

[2] 本章では，「ユーザー向け資格」をパソコンやアプリケーションの利用技術に関する資格，「エンジニア向け資格」をアプリケーションの開発技術，システムの運用技術等に関する資格の意味で用いている。具体的にはそれぞれ以下に示すような資格が該当する（脚注表7－1）。

脚注表7－1　資格の定義

ユーザー向け資格	パソコン検定試験，パーソナルコンピュータ利用技術認定試験，情報処理活用能力検定，ロータス認定 1-2-3 ユーザー検定，ビジネスコンピューティング検定試験，マイクロソフト・オフィスユーザースペシャリスト，パソコン財務会計主任者，CG 検定，マルチメディア検定，画像処理検定，マルチメディアソフト制作者能力認定試験，DTP エキスパート，DTP 検定，CAD 利用技術者等
エンジニア向け資格	情報処理技術者，システムアドミニストレーター，データベース検索技術者，ディジタル技術検定，マイクロソフト認定プロフェッショナル，シスコ技術者認定，オラクルマスター，オラクル認定コンサルタント制度，CNE・CAN, Sun Java Certification, ロータス認定技術者制度，HP 技術者認定制度，コンパック認定 SE, IBM 技術者認定制度，C 言語プログラミング能力認定試験，SAP 認定 R/3 コンサルタント等

出典：筆者作成

表7－4　IT化による雇用水準等へのインパクト

IT導入のインパクト	全サンプル	製造セクター	インフラ関連セクター	アプリケーション関連セクター
自発的退職の発生	0.0% (235)	0.0% (100)	0.0% (27)	0.0% (107)
会社都合退職・帰休の発生	0.0% (235)	0.0% (100)	0.0% (27)	0.0% (107)
社内配置転換の発生	13.6% (235)	15.0% (100)	22.2% (27)	10.3% (107)
社外転籍（分社化等）の発生	3.0% (235)	4.0% (101)	7.7% (26)	0.9% (107)
新規採用の発生	20.4% (235)	21.0% (100)	22.2% (27)	19.6% (107)
新規の派遣受入れ	18.8% (234)	20.8% (101)	32.0% (25)	14.0% (107)

出典：筆者作成
注1：数値は当該設問に有効回答を寄せたサンプル中のシェア。カッコ内の数値は回答を寄せた企業数。
注2：セクターの定義は、前年度調査と同じ。

図7－1　正規従業員に対するIT教育関連施策

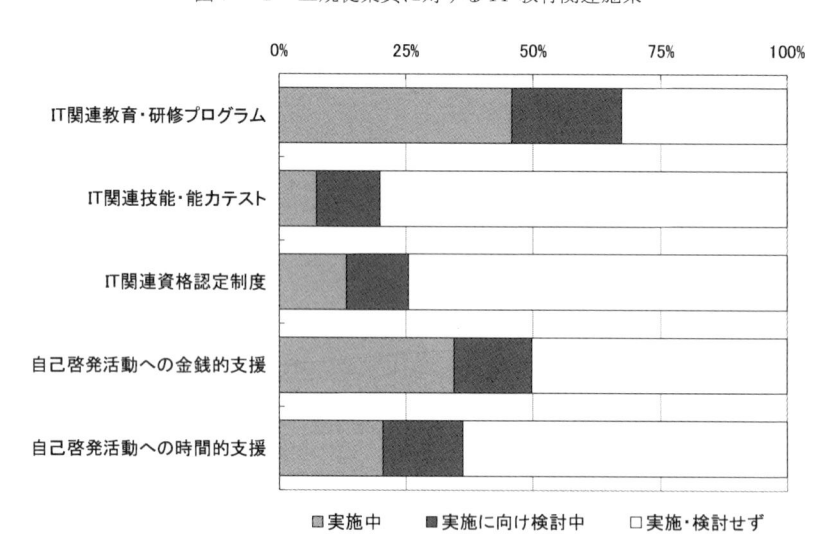

出典：筆者作成

よう支援することが求められる。ところが，正規従業員に対する IT 教育関連施策について各企業に尋ねた結果，IT 関連の教育・研修プログラムを除いて大多数の企業が特段の施策を講じていないということが示された（図7－1）。ここに掲げた5種類の教育支援施策のすべてを行っていないという企業もサンプルの28.1％に達している。このことは，IT 化が競争力獲得の有効手段とされ，景気低迷下にもかかわらず積極的な IT 化投資が実行されてきたことに鑑みれば，意外な結果である。

もちろん，IT 教育の必要性は導入予定の IT システムに大きく依存する。たとえば，インターネット利用人口の増大により，電子メールや簡単なグループウェアシステムの利用に関しては導入訓練を実施する必要性はもはやほとんど想定できない。前回の2000年アンケートにおいて導入企業シェア（全社レベル）が50％を超えていたのが電子メールシステムのみであったことを想起した場合（図5－4），今回のアンケート時点でのわが国主要企業においては特段の IT 教育の必要性はなかったと解釈できる余地もある。他方，高度な IT システムを導入する場合は，手厚い IT 教育を施すことなしに，当該システムの潜在能力を享受することは困難である。

加えて，表7－4に示されたように，新規採用により IT 化対応を図る企業も存在する点を重視した場合，潜在能力の高い従業員を採用することは企業内における関連教育施策の必要性を減殺する可能性がある。たとえば，コンピュータ関連の教育プログラムを修了した新規採用職員を重点的に採用することにより，IT リテラシーの獲得を目指した社内教育プログラムの大半は不要となる。そのため，今回のアンケートでは，企業従業員の学歴（大学卒あるいは大学院卒従業員の割合）について質問している。既存の高等教育システムが IT 活用能力の獲得に資するものであるなら，従業員の高学歴化が進んでいる企業は教育プログラムにそれほど力を入れていないことが予想される。

以上の点を解明するため，主成分分析の手法を用いて算出した IT 教育関連指数（Y）を従属変数に，同じく主成分分析に基づく IT システム導入状況指数（X），さらに，正規従業員に占める大学卒従業員の割合（Z_1），大学院を修了した従業員の割合（Z_2）を独立変数として回帰分析を行った結果

を (1) 式に示す（括弧内は標準誤差）[3]。

$$Y = \underset{(0.794)}{0.198} + \underset{(0.0835)}{0.276} X + \underset{(0.204)}{0.0433} \ln(Z_1) - \underset{(0.124)}{0.274} \ln(Z_2) \qquad (1)$$

$$R^2 = 0.160$$

---

[3] 「IT 教育関連指数」と「IT システム導入状況指数」の算出方法は以下のとおり。まず，前者については，各 IT 教育関連施策の採用状況に対するサンプル企業の回答を，「実施している＝３点」「実施に向け検討中＝２点」「実施・検討していない＝１点」として変換し，脚注表７－２に示した固有ベクトルを用いて主成分得点に変換した。後者に関しても同様に，「導入済＝３点」「導入に向け検討中＝２点」「導入予定なし・該当業務なし＝１点」として変換し，脚注表７－３に示した固有ベクトルを用いて主成分得点に変換した。

脚注表７－２　IT 教育関連指数

	固有ベクトル
IT 関連教育・研修プログラム	0.3948
IT 関連技能・能力テスト	0.4373
IT 関連資格認定試験	0.4725
自己啓発活動への金銭的支援	0.4724
自己啓発活動への時間的支援	0.4544
固有値（第１主成分）	2.243
寄与率	44.857%

出典：筆者作成

脚注表７－３　IT システム導入状況指数

	固有ベクトル
社内 LAN・イントラネット・電子掲示板	0.2016
社内の複数システムを接続し，有機的データ連係を図るシステム（EAI 等）	0.2489
コンピュータを利用した設計・製造加工（CAD、CAM 等）	0.3502
既存取引先との商取引の電子化（EDI 等）	0.1344
ネット上でのオープン調達	0.3305
販売情報の電子化（POS 等）	0.3435
受発注・在庫・販売情報の共有化（CALS、SCM 等）	0.2915
顧客サポート体制の電子化（CTI、ヘルプデスクシステム等）	0.3409
顧客情報、売買情報、保守サービス等の統合管理システム（CRM 等）	0.3779
固有値（第１主成分）	3.144
寄与率	31.436%

出典：筆者作成

推計結果からは,「IT化の程度が高まるとともに, IT関連教育の採用度合いが高まる」という先の予想が確認された。また, 従業員の学歴とIT教育の関係については, 大学卒レベルの従業員の割合については統計的に有意な関係を見出せなかったものの[4], 大学院修了レベルの従業員割合とIT関連教育の間には負の相関関係があるという予想どおりの結果を得ており, 学部レベルの教育プログラムと大学院レベルの教育プログラムの質的差異(「大学院教育は学部教育と比較してより専門的・実践的」[5])が示唆された。

さらに, アンケートによれば, サンプル中, 62.9%の企業で情報システムの構築・運用・管理等の業務に関しアウトソーシングが実施されている。こうしたわが国企業の平均的な行動は雇用の安定的な確保という面からは非常に望ましく, 長期的視点からは合理的と評することができようが[6], 再配置・再教育された従業員の生産性が競争的な水準に達するまでの期間に限ってはITの効果発現に対するネガティブ要因となる。

以上から, わが国企業がIT化に際して採用する人事関連施策の平均的な姿として次のようなスタイルが浮かび上がる。

> IT導入に際し雇用水準のマイナス調整は行わない。IT化による労働代替効果については社内の配置転換によって吸収し, IT化の程度が高い場合には, 従業員再教育を施し, 社内の人的資源の有効活用を図ることを試みる。再教育によっても必要な人材の確保ができない部

---

[4] 学部卒に係る推計結果については, 「一般的に高学歴の従業員は勉学の機会費用が低く向上意欲も強いので, IT教育に対する需要も, それを実施することによる効果も高い。そのため, 学部卒業レベルの従業員を多く抱える企業は, そうでない企業と比較して教育プログラムを充実させる誘因を持つ」という「学歴に関するシグナリング理論」と整合的な解釈が同時に成立している余地がある。

[5] 大学院教育の専門性については, 学校教育法(昭和22年法律第26号)第65条において「大学院は, 学術の理論及び応用を教授研究し, その深奥をきわめ, 又は高度の専門性が求められる職業を担うための深い学識及び卓越した能力を培い, 文化の進展に寄与することを目的とする」と定められている。

[6] 終身雇用制と年功序列制に特徴付けられるいわゆる「日本型人事システム」の合理性に関する議論については, 神戸(2004)等を参照されたい。

分に関しては高等教育を受けた新規採用の実施，外部からの派遣社員の受入れ，あるいはアウトソーシングの推進によって対処する。

4　Williamson モデルによる分析[7]

本節では，まず，組織階層数が被雇用者の管理に与える影響を考慮した企業モデルを用いて最適な組織規模について論じた Williamson の研究（Williamson 1967）[8]をベースとして，IT化を行う企業が採用すべき組織形態について議論する。次いで，4－2節において分析の枠組みを示し，4－3節で実証分析を試みる。4－4節では，高学歴の人材採用が IT 投資効果の発現に関する影響について分析する。

4-1　最適な組織形態

第6章では，社内組織のフラット化・統廃合等の組織形態の変更は，金銭的効果のみを捉えた場合には IT の効果発現を阻害しているものの，質的インパクトを併せて考慮した場合は，その効果発現を支援するという推計結果が得られた（表6－3および表6－5）。

さて，IT 化にとって最適な組織形態を探るにあたり，まず組織形態の変更を類型化する。Williamson モデルに権限委譲の概念を加え，横軸に組織階層数の変化（トール化 vs. フラット化），縦軸に上司から部下への権限委譲度の変化（集権化 vs. 分権化）という2つの軸を用いると，図7－2のように分類できる。

---

[7] 本節の記述については，実証分析結果を含め，唐澤・実積・三友（2004）に多くを依存している。但し，「分権化」については異なる定義付けを採用している。
[8] Williamson（1967）は，生産物価格ならびに生産要素価格が外生的であること，および，組織階層で上位に属する労働者ほど単位賃金が高くなること等を仮定し，いくつかのモデルについて分析している。そのうち，最も基本的なモデルに関しては，三浦（2000）に平易に解説されている。

図7−2 「組織形態の変更」の類型化

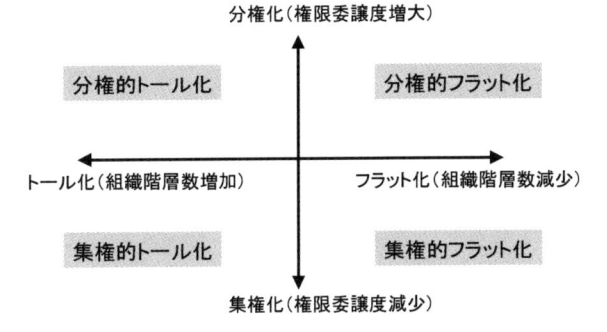

```
              分権化(権限委譲度増大)
                    ↑
   分権的トール化    |    分権的フラット化
                    |
 ←──────────────────┼──────────────────→
 トール化(組織階層数増加) | フラット化(組織階層数減少)
                    |
   集権的トール化    |    集権的フラット化
                    ↓
              集権化(権限委譲度減少)
```

出典：筆者作成

　横軸は組織階層数の決定に係る意思決定を反映している。利潤最大化を図る企業にとっての最適規模の決定要因を分析したWilliamsonモデルでは，組織階層数（ヒエラルヒーの高さ）が増大し命令伝達ルートが長くなればなるほど，部下に対するマネージャーのコントロール力が低下すること，すなわち，組織階層数が増加すればするほど実質的な管理権限が及びにくくなることが仮定されている。ここで，上司と部下の間の行動目標の整合性がなんらかの理由で低下すれば，その分だけ詳細なコントロールが要求されるため，マネージャーは比較的少数の部下しか管理できず，生産規模を所与とした場合の最適な組織階層数は増大（トール化）する。逆に目標整合性が高まれば1人のマネージャーの下で多くの部下をコントロールすることができ，最適階層数は減少（フラット化）する。

　縦軸で表現されている権限委譲度の大小とは，企業内の意思決定権限をどの程度部下に委ね，自律性を与えるかを意味する。意思決定のためには，その責を有する者が，必要な情報を現場から吸い上げ，それを集約・処理する必要がある。加えて，下された意思決定は企業行動に反映されなくてはならない。そのため，「意思決定」という行為が意味を持つためには決定結果を現場に伝達するというプロセスを経る必要がある。現場情報は伝達段階を経て組織上部に集約される毎にその細部を失い，また決定事項については組織

下部に伝達されるにつれ（単純な複製エラー，あるいは現場の実情を加味するという名目で）希薄化していくことが常であるから，意思決定のクオリティを上げるためには，意思決定権限を分権化し，下方委譲することが1つの戦略として成立しうる。ただ，ITが導入される以前であれば，意思決定権限の委譲は，中間管理職（あるいは現場労働者）の過重負担を招来し，コスト増大をもたらす可能性が大きかった。また，現場に近い部署で個々に意思決定がなされた場合，部分最適が達成されるにとどまり全社的な最適が実現されない可能性や，現場レベルでは入手できない情報の存在が意思決定のクオリティに悪影響を与える可能性も無視できない。そのため，分権化には一定の限界が存在したと考えられる。

　それでは，ITを導入するにあたって，図7－2で記述される4つの「組織形態変更」戦略のうちどれが最適であると言えるのだろうか。

　ITは情報共有化の手段として導入されることが多く（図5－3），情報取扱量の増大等を実現するため（図5－6），行動目標の伝達・共有が容易になる。この点を重視すると，構成員の目標整合性の水準がITによって改善される。加えて，マネージャーが部下の行動をモニタリングすることも容易になるため，管理効率性に悪影響を与えることなく，マネージャーが管理しうる部下の数を増やすことが可能になる。その結果，同じ目標整合性水準の下でも，より組織階層数が多く（トール化），しかも上司1人当たりの部下の数も多い大規模な組織が最適選択となるというのがWilliamsonモデルの結論である。

　しかしながら，大規模組織が最適であるためには，一般論として，市場条件がある程度安定的であることが暗黙の前提として求められる。事実，Williamsonのモデルは，時間を考慮せず，（限定合理性の枠内での）完全情報を前提としているという意味で長期安定的な市場条件を仮定している。それに対し，需要の高度化・多様化・短サイクル化に見舞われている今日の市場環境を考慮した場合，意思決定や戦略変更のスピードに難のある大規模組織は収益性に対しマイナスの影響を持つ。市場環境の急速な変化に対応するためには，情報伝達経路が短く，意思決定が素早く，小回りの効く組織が望ましい。こうしたスピードの経済性に価値を求めるならば，IT化はトール化

を介した組織の大規模化をもたらすとは限らない。かえって，管理者のコントロール能力の拡大を活かしたフラットな小規模組織を市場セグメント毎に構築し，各組織に対し一定の自律性を付与した上で，組織間のコーディネーションを IT により円滑に進めていくという組織戦略（分権的フラット化）を採ることが最適となる。事実，これはビジネス誌上において声高に主張されていることでもある。

　次に，3－2節で指摘したとおり，過半数の従業員に IT の利用が可能になった今日，先に述べた分権化のメリット（意思決定の改善）は，そのコストを上回るようになった可能性が高い。ただ，分権化を進めるためには，上司と部下の間の目標整合性が確保されていることが前提条件である。目標整合性が低い条件下で自律性を与えた場合，部下の暴走を誘発し企業目的が達成できない。他方，集権的意思決定の難点であった「現場情報の集約に伴うコスト」および「決定内容の伝達ロスに伴うコスト」は，IT の活用によりほぼ無視しうる水準になったと考えられる。ただ，IT によって代替することができない管理者自身の意思決定のキャパシティが集権化の新たなボトルネックとして重要視されてきている。実際，企業が直面する市場環境に関連する一切の情報を集約することなく経営トップの机上に提供することは技術的には容易であるが，それでは経営意思決定の停滞を招く可能性が高い。IT 武装は経営トップの情報処理能力を改善しうるものの，最終的な経営判断までをも代替するものではない[9]。つまるところ，IT 化は，経営トップに意思決定を集約する「集権化」にではなく，現場スタッフにミクロレベルの意思決定を分担させる「分権化」に，より適合的である。

　以上の点を考慮した場合，IT 導入に伴って企業が採るべき最適な「組織形態」戦略は表7－5に集約できる。

---

[9] IT を活用して意思決定までも代替するシステムとして，エキスパートシステム（expert system）の開発が進められている。エキスパートシステムを利用すれば，専門知識データベースを元にして，その分野の専門家に近い判断を下すことができる。しかしながら，現時点においては，ごく狭い分野に限った限定的な実験が行われている段階にとどまっており実用化には程遠い。

表7-5 IT導入下において最適な「組織形態」戦略

市場環境		最適戦略
安定した市場	⇒	分権的トール化（大規模化）
ダイナミックな市場	⇒	分権的フラット化

出典：筆者作成

4-2 分析枠組み

　企業の利潤最大化行動を前提とすれば，正しい（と思われる）経営形態を採っている企業の生産性はそうでない企業よりも大きいはずである。そこで本節では，IT化の進展度，経営形態の変更態様，さらに人材高度化の程度によりサンプル企業を区分し，その間の生産性の有意差の有無を判定することで，4-1節の議論等を実証的に分析する。

　分析にあたっては，各企業の付加価値 V を非説明変数とし，恒久棚卸法（Perpetual Inventory Method：PI法）によって算出された実質粗資本ストック K，期末従業員数 L を主たる説明変数とし，さらにアンケートによって得られた各企業の組織変更戦略 d を右辺に導入したコブ・ダグラス型生産関数（(2)式）を仮定した。推計に用いたデータの構築方法については唐澤（2003）を参照されたい。最小二乗法によって推定するダミー変数に係るパラメータを分析すると共に，戦略間での TFP 水準の格差の有無を判定する。

$$\ln V = \beta_0 + \beta_1 \ln K + \beta_2 \ln L + d(\cdot) \tag{2}$$

　$d(\cdot)$ については，複数の戦略間の相互関係を計測するため，アンケートから得られた情報からダミー変数 D_{xx} または D_{xxx} を作成し，2つの戦略の比較の場合には(3)式，3つの戦略の比較に関しては(4)式のとおり特定化したものを採用している。

$$d(\cdot) = \delta_1 D_{hh} + \delta_2 D_{hl} + \delta_3 D_{lh} \tag{3}$$

$$d(\cdot) = \delta_1 D_{hhh} + \delta_2 D_{hhl} + \delta_3 D_{hlh} + \delta_4 D_{hll} + \delta_5 D_{lhh} + \delta_6 D_{lhl} + \delta_7 D_{llh} \quad (4)$$

ダミー変数 D_{xx} および D_{xxx} については，サンプル企業の採用している企業戦略から構築されるダミー変数 S_y から以下の規則に従い 1 あるいは 0 を割り当てている。D_{xxx} についても同様。

$$D_{hh}(S_1, S_2) = 1 \ (if \ S_1 = S_2 = 1), \ 0 \ (otherwise)$$
$$D_{hl} = 1 \ (if \ S_1 = 1 \ and \ S_2 = 0), \ 0 \ (otherwise)$$
$$D_{hl} = 1 \ (if \ S_1 = 0 \ and \ S_2 = 1), \ 0 \ (otherwise)$$

考慮した企業戦略情報は以下の4種類である。①と②については標本中央値以上のサンプルに 1 を与え，③と④についてはフラット化あるいは権限委譲が進展したと回答したサンプルに 1 を与え，それ以外については 0 を与えることでダミー変数 S_y を作成した。

① IT化の進展度：従業員1人当たりのパソコン台数
② 人的資本の高度化：正規従業員数に占める大学卒以上の従業員割合
③ フラット化進展度：過去3年以内に生じた組織の変化
④ 分権化進展度：過去3年以内に生じた下部組織への権限委譲の変化

企業が採用した施策が望ましい効果をあげているか否かを判定する尺度としては，経済企画庁調査局（2000a）に倣い，TFP を利用する。施策の採用状況によって分割されたサンプルグループ間の TFP の格差（乖離率）は，当該施策を一切採用していないグループを基準とすれば，（2）式と（3）式を用いて，$[\exp(\delta_1 D_{hh} + \delta_2 D_{hl} + \delta_3 D_{lh}) - 1] \times 100\%$ で表現される。

さらに，分析目的からは，複数の施策間の補完・代替性についての判定指標が必要である。ここでは，同じく経済企画庁調査局（2000a）が採用している Milgrom & Roberts（1990）の手法を参考にして，「補完性度 Γ」を次のように定義し，その値が正である場合を「補完的」，負である場合を「代替的」と呼称する。

$$\Gamma = (\exp\delta_1 - \exp\delta_3) - (\exp\delta_2 - 1) \tag{5}$$

但し，「補完性度Γ」の符号が統計的に有意であるか否かについては（5）式のままでは判定が困難である。そのため，「補完性度Γ」と符号条件については同値な（6）式を用い，ワルド検定によってその有意性を判断することにする。

$$\Gamma_w = \delta_1 - \delta_2 - \delta_3 \left(\text{or, } \exp\Gamma_w = \frac{\exp\delta_1/\exp\delta_3}{\exp\delta_2/1} \right) \tag{6}$$

4-3 実証分析結果

すべての推定式で，自由度修正済決定係数は **0.95** 以上であり，回帰パラメータ $\beta_0, \beta_1, \beta_2$ は符号条件を満たし1％水準で統計的に有意であったので，以下では $\delta_1, \delta_2, \delta_3$ に係る推計結果に絞って議論を進める。

まず，フラット化と分権化の関係に係る推計結果を示す（表7－6）。特段の経営施策を講じなかった企業に次いで，分権的フラット化を志向する企業がサンプル中に多く観察されるが，これは4－1節の予測と整合的である。集権化を志向する企業が些少であるのも予測どおりであり，トール化を指向する企業が極めて稀であるのは，わが国の市場環境のダイナミズムが増大していると認識している企業が多いことの反映であると解される。

表7－6　フラット化・分権化の採用状況

権限委譲＼組織階層	増（トール化）	変化なし	減（フラット化）
高（分権化）	0	26	55
変化なし	1	129	38
低（集権化）	1	1	1

出典：筆者作成
注：セル中の数字はサンプル数を示す。

表7-7 フラット化・分権化の生産性への効果

組織階層 権限委譲	増（非フラット化）	減（フラット化）
高（分権化）	$\delta_3 = -0.1681$** -15.47% 11	$\delta_1 = -0.0384$ -3.76% 23
低（非分権化）	0(default) 0(default) 64	$\delta_2 = 0.0094$ 0.94% 19
補完性度 Γ	15.47	
ワルド検定結果	Not Significant	

出典：唐澤他（2004）
注1：各セルの1段目は回帰係数，2段目はTFP乖離率，3段目はサンプル数を示す。
注2：「非フラット化」は「トール化した」あるいは「変化なし」と回答したサンプル，「非分権化」は「集権化した」あるいは「変化なし」と回答したサンプルを示す。
注3：補完性度 Γ については、統計的に有意と判定されたパラメータのみから算出。
注4：***は有意水準1%，**は5%，*は10%で帰無仮説を棄却できることを示す。

　しかしながら，そうして組み合された施策が有意な生産性格差を生じさせるには残念ながら至っていない（表7-7）。分権的フラット化は有意な効果を持たず，分権的非フラット化に関しては有意なマイナス効果が観察される。分権的非フラット化が望ましい効果を生まないのは，市場環境がダイナミックであることの反映であると解される。一方，近年のわが国のビジネス誌上において声高に主張されてきた分権的フラット化が思うような効果を発揮させていないことは重大な問題であり，この点は第6章5節の分析結果と整合的である。
　さて，この結果は，なんらかの組織変更をもたらす経営戦略に対し，組織内の調整コストやインフルエンス・コスト[10]の存在が，その効果発揮を妨げていると解釈できるかもしれない。仮にそうであれば，IT化を平均以上に進

---

[10] インフルエンス・コストとは「組織による決定（から）……影響を受ける個人やグループ（が）利己的な利益を追求するため，その決定が自分の利益となるよう画策する（という）……インフルエンス活動によってもたらされる費用」(Milgrom & Roberts [1992 邦訳 p.210，括弧内は引用者による補足]）と定義される。詳細については，Milgrom & Roberts（1992）（邦訳 第6章および第8章）を参照されたい。

めることで企業内の情報流通を改善し，透明性を向上させている企業では，IT化が遅れている企業と比較して，組織内調整コストは小さくなっていることが予想できるため，両者における施策効果の間にはなんらかの差異が観察されるはずである。そこで，IT化の進展度の高低という3つ目の施策を考慮した結果を表7－8に示す。

表7－8　IT化・フラット化・分権化の効果

| IT化の進展度 | 低 | | 高 | |
組織階層 権限委譲	増（非フラット化）	減（フラット化）	増（非フラット化）	減（フラット化）
高（分権化）	$\delta_7 = -0.0306$ -3.01% 7	$\delta_5 = 0.1022$ 10.77% 6	$\delta_3 = -0.2576*$ -22.71% 4	$\delta_1 = 0.0000$ 0.00% 17
低（非分権化）	0(default) 0(default) 35	$\delta_6 = 0.0046$ 0.46% 12	$\delta_4 = 0.1124*$ 11.90% 29	$\delta_2 = 0.1787$ 19.56% 7
補完性度 Γ	0.00		34.61	
ワルド検定結果	Not Significant		Not Significant	

出典：唐澤他（2004）
注：各セルの解釈等については表7－7と同じ。

　IT化が平均以上に進んでいる環境の下で，分権的非フラット化がマイナスの生産性効果を依然として有していることは，先述したように，わが国企業が直面する市場環境がダイナミックであることを反映している。市場環境が流動的である場合に有効であることが予測された「分権的フラット化」政策については，分権化のみを進めた場合と異なりマイナス効果は観察されなかったものの，有意な正のインパクトを観察するまでには至らなかった。逆に，4－1節の議論ではIT環境下で最適とはみなされなかった「非分権的非フラット化」を選択したサンプルの生産性が有意に正と判定されている。そもそも，「人的資源のネットワークによるインフォーマルな情報の流れと，部門間の境界の曖昧さ」（篠崎 2003, p.195）を特徴とする日本企業では，厳密な

定義に従って記述された情報[11]のやりとりに強みを発揮するITの導入には欧米企業と比較して膨大な追加的作業が必要となる。阿吽の呼吸で伝達されている仕事上のノウハウを，一定の書式にそったマニュアルにする作業には多大な努力が必要であることは想像に難くない。そのため，これら結果は，従業員の自律性を発揮させる分権型の組織では，集権型組織と比べて調整を必要とする機会が多くなり，ITの有効活用のために必要な体制が整うまでは時間（とともに費用）がかかることを反映しているとみるべきかもしれない。これらの視点については，さらなる分析が必要である。

4-4　人的資本高度化政策の効果

　さて，高学歴の人材を採用し，人的資本の高度化を図ることでIT化の効果発揮にどのような影響がもたらされるのだろうか。3－2節での分析では，学部教育は労働者の潜在能力のシグナリングとしての意味を主として有し，大学院教育に関しては実務的なITリテラシーの確保に貢献しているという示唆が得られた。いずれにせよ高学歴を有する者を採用するという人的資本高度化政策を行うことで，企業のIT投資をよりよく活用する体制を整えることができると思われる。

　4－2節の分析枠組みを利用した実証分析の結果を表7－9に示す。人的資本高度化政策はTFPに対して有意な貢献を示しているのに対し，IT化については人的資本高度化政策と組み合さった時にのみ有意な貢献が観察できる。これは人材高度化の普遍的有効性を意味すると同時に，IT化を進めるにあたり人材面の考慮が重要であることを示している。

　但し，IT化を進めるのであれば人材高度化は必須であるが，それよりもIT化を伴わない人材高度化を進めるという政策を採用する方が生産性の観点からはむしろ望ましいことも同時に導かれている。IT化の解釈を「企業内パソコンのネットワーク化率」に代えた別推計（表7－10）に示されたワルド

---

[11] たとえば，電子メールで送りうるテキスト・画像ですべての内容が余すところなく正確に伝達できる種類の情報であり，Polanyi（1966）の概念に基づく形式知（explicit knowledge）に相当する。Nonaka & Takeuchi（1995）は「『形式知』は，形式的・論理的言語によって伝達できる知識である」と説明している（p.59［訳書 p.88］）。

検定結果からは有意な代替性を確認することができないので，IT化一般と高等教育の相互代替性について確定的な結論を得るためには，さらなる精査が必要ではある。しかしながら，IT化を「従業員へのパソコン配付」というように狭く解釈する限りにおいて，表7－10の結果は，わが国の高等教育が伝統的業務プロセスへの最適性を追求してきたため従来型の業務環境では平均以上の能力を発揮するが，ITという新しい環境下では能力を発揮できない人材を輩出している可能性を示している。この点については，学歴とIT教育

表7－9　人的資本高度化・IT化の効果

人的資本＼IT化	低	高
高	$\delta_3 = 0.258^{**}$ 29.3% 20	$\delta_1 = 0.162^{**}$ 17.59% 36
低	0(default) 0(default) 40	$\delta_2 = 0.0936$ 9.81% 21
補完性度 Γ	\multicolumn{2}{c}{－11.85}
ワルド検定結果	\multicolumn{2}{c}{**}

出典：唐澤他（2004）
注：各セルの解釈等については表7－7と同じ。

表7－10　人的資本高度化・ネットワーク化の効果

人的資本＼IT化*	低	高
高	$\delta_3 = 0.0961$ 10.09% 24	$\delta_1 = 0.1664^{***}$ 18.10% 32
低	0(default) 0(default) 35	$\delta_2 = -0.0643$ －6.23% 26
補完性度 Γ	\multicolumn{2}{c}{18.10}
ワルド検定結果	\multicolumn{2}{c}{Not Significant}

出典：唐澤他（2004）
注1：各セルの解釈等については表7－7と同じ。
注2：「IT化*」は，各企業における企業内パソコンのネットワーク化率とサンプル平均の大小関係に基づいて構築したダミー変数により評価している。

の必要性に関して行った分析結果（3－2節）との総合的な検討を行う価値があるが，そのためにはIT教育が従業員のIT活用能力をどの程度改善しているのかに関する調査が求められる。

5　企業行動への影響に係るモデル分析

　近年のIT投資は作業効率の大幅な改善を可能にするが，その効果を享受するためには企業が従来慣れ親しんできた働き方・ビジネスモデルの変更を強いるという性格（「革新性」）を有する[12]。たとえば，事務職員へのパソコン導入や企業内LANの構築は，経営意思の決定スピードとその精度を大幅に向上させうるが，そのためには営業戦略や調達戦略に大きな柔軟性・即応性を要請し，新しい組織形態の構築を必須とする。さらに，従来は実現不可能であった利潤機会を享受することも可能になるが，そのためには斬新なビジネスモデルへの転換を要請する。また，POSシステムの導入は，当該企業における在庫管理システムの効率化を実現する一方で，取引先を巻き込んだ物流システム全体の再編成を求める。第4章で提示した分析フレームワークを用いて考えると，ITの「革新性」の程度は，IT投資効果の「発現効率」を減少させるE.C.要因の1つであり，各種の補完的経営施策の採用は，その減少分を最小化しようという試みである。

　第6章および前節までの分析は，それら補完的経営施策が，わが国では思うような効果をあげていないことを示しているが，このことは，ITの革新性による発現効率の悪化が是正されていないことを意味する。この場合，相応しい生産環境を実現できていないが故に，現在投入されているITは不十分なリターンしか生むことができない。生産要素投入の最適水準は限界コストと限界リターンの比較から導き出されることを考慮すれば，わが国企業が目指しているIT化の水準は，本来の最適点から乖離していることになる。

　本節では，上記のようなITの革新性を考慮した場合，IT導入に関する意

---

[12] Bresnahan et al.（1999, 2002）の研究は，「革新性」の存在を米国企業を対象に実証したものとして解釈できる。

思決定にはどのような影響が及びうるかについて簡単な生産関数モデルをベースとして検討する。ところで, 第6章で得られたパラメータ推定値は, 現時点におけるわが国上場企業のIT化が過少水準にとどまっているケースが相当数あることを示唆している。それに対し, 以降の議論はあくまでも各企業が十分なIT化を進めた後の状況を仮定した場合のものであり, わが国企業が現時点において達成しているIT化水準に対して直接の評価を行うものではない。さらに, 分析は最終的に到達しうるIT資本サービスの最適投入水準に着目しており, そこに至るIT化のスピードについて議論するものではない。結果の導出方法の詳細については実積 (2003) を参照されたい。

5-1 ITの革新性

ITの革新性が投資効果発現メカニズムの効率性を低下させるということは,「ITの導入が, 従来, 企業が蓄積してきた経験の有効性を一部失わせる」という形で描写できると仮定する。たとえば, POS導入以前であれば, 小売店の仕入れは, 新聞の経済面と天気予報欄, さらには地域のイベント情報等を店主の経験と勘の力を借りて解釈することで決定されてきたと考えられるが, IT化以前の環境では有効であった「経験と勘」は, POSによるきめ細かな市場分析データに基づいて仕入れ量とタイミングの決定を行う際にはその効力を大きく減じることになる。加えて, POSのもたらす可能性を十分に利用するためには, 新たにパソコン利用能力の獲得が必須条件になるが, こういった要素は,「経験と勘」についての伝統的な定義には含まれない。このように, ITの導入は, 少なくとも短期的には[13], 今まで小売店店主が蓄積してきた「経験と勘」の価値を減少させる。事実, 米国商務省の報告書 (DOC 2002) は, 急速な技術進歩により, 従業員が現在保有している技能の半分は今後3年から5年で時代遅れのものとなるという研究成果 (Moe & Blodgett, 2000) を紹介している。

---

[13] IT化を成し遂げた下で生産経験を積むことにより, IT化以前よりも大きなラーニング効果が期待でき, 中長期的には,「経験と勘」の価値は再び増大する可能性がある。ラーニング効果の影響については本章5-3節でさらに分析する。

上記仮定の下で企業の最適行動を考える。具体的には，IT 資本サービスの減少関数と仮定した経験ファクター ε を生産関数に加え ((7)式)，(8)式の利潤最大化問題を解く。

$$Y = \varepsilon \cdot F = \varepsilon(k_{IT}) \cdot F(L, K(L_{IT}, k_p, k_{IT}), M) \tag{7}$$
但し, $1 \geq \varepsilon(k_{IT}) > 0, \ \varepsilon(0) = 1, \ d\varepsilon(k_{IT})/dk_{IT} < 0$

　　　　Y：総生産高（グロス）　　　L：非 IT 労働投入量
　　　　K：資本サービス投入量　　　M：中間財投入量
　　　　L_{IT}：IT 労働投入量　　　　k_p：非 IT 資本投入量
　　　　k_{IT}：IT 資本投入量

$$\max: \pi_{all} = PY - wL - r_p k_p - r_{IT} k_{IT} - w_{IT} L_{IT} - p_m M \tag{8}$$
但し, $Y = \varepsilon(k_{IT}) \cdot F(L, K(L_{IT}, k_p, k_{IT}), M)$

　　　　P：生産物価格　　　w, w_{IT}：単位投入量当たり労働コスト
　　　　r_p, r_{IT}：単位投入量当たり資本コスト
　　　　p_m：中間財コスト

利潤最大化問題から得られた帰結は以下のとおりである。

① IT 化が経験に与えるインパクトを考慮した場合，IT 資本サービスの最適投入量は，そういった影響がない場合と比較して減少する。
② IT 化以前のビジネスモデルの IT 適合性が小さいほど，IT 化の最適水準は低くなる。最古の情報産業の1つである金融業界の IT 導入水準が他の業界を上回るという事実[14]は本結果と整合的である。
③ 生産規模が大きくなれば IT 資本サービスの最適投入量が低下する。すなわち，経営規模は IT 化に対してマイナスのインパクトを持つ。

経験の価値に対する IT のマイナスの影響は，まず生産要素の最適投入量を減少させ，次いで投入要素の生産物への転換効率を低下させる。その結果，生産量は生産要素投入量の減少以上の割合で減少し，生産性が低下する。既存のビジネスモデル等に変更を加えることなく，漫然と IT 化を行った企業

の場合,生産要素投入量自体が過大になるため,最終的な生産性が悪化する。ITの効果を十分に享受するためには,ITの導入は従来のやり方を根本から変革する必要性をもたらすという点に関して十分に認識する必要がある。上記第3点については,リスクを甘受しうる企業体力という観点からみて,新技術の導入を目的とする設備投資と経営規模の関係には正の相関が予想されることを考えると,意外な結果である。

5-2 経験補完施策の効果

前節で明らかになったように,IT化は既存経験の価値にダメージを及ぼすが,その大きさは,企業組織の変革やビジネスモデルの刷新等の「経験補完施策」を通じて有効にコントロールできる可能性がある。

先の小売店の例であれば,POSデータを利用した市場動向の分析を外部の専門家にアウトソーシングする,あるいは,コンピュータスキルに秀でたスタッフを雇用する,店主自らがコンピュータ関連の専門学校に通うといった人材高度化策を講じることで,ITの革新性によって損なわれた経験の補完を行うことができる。

また,中間管理職を廃して組織をフラット化することで市場情報を経営トップに迅速に提供し,経営トップの決定事項や戦略を末端の従業員にまで即時に共有できる環境を構築することがIT化に際して必要であると言われることも多い。企業が当該環境の構築に成功したとすれば,営業部隊が蓄積してきたノウハウを全社的に活用し,あるいは企業全体の経営ビジョンを全社的に共有して個々人の努力を結集することが可能になる。その結果,ITによって損なわれた効率性が幾分かでも回復できる。中間管理職を廃する代わりに,企業ネットワークの中に再組織化することで,相互調整能力や情報集約

---

[14] 上場企業を対象とした総務省調査(総務省 2002)によると「従業員1人当たりのパソコン台数は,1人当たり『1.0台～1.2台』が29.7%と最も多く,次いで『0.7台～1.0台』が24.8%となっており,大企業では概ね1人に1台のパソコン配備という環境が整いつつある」とされている。一方で,証券会社や都市銀行,投資・投資顧問会社の市場営業部やトレーディング部については1人平均3台,生・損保の財務グループでは1人平均2台のパソコンが利用されているという調査結果(日本金融通信社 2002)がある。

能力，人的ネットワークを利活用するというオプションも検討に値する[15]。
　上記の点を踏まえ，本節では経験ファクター ε に(9)式の性質を付加することにより，経験補完施策の効果をモデルに導入する。但し，簡単化のため，施策の種類は1種類とし，当該施策の規模（または強度）を ϕ とする。

$$\varepsilon = \varepsilon(k_{IT}, \phi)$$
$$\text{但し,} \begin{cases} \varepsilon(k_{IT}, \phi) > 0, \ \varepsilon(0,0) = 1 \\ \dfrac{\partial \varepsilon}{\partial k_{IT}} < 0, \ \dfrac{\partial \varepsilon}{\partial \phi} > 0, \ \dfrac{\partial^2 \varepsilon}{\partial \phi^2} < 0 \end{cases} \quad (9)$$

経験補完施策の費用を考慮して利潤最大化問題を解くことで次の2つの知見が得られる。

① ITの革新性に対し有効な施策を実行することにより，ITの革新性を考慮しないことによる過大投資は緩和され，生産性パラドクスが予防できる。
② 企業がIT化に踏み切るか否かは，経験補完施策の固定費の水準に左右される。その結果，IT化と企業規模との関係については，採用される施策に依存する。たとえば，施策の固定費用の水準が生産量の伸びを上回って増大する場合には，小規模企業のIT化が大規模企業より進むことになり，他方，固定費用が生産規模とは無関係である場合，IT化は大企業でより進展する[16]。

---

[15] Nonaka & Takeuchi (1995) は，中間管理職をナレッジ・エンジニア（knowledge engineer）として位置付け，組織的知識創造（organizational knowledge-creation process）の結節点としての積極的な役割を彼らに与えることこそが，成功の鍵であると指摘しているが，彼らの提案も上記と同じ意味で「経験補完」効果を生むことが期待できる。

5-3 ラーニング効果

　企業は生産の経験を積むにつれて生産効率の向上を期待する。これは,「ラーニング効果」と呼ばれるもので,通常,累積生産量が増すにつれ平均費用が低下する効果として記述される。

　IT 化は個々の労働者の情報収集・処理能力を改善するから,生産経験からノウハウを抽出し,失敗例を分析して対策を立案するといった知的創造活動の効率性を向上させる。さらに,知見を収集・保存し,他の労働者と共有することも以前と比べて飛躍的に容易になる。とりわけ,近年の IT はインターネットの利用を前提としているため,情報共有の範囲は1つの事業所・工場にとどまることなく,全世界へと拡大する。情報共有の範囲が拡大すれば,単位時間当たりに蓄積される知識・経験の量も増大することが期待できる。つまり,IT 化はその革新性により生産に対し一定の悪影響を及ぼしうる一方で,ラーニング効果をより加速することを通じて生産性を改善する可能性を有している。

　経験ファクター ε に対するラーニング効果の影響を考慮すると,(10)式のような生産関数が想定できる。

$$Y_t = \varepsilon_t \left(k_{IT,t}, \phi_t, \sum_{j=1}^{t-1} Y_j \right) \cdot F_t \left(L_t, K_t \left(L_{IT,t}, k_{p,t}, k_{IT,t} \right), M_t \right) \qquad (10)$$

　単純化のためにラーニング効果に関するいくつかの前提条件をおいた上で,資本設備(および関連労働力)の導入は第1期期首にのみ行われるとした「2期間利潤最大化モデル」((11)式)を分析する。但し,ρ は利潤の割引率である。

---

[16] 中間管理職再訓練の固定費用には対象者数に応じて増大する部分がある。企業組織がピラミッド型であり,生産量が末端の労働者数に比例する場合,中間管理職再訓練のための固定費用の水準は生産量の伸びを上回って増大する。逆に,現場に意思決定権限を譲渡するための業務処理規則の変更といった施策の場合,固定費用の水準は生産規模とは無関係となる。

第7章　ミクロレベルの発現メカニズム II　　173

$$\max : \pi = \pi_1 + \frac{\pi_2}{1+\rho}$$

$$但し，\begin{cases} \pi_1 = P_1 \cdot Y_1 - w_1 L_1 - w_{IT,1} L_{IT,1} - r_{p,1} k_{p,1} \\ \qquad - r_{IT,1} k_{IT,1} - p_{m,1} M_1 - p_{\phi,1} \phi_1 \\ \pi_2 = P_2 \cdot Y_2 - w_2 L_2 - w_{IT,2} L_{IT,1} - r_{p,2} k_{p,1} \\ \qquad - r_{IT,2} k_{IT,1} - p_{m,2} M_2 - p_{\phi,2} \phi_2 \end{cases} \quad (11)$$

得られた結果は以下のとおりである。

ITのラーニング効果への貢献が大きければIT資本サービスの最適投入量は拡大する。企業規模が大きくなるほど，ラーニング効果への貢献度が大きいことが期待されるから[17]，IT化は大規模企業においてより進展する。

6　本章のまとめ

2001年に実施したアンケート調査から得られたわが国企業のIT活用施策に関する主な知見は以下のとおりである。

1. IT化による労働代替効果については社内の配置転換によって吸収し，IT化の程度が高い場合には，併せて従業員再教育を施し，再教育によっても必要な人材の確保ができない部分に関しては新規採用・派遣社員受入れ，あるいはアウトソーシングによって対処している。

---

[17] ネットワークへの接続を前提とするIT機器を利用して先行事例を収集・分析する場合，その分析の価値・有用性は規模拡大のスピードを超えて増大する。Nonaka & Takeuchi (1995) にはケンタッキー州ルイヴィルにあるゼネラル・エレクトリック社のコールセンターの電話オペレーターが顧客から質問・苦情等を収集することで製品開発に貢献する事例が紹介されている。収集事例数は企業規模に応じて増大するが，その組合せ可能性はそれ以上のペースで増大するので，消費者からの情報を組み合せることで新製品のアイデアが得られると仮定すれば，製品開発に対する貢献度は加速度的に大きくなる。

2. 権限委譲と組織階層数の変更を考慮する場合は，分権的フラット化を指向するサンプルが多いが，生産性に対して有意な効果をあげるには至っていない。しかしながら，フラット化を伴わない分権化を指向した企業の生産性は有意に低下している。
3. 人的資本高度化政策は概ね有効であるが，IT 化との相乗効果については明確ではなく，代替的な関係も観察される。このことは，わが国の高等教育が IT 環境下に適した人材を輩出できていない可能性を意味する。

一方で，本章の実証分析には残された課題も多い。一例を挙げれば，人材高度化を「学部卒と大学院卒の従業員を抱えること」と同義として取り扱っており，文系・理系の別，専門分野の詳細，学業成績，ダブルスクールの有無等を考慮していないという問題点がある。長期雇用関係を結ぶ日本企業の特色である OJT (On-the-Job Training) の影響についても考慮していない。確定的な結論を得るためには，アンケート方法の改善を含め，さらなる調査の精緻化が要請される。

加えて，本章では，IT の革新性が，企業の意思決定にどのような影響を及ぼすのかについて簡単なモデルをベースとして検討した。得られた結果を要約すれば，第2章1－2節で紹介した「経営ミス説」の主張に重なる。David (1990), Hammer (1990), Weill (1990) および Lucas (1999) らが主張した IT 導入時における補完的条件の整備の重要性がモデル分析からも確認された。また，企業規模と IT 化の進展についてもいくつかの知見を導き出し，条件によっては，中小企業が大企業よりも IT 化をより進めうることが明らかとなった。

第8章　マクロレベルの発現メカニズム

1　はじめに

　個別企業における IT 投資が当該企業において所期の効果を実現する程度は，ミクロレベルの E.C.要因によって左右される。一方，個別企業において実現された IT 投資効果がマクロ経済指標上に反映される程度は，マクロレベルの E.C.要因に依存する。「IT 化の進展度合い」あるいは「IT 化が効果を生んでいる程度」が産業間（あるいは企業間）で一様ではない場合，とりわけ，IT 化が十分に進展しその効果を享受している産業が一国の経済の一部にとどまる場合は，マクロ経済に現れる IT 投資の効果は，マクロレベルの E.C.要因によって大きく左右されることになる。

　マクロレベルの E.C.要因について，第4章3－1節では，「産業内および産業間で実現している競争の程度」と，「マクロ経済の産業構造」の2つを例示した。本章では，わが国経済の中で，それら E.C.要因がどの程度の力を発揮しているかを検証する。

　本章の構成は次のとおりである。まず第2節で，わが国における市場競争圧力の少なさが IT 投資効果のマクロ経済への波及を妨げている可能性を検討する。具体的には，Hitt & Brynjolfsson (1996) による先行研究を参考に，利潤率と IT 投資を結びつけるモデルを構築し，第6章でも取り扱った個別企業レベルのデータを用いて仮説検定を行う。検定結果からは，わが国の IT 投資について競争圧力は適切に働いており，マクロ経済への反映を妨げる要因とはなっていないことが示唆された。第3節では，マクロの産業構造が，IT 投資が労働生産性と TFP に与えるインパクトを左右する可能性について

分析する。第3節の検討対象となるのは産業レベルの集計データであり、同レベルで発現した IT 投資効果がマクロ的指標に集計されていく過程でどういった影響を受けるのかについて検討する。産業連関表等を用いた分析からは、わが国の産業構造と IT 投資の効果発現メカニズムに関し、いくつかの知見が得られた。時系列的な評価については米国経済との比較も実施した。本章全体のまとめについては第4節で記述する。

2 競争の強度

2-1 IT 投資効果の発現に競争が及ぼす影響

　第4章3-1節で説明したとおり、競争圧力が存在しなければ、個別企業レベルで発現した IT 化の効果は当該セクターの超過利潤に転化されるにとどまり、他セクターあるいは消費者一般に望ましい波及効果をもたらさない。すなわち、競争環境に差がある複数のマクロ経済において、両経済に共通する特定の産業セクターでのみ IT 化が進展し各々所期の効果を生んでいる場合、IT の効果をマクロ経済指標の上でより明確に観察できる可能性があるのは、より競争が活発な方ということになる。

　本節では、日米における競争強度の違いが、マクロ経済指標の差を生んでいる可能性を分析する。具体的には、マスコミ等で一般的に主張されている日米の競争環境の差異、すなわち、「米国企業と比較した場合、一部の日本企業は、競争圧力にそれほど強くさらされていない」という要因が IT 効果のマクロ的発現に及ぼす影響の有無を検証する。Hitt & Brynjolfsson（1996）の実証分析では、米国においては競争が適切に機能しているため、個別企業における IT 化の果実は、当該企業の利潤拡大ではなく、消費者余剰の拡大を生んでいると主張されている。わが国の IT 化に関する競争圧力が不十分であれば、わが国の企業レベルの IT 化がマクロ経済に貢献する程度は、米国の場合よりも小さくなり、マクロ経済指標に基づいて IT 投資の効果を評価した場合、過小バイアスを被ることになる。

　以上の点から、検証すべき仮説を次のように設定する。

仮説：わが国においては企業間競争の圧力が強くないため，IT 投資は，わが国企業の利潤にプラスの貢献をしている。

本仮説が正鵠を射ているとすれば，IT 投資が企業の超過利潤をもたらす可能性は（他のマクロレベルの E.C. 要因に差がないとすれば）日本の方が米国よりも高く，したがって，両国において同様の IT 化が行われ，同じような成果が得られていたとしても，米国の方がより良好なマクロ経済指標が観察される。逆に言えば，マクロ経済指標のレベルにおいて米国の IT 化がより望ましい結果を生み出しているとしても，それは産業レベル・個別企業レベルにおけるわが国の IT 投資が米国と比較して成果をあげていないことを必ずしも意味しない。

2-2 アンケートデータによる実証分析

本節における実証分析で利用したデータセットは第 6 章で利用したものと同じ，1997 年度から 99 年度にかけての 3 年分のパネルデータである。

仮説の検証にあたっては，企業の利潤率を非説明変数とし，IT 化の強度等を説明変数とした関数形（(1)式）を与え，そのパラメータの統計的有意性を検討する。関数形の特定化や説明変数の選択に関しては，Hitt & Brynjolfsson（1996）を参考にした。さらに，IT 化に際して日本企業はレイオフや雇用削減を行っていないという筆者が行った別のアンケート結果[1]に配意し，IT 化によって労働力削減が可能になっても，わが国企業はそれを行わず，代わりに暗黙的な企業内失業を発生させている可能性を明示的に考慮している。推定に用いたデータの詳細については補論 2 を参照されたい。本モデルを用いた場合，先の仮説が成立するか否かは，パラメータ δ_1 の符号によって判定される。

$$ROA = \delta_0 + \delta_1 \frac{k_{IT}}{\gamma_L \cdot l} + \delta_2 \cdot SG + \delta_3 \cdot CI + \varepsilon \tag{1}$$

---

[1] 第 7 章表 7 − 4 を参照のこと。

δ：パラメータ　　　ε：誤差項　　　ROA：資産収益率
k_{IT}：ITストック　　SG：売上高増加率　CI：労働装備率
γ_L：労働稼働率（企業内失業があれば，1未満の非負の値をとる。）
l：雇用者数

　推定作業においては，データセット作成時に仮定した条件の差異により複数のデータバリエーションを取り扱う[2]。誤差項については，サンプルの取得時点とサンプルが属する産業セクターの違いが生み出す個別効果を考慮することも検討したが，第6章3-2節に記した検定基準に従い，最終的には最小二乗法を採用した。説明変数の選択については，Klein（1962）の基準では深刻な多重共線性の問題はないと判定されている。また，分散均一性のテスト（White 1980）を5％の有意水準で満足している。

　パラメータの推定結果のサマリーを表8-1に示すが，パラメータδ_1は有意にマイナスあるいは0とは有意に異ならない値として推定されている。すなわち，わが国企業を対象とした推定からは，収益性に対するIT投資のプラスの貢献は認められず，先の仮説は維持されないという結果が得られた[3]。これは，米国企業を対象としたHitt & Brynjolfsson（1996）の先行研究と同様の結果である。このことは，わが国のIT化は企業の利潤拡大ではなく，価格の低下を通じた消費者余剰の増大をもたらしていることを示唆する[4]。あるいは，第6章で議論した仮説3に係る解釈Bと同じく，IT投資は短期的な収益には貢献していないことを反映していると解する余地もある。この点

---

[2] データセットに係る仮定には理論的な優劣はない。したがって，推定量の解釈においては，データセットの仮定を変えても符号や統計的有意性が一定か否かを重視する。
[3] パラメータ推定結果に関して，本書において想定している因果関係を逆転させて，「収益性の高い企業も低い企業もIT化には同程度の積極性しか持っていない」と解することも可能であることは認めねばならない。いずれの方向の因果関係が正しいのかを検証するためにはたとえばGrangerの因果性テストが利用可能であるが，本書ではデータの制約上これを実施していない。より豊富なデータを用いて，この因果性の検証を行うことは今後の研究課題である。
[4] 競争的な市場においては，生産要素に対する需要曲線の情報から，当該生産要素の導入が消費者余剰の増大をどの程度実現するかを測定することが可能である（Schmalensee 1976）。したがって，IT化により現実にどの程度の消費者余剰がもたらされているのかを推測するためには，性能向上分を考慮したIT機器の価格水準に関するデータを準備すればよい。消費者余剰増大分の計測は今後の研究課題である。

表8-1 (1)式のパラメータ推定結果サマリー

R^2	0.1260〜0.1952	0.1260〜0.1818
F	7.50〜12.66	11.32〜17.54
δ_0	Positive**	Positive**
δ_1	Negative* or Insignificant	Negative* or Insignificant
δ_2	Positive**	Positive**
δ_3	Negative** or *, or Insignificant	

出典：実積（2003）
注1：Positive と Negative は統計的に有意なパラメータの符号を示す。*は P値が10%以下，**は5%以下であること，Insignificant は有意に0とは異ならないことを示す。
注2：詳細な推定結果については実積（2003）を参照されたい。

については，関数形の見直し（特に，タイムラグの考慮）等による分析の精緻化が必要である。

3 産業構造の変化

3-1 IT投資効果の発現に産業構造が及ぼす影響

産業構造が IT 投資効果の発現メカニズムに影響を与える点については，Stiroh（2001a）が産業規模と労働生産性成長率の波及効果の関係について論文をまとめており，米国商務省（DOC）による Digital Economy 2002 においては同種の手法に基づく分析結果が示されている。一方，TFP に係る分析については，当該産業の産業構造上に占める位置を反映する Domar ウェイトと呼ばれる尺度（Domar 1961）が利用可能である（Jorgenson & Stiroh 2000a, b ; Oliner & Sichel 2000）。

3-2 Stiroh ウェイト［労働生産性成長率への貢献度の算出］

Stiroh は，マクロ経済において観察される労働生産性成長率を，各産業からの貢献度に分解する手法を提案している（Stiroh 2001a）。本手法は，その後，米国商務省によって一定の変更が加えられ，Digital Economy 2002 (DOC 2002) での分析に利用されている。両者の主要な相違点としては，Stiroh が個別産業の労働生産性について中間生産物を含むグロスの概念で計

測しているのに対し，商務省による推計では付加価値生産に基づいて計測されている点を挙げることができる。この点については，第6章においても引用したが，Stiroh 自身は，個別産業の生産プロセスについては，グロスの生産量で算出されることが望ましいと主張している（Stiroh 2001a，第6章脚注6参照）。本章では Stiroh のオリジナルバージョンを採用することとし，以下にその概要を説明する。

まず，集計レベルの平均労働生産性（average labor productivity）は次のとおり定義できる。

$$ALP = \frac{V}{L} \tag{2}$$

但し，V はマクロ経済全体の実質付加価値生産額合計，すなわち GDP であり，L は総労働投入量を意味する。さらに，産業 i の実質付加価値生産額を V_i，同産業の労働投入量を L_i と置くと，GDP の成長率，総労働投入量の成長率は各産業における成長率を用いて(3)式のように表現できる。

$$\frac{d\ln V}{dt} = \sum_i \frac{p_{vi}V_i}{P_V V}\frac{d\ln V_i}{dt}, \quad \frac{d\ln L}{dt} = \sum_i \frac{L_i}{L}\frac{d\ln L_i}{dt} \tag{3}$$

一方，各産業の生産額 Y_i の名目価値は，付加価値生産額 V_i の名目価値と，中間投入要素 M_i の名目価値の合計となることから，産業 i の実質付加価値生産額の成長率は(4)式のように分解できる。

$$\frac{d\ln V_i}{dt} = \frac{p_{Yi}Y_i}{p_{vi}V_i}\frac{d\ln Y_i}{dt} - \frac{p_{mi}M_i}{p_{vi}V_i}\frac{d\ln M_i}{dt} \tag{4}$$

(2)式から(4)式を組み合せることによって，平均労働生産性成長率は，(5)式のように要因分解することができる。

$$\frac{d\ln ALP}{dt} = \sum_i \frac{p_{vi}V_i}{P_v V}\frac{d\ln Y_i/L_i}{dt} - \sum_i \frac{p_{mi}M_i}{P_v V}\frac{d\ln M_i/Y_i}{dt} \quad (5)$$
$$+ \sum_i \left(\frac{p_{vi}V_i}{P_v V} - \frac{L_i}{L}\right)\frac{d\ln L_i}{dt}$$

(5)式の右辺第 1 項 $\left(\sum_i \frac{p_{vi}V_i}{P_v V}\frac{d\ln Y_i/L_i}{dt}\right)$ は，個別産業における労働生産性成長率 $\left(\frac{d\ln Y_i/L_i}{dt}\right)$ からの貢献を示しており，付加価値で計測した当該産業の規模とマクロの労働生産性への貢献度が比例することがウェイト $(p_{vi}V_i/P_v V)$ に表現されている。本章では当該ウェイトを Stiroh ウェイトと名付ける。

また，個別産業における労働生産性上昇がマクロ経済に反映する際には，産業構造の時間的変化を考慮する必要があることが，右辺第 2 項 $\left(-\sum_i \frac{p_{mi}M_i}{P_v V}\frac{d\ln M_i/Y_i}{dt}\right)$ および第 3 項 $\left(\sum_i \left(\frac{p_{vi}V_i}{P_v V} - \frac{L_i}{L}\right)\frac{d\ln L_i}{dt}\right)$ に示される。すなわち，個別産業における労働生産性成長率の変化の影響は第 1 項によって把握され，個別産業の動向を超えた産業構造自体の変化による影響は第 2 項および第 3 項に表現されている。第 2 項は，個別産業における中間投入要素利用率の変化（あるいは付加価値率の変化）による影響を示すもので，中間投入要素の利用率を増大させて生産拡大を行った産業における労働生産性成長率のマクロ経済への貢献は，一定程度割り引いて評価する必要があることが表現されている。第 3 項は，労働投入の産業間変化による影響を考察するもので，当該産業の付加価値シェアと労働力シェアの大小関係により当該影響の方向が左右される。

3-3　Domar ウェイト［TFP 成長率への貢献度の算出］

Domar ウェイトとはマクロ経済における TFP 成長率に対する産業分野毎の TFP 成長の寄与割合を示すウェイトであり，その名のとおり Domar (1961) が考案したものである。本節では実際のウェイトを算出する前に，

Hulten（1978）の記述を参考に当該ウェイトについて説明する[5]。

まず，経済全体で集計された生産についての生産可能性フロンティアが(6)式のような陰関数で表現できるとしよう。

$$F(Y, J, t) = 0 \tag{6}$$

ここで，$Y = (Y_1, ..., Y_N)$［但し，$Y_i \geq 0$］は実質最終需要を，$J = (J_1, ..., J_K)$［但し，$J_i \geq 0$］は本源的生産要素（資本および労働）の総供給量を意味するものとし，$\partial F/\partial Y_i > 0$, $\partial F/\partial J_i < 0$ という関係を仮定する。経済全体に関する TFP の改善とは，J を一定とした場合，時間 t の経過とともにより大きな Y が得られることを意味するから，生産可能性フロンティアの移動は，$-\dfrac{\partial F}{\partial t}(>0)$ として表現される。

さて，(6)式は微分可能で，かつ，Y と J について 0 次同次であると仮定すればオイラーの定理から(7)式を得ることができる。

$$\sum_{i=1}^{N} \frac{\partial F}{\partial Y_i} Y_i + \sum_{k=1}^{K} \frac{\partial F}{\partial J_k} J_k = 0 \tag{7}$$

生産物市場および生産要素市場において完全競争が成立していると仮定すれば，生産物価格および生産要素価格をそれぞれ $p = (p_1, ..., p_N)$, $w = (w_1, ..., w_K)$ として(8)式が成立する。

$$\frac{\partial F/\partial Y_i}{\partial F/\partial Y_1} = \frac{p_i}{p_1}, \quad \frac{\partial F/\partial J_k}{\partial F/\partial Y_1} = -\frac{w_k}{p_1} \quad (i = 2, ..., N;\ k = 1, ..., K) \tag{8}$$

一方，(6)式を，全微分した後，両辺を dt で除し，整理することで(9)式を得る。

---

[5] Oliner & Sichel（2000）においても別形式の証明が与えられている。

$$\sum_{i=1}^{N} \frac{\partial F}{\partial Y_i} \frac{dY_i}{dt} + \sum_{k=1}^{K} \frac{\partial F}{\partial J_k} \frac{dJ_k}{dt} + \frac{\partial F}{\partial t} = 0 \tag{9}$$

(9)式の両辺を $\sum_{i=1}^{N} \frac{\partial F}{\partial Y_i} Y_i$ で除して，(7)式および(8)式を代入することで(10)式を得ることができる。

$$-\frac{1}{\sum_{i=1}^{N} \frac{\partial F}{\partial Y_i} \frac{Y_i}{F}} \frac{\partial F/\partial t}{F} = \tag{10}$$

$$\sum_{i=1}^{N} \frac{p_i Y_i}{\sum_{i=1}^{N} p_i Y_i} \frac{dY_i/dt}{Y_i} - \sum_{k=1}^{K} \frac{w_k J_k}{\sum_{k=1}^{K} w_k J_k} \frac{dJ_k/dt}{J_k}$$

(10)式の左辺は，J が一定であるという条件の下で時間 t が経過した場合，Y が何%増大するかを示すもので経済全体についてのTFP成長率 T を示す。すなわち，同式はマクロのTFP成長率が最終需要の成長率指数と本源的需要の成長率指数の差として得られることを示している。

一方，経済を構成する N 種類の産業の生産関数として(11)式を仮定する。ここでは，産業 i のグロス生産高を Q_i，本源的生産要素を $J^i = (J_1^i, ..., J_K^i)$，原材料や部品等の中間投入要素を $X^i = (X_1^i, ..., X_N^i)$ としている。

$$Q_i = F^i(X^i, J^i, t) \tag{11}$$

完全競争市場の仮定の下で，(11)式の両辺の対数をとって時間 t について微分すれば(12)式が得られ，産業別のTFP成長率は，当該産業の生産物の増加率指数から投入要素に関する増加率指数を減じたものとして算出されることになる。

$$\frac{\partial F^i/\partial t}{F^i} = \qquad\qquad\qquad\qquad\qquad\qquad\qquad\qquad (12)$$
$$\frac{\partial Q_i/dt}{Q_i} - \sum_{j=1}^{N} \frac{p_j X_j^i}{p_i Q_i}\frac{dX_j^i/dt}{X_j^i} - \sum_{k=1}^{K} \frac{w_k J_k^i}{p_i Q_i}\frac{dJ_k^i/dt}{J_k^i}$$

さて，各産業が生産要素として用いている中間投入要素と最終需要を合わせたものが経済全体の総生産量であり，各産業に投入された本源的生産要素の合計が経済全体の本源的生産要素供給量に等しいことから，(13)式を得る。

$$\begin{cases} Q_i = Y_i + \sum_{j=1}^{N} X_i^j & i=1,\ldots,N \\ J_k = \sum_{j=1}^{N} J_k^j & k=1,\ldots,K \end{cases} \qquad (13)$$

(13)式の両辺の対数をとって，時間について微分することで(14)式を得る。

$$\begin{cases} \dfrac{\partial Q_i/\partial t}{Q_i} = \dfrac{p_i Y_i}{p_i Q_i}\dfrac{dY_i/dt}{Y_i} + \sum_{j=1}^{N}\dfrac{p_i X_i^j}{p_i Q_i}\dfrac{dX_i^j/dt}{X_i^j} & i=1,\ldots,N \\ \dfrac{\partial J_k/dt}{J_k} = \sum_{j=1}^{N}\dfrac{w_k J_k^j}{w_k J_k}\dfrac{\partial J_k^j/\partial t}{J_k^j} & k=1,\ldots,K \end{cases} \qquad (14)$$

(10)式に代入し，(7)式，(8)式および(12)式を考慮することで，(15)式を得る。

$$T = \sum_{i=1}^{N}\left(\frac{p_i Q_i}{\sum_{i=1}^{N} p_i Y_i}\frac{\partial F^i/\partial t}{F^i}\right) \qquad (15)$$

すなわち，産業 i において発現し，グロスの生産関数をもとに計測されたTFPの成長率 $\left(\dfrac{\partial F^i/\partial t}{F^i}\right)$ は，当該産業のグロス生産額と名目GDPの比率で

ある Domar ウェイト $\left(\dfrac{p_i Q_i}{\sum_{i=1}^{N} p_i Y_i}\right)$ によってマクロ経済における TFP 改善 T に集約されることが証明される。

3-4　分析に用いたデータ

　ここで行う Stiroh ウェイトをめぐる分析に際しては，産業連関表から得られる個別産業のデータに加え，当該産業に投入されている労働力のデータを入手することが必要である。他方，Domar ウェイトについての分析には産業連関表のみを利用する。

　産業連関表は，本章では総務省および経済産業省が作成したものを用いている。具体的には，1985 年，90 年，95 年のデータに関しては，総務庁統計局（現総務省統計局）が 2000 年 5 月 12 日に公表した「昭和 60 －平成 2 － 7 年接続産業連関表」を利用している。1997 年，98 年および 99 年については，経済産業省が「平成 7 年産業連関表（基本表）」をベースとして作成した「平成 9 年産業連関表（延長表）」，「平成 10 年産業連関表（延長表）」，ならびに「平成 11 年産業連関表（延長表）」を用いた。最新年である 2000 年のデータについては，経済産業省が従来の延長表と推計資料を変えて発表した「平成 12 年簡易延長産業連関表」に基づいている。これらを用いて時系列的にウェイトを算出するためには，各表を相互接続する必要がある。本章では，「昭和 60 －平成 2 － 7 年接続産業連関表」で採用している「統合大分類」（32 部門）を基本として上記産業連関表群の接続を行っている。但し，「産業連関表（延長表）」と「簡易延長産業連関表」では推計基準が異なっているため[6]，次節以降に示された時系列データは厳密な意味で完全に接続しているわ

---

[6] 「簡易延長産業連関表」と「産業連関表（延長表）」の違いは次の 2 点である。「① 統計調査（推計資料）：延長表は，既存の構造統計調査及び動態統計調査を利用していたが，簡易延長表では，速報性を重視することから動態統計調査のみを利用している」「②部門分類：延長表は基本部門分類表での作表を行っていたが，簡易表では一次推計は基本部門分類で行うが，調整は 71 部門分類で行っている。そのため，取引額表は 71 部門分類が最大となる。なお，国内生産，輸出入及び国内総供給については，分析等を考慮して基本部門分類で時価評価金額及びデフレータを作成している」（本

けではない。また，産業別労働投入量については，総務省統計局がまとめている「労働力調査 長期時系列データ（昭和28年〜）」の第5表「産業 男女別就業者数」を採用した。

一方，米国の産業別ウェイトの作成に関しては，BEAで作成された以下の産業連関表を利用している。

- 1982 Benchmark I-O Table Two-Digit All Make and Use：
  Table2. The Use of Commodities by Industries
- 1987 Benchmark I-O Table Two-Digit All Make and Use：
  Table2. The Use of Commodities by Industries
- 1992 Benchmark I-O Table Two-Digit All：
  Table 2. The Use of Commodities by Industries
- 1996 Annual I-O Table Two-Digit：
  Table 2. The Use of Commodities by Industries
- 1997 Annual I-O Table Two-Digit：
  Table 2. The Use of Commodities by Industries
- 1998 Annual I-O Table Two-Digit：
  Table 2. The Use of Commodities by Industries

米国についても時系列的な分析を行うためには上記6つの表を相互に接続する必要がある。接続にあたっては，わが国データとの比較可能性を確保するため，わが国の産業連関表接続に用いた分類と極力同じ産業分類を採用している。1999年秋に米国の国民経済統計（NIPA）に関する基準改定[7]が行われたが，1992年表以前のものについては当該改定が反映されていないため，92年表と96年表の間の接続は厳密には成立していない。

以降の分析においては，わが国の各産業におけるIT化のデータを利用す

記述は経済産業省HP[「http://www.meti.go.jp/statistics/index.html」平成12年簡易延長産業連関表]に拠る）。
[7] NIPAの基準改定の概要は，Moulton et al.(1999)およびMoulton & Seskin (1999)等に解説されている。

る場合があるが，これについては，経済産業省が2001年6月に実施したアンケート調査に基づいてまとめた「2000年度 情報処理実態調査」を利用し，情報処理関係諸経費の年間事業収入シェアの産業毎の平均値を算出し，当該産業のIT化指標として採用した。

3-5 労働生産性成長率に関する分析

1985年以降のわが国について(5)式の右辺各項を算出した結果が図8-1である。1985年以降にマクロ労働生産性成長率が低下した主な原因は，(Stirohウェイトの変化に表れるもの以外の) 産業構造の変化等の構造的要因ではなく，経済を構成する各産業の労働生産性の改善がマクロの労働生産性に及ぼす貢献度合いの急速な低下によることがわかる。

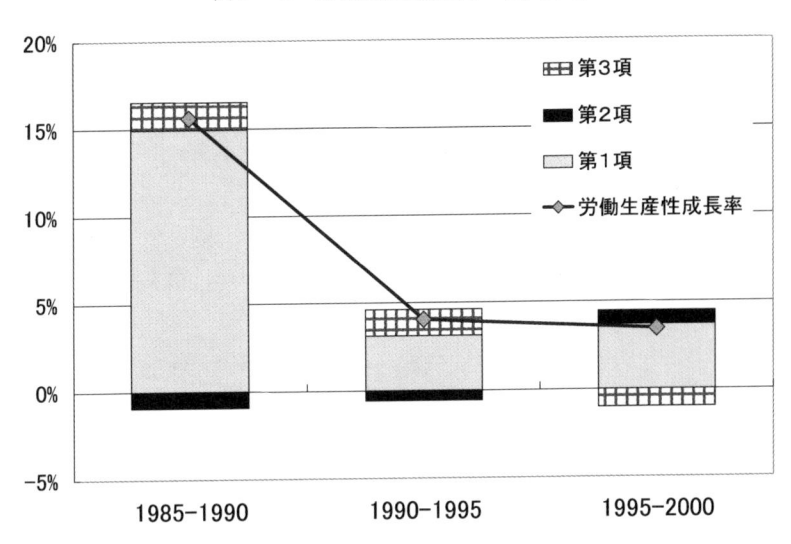

図8-1 労働生産性成長率の要因分解

出典：実積（2003）を一部修正

表8－2　(5)式右辺第1項の産業別分解

	1985-1990		1990-1995		1995-2000	
農林水産業	0.0027	1.8%	0.0027		0.0004	1.0%
鉱業	0.0015	1.0%	−0.0008	−2.5%	−0.0000	−0.1%
製造業	0.0533	35.7%	0.0022	7.2%	0.0271	74.1%
建設業	0.0200	13.4%	−0.0155	−49.9%	−0.0104	−28.5%
電気・ガス・熱供給・水道業	0.0091	6.1%	−0.0074	−23.9%	0.0090	24.5%
卸売・小売業、飲食店	0.0276	18.5%	0.0274	88.0%	−0.0140	−38.1%
金融・保険業、不動産業	0.0106	7.1%	0.0222	71.4%	0.0245	66.9%
運輸・通信業	0.0068	4.6%	0.0049	15.8%	0.0141	38.6%
サービス業	0.0147	9.9%	−0.0050	−16.1%	−0.0125	−34.2%
公務(他に分類されないもの)	0.0031	2.1%	0.0004	1.2%	−0.0016	−4.3%
合計	0.1494		0.0311		0.0367	

出典：実積（2003）
注：パーセンテージは寄与率を示す。

　第1項で表現される労働生産性成長率の変化に対する産業毎の寄与を表8－2に示す。1985～1990年（第Ⅰ期）から1990～1995年（第Ⅱ期）にかけての労働生産性成長率低下の主原因は「製造業」からの寄与度の低下と，「建設業」「電気・ガス・熱供給・水道業」「サービス業」等からのマイナスの寄与に求めることができ，1995～2000年（第Ⅲ期）における労働生産性成長率の低迷の主因は，「卸売・小売業，飲食店」セクターからの寄与度の低下であり，第Ⅱ期において問題の焦点であった「製造業」からの寄与度はこの時期にはすでに大きく回復していたことがわかる。

　さらに，米国ではIT先進セクターとして特別の取り扱いを受けることが多い「金融・保険業，不動産業」セクターからの貢献は，第Ⅰ期から第Ⅱ期に移行する際には倍増したが，第Ⅱ期から第Ⅲ期にかけてはほとんど増加していないことが明らかとなっている他，「運輸・通信業」については第Ⅲ期に至って初めて貢献度が大きく増加していることも示されている。

　マクロの労働生産性成長率への各産業からの貢献は，各産業の労働生産性成長率とStirohウェイトの積であることが，(5)式の結論であった。同式にしたがって，各産業のマクロ経済への貢献度を要因分解した結果を図8－2に示す。グラフでは第Ⅰ期から第Ⅲ期までの変化を産業毎に直線で結んでいる。各産業のグラフが概ね縦長となっていることから明らかなとおり，第Ⅰ期から第Ⅲ期にかけてStirohウェイト自体は比較的安定的に推移している。

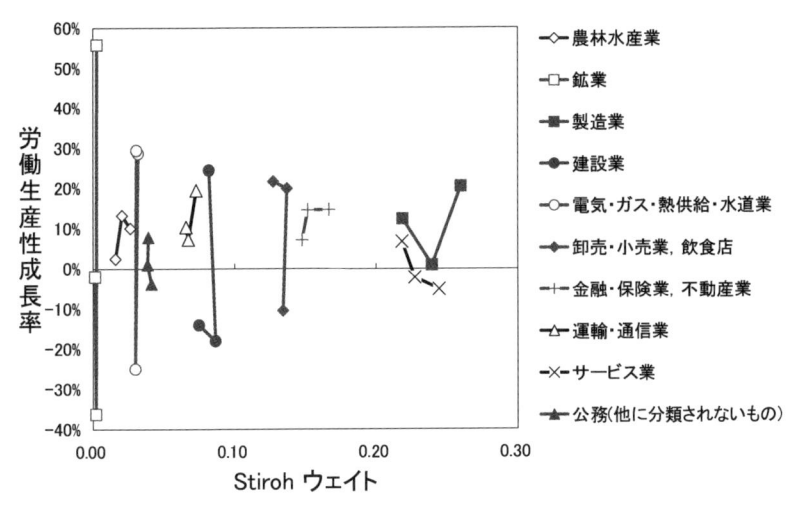

図8－2　マクロ労働生産性への貢献度の産業別要因分解

（グラフ：縦軸「労働生産性成長率」-40%〜60%、横軸「Stiroh ウェイト」0.00〜0.30）

凡例：
- ◇ 農林水産業
- □ 鉱業
- ■ 製造業
- ● 建設業
- ○ 電気・ガス・熱供給・水道業
- ◆ 卸売・小売業，飲食店
- ＋ 金融・保険業，不動産業
- △ 運輸・通信業
- × サービス業
- ▲ 公務（他に分類されないもの）

出典：実積（2003）を一部修正

　すなわち，わが国における各産業のマクロ経済への貢献度の低下はStirohウェイトに表象される産業構造の変化からのインパクトより，各産業のグロス労働生産性の低迷によるインパクトの方が遥かに大きい。
　次に，各産業の労働生産性成長率のマクロ経済への貢献と，IT化の関係について分析する。表8－3は，各産業の労働生産性成長率およびそのマクロ指標への貢献度と各産業のIT化指標との関係に関して最小二乗法を用いた回帰分析を行った結果である[8]。第6章で，IT化の効果を判定するためには

---

[8] ここで行った作業はデータの傾向を抽出することを目的に行ったものであり，労働生産性成長率の説明モデルを精密に推定しようという観点から見た場合，いくつかの問題点を抱えている。たとえば，非説明変数である労働生産性は，本章では就業者1人当たりの生産量として定義しているが，不況時にはレイオフや解雇の代わりに企業内失業者を抱えるというわが国企業の行動パターンを考慮した場合，労働者の稼働率（労働時間）を説明変数として（あるいは被説明変数の構築において）考慮する必要がある。また，IT化が実際に効果を発現するためには，従業員のトレーニングやビジネスモデルの改変のために，一定のインキュベーション期間を経ることが必要であると思われるが，ここでの回帰モデルではそういったタイムラグを全く考慮していない。

表8－3　パラメータの推定結果

被説明変数	個別産業の労働生産性成長率	マクロ労働生産性への各産業の貢献	［参考］Stiroh ウェイト
Constant	−0.0978	−0.0099	0.0657
情報処理関係諸経費シェア	17.4079**	1.7402**	2.5162
Adjusted R²	43.36%	43.03%	−11.89%

出典：実積（2003）
注：**はP値が5％以下であることを示す。

量的インパクトのみならず，質的インパクトをも考慮すべきであるという知見が得られているため，質的インパクトに起因するバイアスが他の産業と比較して大きいと考えられるサービス業のデータと，IT化指標を得られなかった公的セクターは推計から除いている。

表8－3からは，IT化の程度（情報関係諸経費シェアで表現）と労働生産性成長率には有意に正の関係があり，IT化が労働生産性に対して正の影響をもたらすという第6章での実証結果（個別企業レベル）が産業レベルでも確認された。一方，Stiroh ウェイトとIT化の間には有意な関係が認められない。したがって，マクロレベル・メカニズムの発動に関して，Stiroh ウェイトは外生的E.C.要因として作用する。

1985年から2000年までのわが国の産業別 Stiroh ウェイトを算出した結果が表8－4，1982年から98年までの米国の産業別ウェイトを掲げたものが表8－5である。

分析を容易にするため，それぞれのデータ系列の初年度ウェイト値を1.0とした場合に最終年度のウェイトが0.6以下となる産業を第1グループ，0.8以下の産業を第2グループ，1.0以下の産業を第3グループ，1を超える産業を第4グループとして分類する（表8－6）。いわゆるIT革命の効果がまずIT関連機器の製造セクターに現れるとすれば，電気機械製造業が第2グループに属する米国よりも，第3グループに属する日本においての方がいち早くマクロ的な労働生産性改善を享受できる可能性がある。但し，当該産業のウェイトは低下気味であるので，マクロ統計に表れた労働生産性改善効

表8−4　わが国の Stiroh ウェイトの推移

	1985年	1990年	1995年	1997年	1998年	1999年	2000年
農林水産業	0.0295	0.0230	0.0178	0.0158	0.0154	0.0152	0.0139
鉱業	0.0028	0.0026	0.0017	0.0017	0.0015	0.0014	0.0010
食料品	0.0328	0.0295	0.0284	0.0280	0.0287	0.0288	0.0297
繊維製品	0.0125	0.0117	0.0084	0.0076	0.0071	0.0064	0.0043
パルプ・紙・木製品	0.0140	0.0149	0.0126	0.0124	0.0117	0.0111	0.0106
化学製品	0.0185	0.0198	0.0174	0.0170	0.0162	0.0159	0.0146
石油・石炭製品	0.0118	0.0095	0.0105	0.0120	0.0110	0.0107	0.0121
窯業・土石製品	0.0098	0.0098	0.0084	0.0083	0.0075	0.0074	0.0068
鉄鋼	0.0163	0.0150	0.0112	0.0111	0.0100	0.0085	0.0096
非鉄金属	0.0047	0.0050	0.0038	0.0041	0.0039	0.0035	0.0033
金属製品	0.0148	0.0171	0.0139	0.0141	0.0133	0.0123	0.0131
一般機械	0.0268	0.0290	0.0217	0.0239	0.0232	0.0215	0.0213
電気機械	0.0380	0.0396	0.0348	0.0383	0.0351	0.0329	0.0361
輸送機械	0.0259	0.0234	0.0199	0.0216	0.0217	0.0205	0.0204
精密機械	0.0050	0.0046	0.0030	0.0033	0.0033	0.0030	0.0031
その他の製造工業製品	0.0304	0.0300	0.0266	0.0274	0.0270	0.0263	0.0264
建設	0.0708	0.0922	0.0804	0.0764	0.0726	0.0720	0.0684
電力・ガス・熱供給	0.0239	0.0197	0.0202	0.0207	0.0209	0.0201	0.0190
水道・廃棄物処理	0.0104	0.0096	0.0101	0.0105	0.0110	0.0116	0.0118
商業	0.1244	0.1298	0.1440	0.1353	0.1355	0.1363	0.1244
金融・保険・不動産	0.1519	0.1436	0.1600	0.1549	0.1577	0.1644	0.1733
運輸	0.0479	0.0461	0.0498	0.0493	0.0478	0.0487	0.0478
通信・放送	0.0186	0.0181	0.0199	0.0238	0.0240	0.0258	0.0274
公務	0.0352	0.0318	0.0359	0.0352	0.0376	0.0384	0.0406
その他の公共サービス	0.0957	0.0869	0.0989	0.1037	0.1080	0.1108	0.1180
対事業所サービス	0.0564	0.0692	0.0730	0.0763	0.0801	0.0778	0.0744
対個人サービス	0.0636	0.0652	0.0620	0.0617	0.0628	0.0636	0.0629
事務用品・分類不明	0.0076	0.0034	0.0057	0.0058	0.0055	0.0050	0.0056

出典：実積（2003）

果から IT 製造業における IT 革命の効果を類推する場合，過少バイアスを被ることは避けられない。第Ⅲ期の Stiroh ウェイトが，第Ⅰ期から変化しなかった場合に，(5)式の右辺第1項が第Ⅲ期においてどの程度の値を示すかを試算した結果を表8−7に示す。試算によれば，Stiroh ウェイトの変化により，第1項が 0.27％ポイント（3.94〜3.67％）低下していることが示されており，過少バイアスの発生が確認される。試算された過少バイアスの規模は第Ⅲ期の労働生産性成長率の 7.8％に相当する。

表8-5 米国の Stiroh ウェイトの推移

	1982年	1987年	1992年	1996年	1997年	1998年
農林水産業	0.0225	0.0165	0.0153	0.0145	0.0132	0.0120
鉱業	0.0398	0.0181	0.0125	0.0102	0.0084	0.0045
食料品	0.0253	0.0257	0.0242	0.0202	0.0202	0.0205
繊維製品	0.0103	0.0110	0.0082	0.0064	0.0068	0.0063
パルプ・紙・木製品	0.0160	0.0189	0.0163	0.0158	0.0161	0.0164
化学製品	0.0164	0.0188	0.0164	0.0149	0.0154	0.0162
石油・石炭製品	0.0090	0.0053	0.0031	0.0034	0.0037	0.0029
窯業・土石製品	0.0060	0.0063	0.0047	0.0052	0.0050	0.0051
鉄鋼	0.0056	0.0055	0.0044	0.0044	0.0046	0.0043
非鉄金属	0.0026	0.0031	0.0026	0.0031	0.0033	0.0030
金属製品	0.0132	0.0129	0.0102	0.0108	0.0112	0.0115
一般機械	0.0201	0.0169	0.0139	0.0165	0.0165	0.0161
電気機械	0.0249	0.0315	0.0298	0.0174	0.0179	0.0173
輸送機械	0.0225	0.0223	0.0172	0.0148	0.0162	0.0178
精密機械	0.0075	0.0132	0.0120	0.0104	0.0100	0.0100
その他の製造工業製品	0.0305	0.0360	0.0307	0.0299	0.0306	0.0300
建設	0.0642	0.0636	0.0501	0.0510	0.0534	0.0529
電力・ガス・熱供給・水道・廃棄物処理	0.0234	0.0253	0.0228	0.0218	0.0206	0.0196
商業	0.1254	0.1293	0.1219	0.1267	0.1198	0.1164
金融・保険・不動産	0.1598	0.1729	0.1869	0.1910	0.1930	0.1957
運輸	0.0300	0.0327	0.0309	0.0303	0.0304	0.0315
通信・放送	0.0255	0.0237	0.0212	0.0224	0.0227	0.0233
公務	0.0103	0.0135	0.0140	0.0140	0.0144	0.0140
その他の公共サービス	0.1662	0.1658	0.2024	0.1885	0.1831	0.1801
対事業所サービス	0.0682	0.0692	0.0818	0.1069	0.1125	0.1194
対個人サービス	0.0407	0.0443	0.0463	0.0479	0.0481	0.0488

出典：実積（2003）
注：日米の産業分類に相違があるため，表8-4とは対照可能ではない分類がある。以下に続く表についても同じ。

また，日米とも，第4グループの構成要素の多くが，アウトプットを数量的に把握することが困難なサービス業に属する産業であることは，IT 投資効果を数量的側面のみから測定しようとする場合，マクロ統計上は深刻な過少推計となる可能性を示唆している。つまり，近年の米国マクロ経済に観察される労働生産性成長率の急回復は，個別産業のレベルにおいては，より急激な労働生産性の上昇を意味している可能性があり，その場合，日米企業間の労働生産性格差はマクロ的な数値に表れる以上に大きい。

第8章 マクロレベルの発現メカニズム 193

表8-6 Stiroh ウェイトの変動に係る産業分類

	日本	米国
第1グループ ($\lambda \leq 0.6$)	鉄鋼，農林水産業，鉱業，繊維製品	農林水産業，石油・石炭製品，鉱業
第2グループ ($0.6 < \lambda \leq 0.8$)	一般機械，電力・ガス・熱供給，化学製品，輸送機械，パルプ・紙・木製品，事務用品，分類不明，非鉄金属，窯業・土石製品，精密機械	一般機械，輸送機械，鉄鋼，電気機械，繊維製品
第3グループ ($0.8 < \lambda \leq 1.0$)	商業，運輸，対個人サービス，建設，電気機械，食料品，金属製品，その他の製造工業製品	その他の製造工業製品，化学製品，商業，通信・放送，金属製品，窯業・土石製品，電力・ガス・熱供給・水道・廃棄物処理，建設，食料品
第4グループ ($1.0 < \lambda$)	通信・放送，対事業所サービス，公務，石油・石炭製品，その他の公共サービス，金融・保険・不動産，水道・廃棄物処理	対事業所サービス，公務，精密機械，金融・保険・不動産，対個人サービス，非鉄金属，その他の公共サービス，運輸，パルプ・紙・木製品

出典：実積 (2003)
注：λ は初年度ウェイトに対する最終年度ウェイトの比率

表8-7 シミュレーション結果

	第1項の値 $\left(\sum_i \dfrac{p_{vi} V_i}{P_v V} \dfrac{d \ln Y_i / L_i}{dt} \right)$
Stiroh ウェイトが変化しなかった場合	3.94%
［参考］実際の値	3.67%

出典：実積 (2003)

3-6 TFP 成長率に関する分析

　わが国産業について 1985 年から 2000 年にかけての Domar ウェイトを算出した結果を表8-8に示す。各産業のウェイトについては後述するものとし，まず産業別ウェイトの合計に着目しよう。1985 年には 2.0 を超えていたウェイト合計は 98 年まで減少を続け，99 年と 2000 年には増加に転じているものの，その水準は 1.8 強にとどまっている。マクロ経済の TFP は，各産

表8-8 わが国の Domar ウェイトの推移

	1985年	1990年	1995年	1997年	1998年	1999年	2000年
農林水産業	0.0533	0.0400	0.0313	0.0283	0.0273	0.0271	0.0256
鉱業	0.0058	0.0048	0.0033	0.0031	0.0029	0.0026	0.0022
食料品	0.1076	0.0871	0.0769	0.0738	0.0733	0.0732	0.0746
繊維製品	0.0406	0.0327	0.0221	0.0192	0.0170	0.0156	0.0129
パルプ・紙・木製品	0.0458	0.0424	0.0352	0.0334	0.0296	0.0285	0.0287
化学製品	0.0691	0.0593	0.0510	0.0496	0.0474	0.0483	0.0474
石油・石炭製品	0.0483	0.0248	0.0208	0.0238	0.0215	0.0213	0.0261
窯業・土石製品	0.0258	0.0228	0.0192	0.0184	0.0164	0.0157	0.0159
鉄鋼	0.0821	0.0598	0.0398	0.0415	0.0346	0.0317	0.0366
非鉄金属	0.0188	0.0171	0.0126	0.0132	0.0122	0.0115	0.0119
金属製品	0.0350	0.0376	0.0311	0.0304	0.0275	0.0256	0.0275
一般機械	0.0697	0.0713	0.0564	0.0591	0.0552	0.0507	0.0539
電気機械	0.1140	0.1138	0.0997	0.1058	0.0980	0.0977	0.1086
輸送機械	0.1027	0.1003	0.0828	0.0844	0.0805	0.0786	0.0821
精密機械	0.0119	0.0105	0.0075	0.0078	0.0078	0.0073	0.0077
その他の製造工業製品	0.0741	0.0731	0.0635	0.0629	0.0605	0.0593	0.0616
建設	0.1687	0.1999	0.1745	0.1613	0.1496	0.1503	0.1422
電力・ガス・熱供給	0.0490	0.0362	0.0372	0.0371	0.0368	0.0370	0.0380
水道・廃棄物処理	0.0153	0.0139	0.0151	0.0154	0.0161	0.0166	0.0170
商業	0.1846	0.1848	0.2025	0.1871	0.1857	0.1894	0.1766
金融・保険・不動産	0.1858	0.1852	0.1990	0.1885	0.1932	0.2010	0.2138
運輸	0.0825	0.0771	0.0809	0.0788	0.0773	0.0789	0.0790
通信・放送	0.0249	0.0246	0.0292	0.0338	0.0346	0.0378	0.0446
公務	0.0499	0.0445	0.0519	0.0506	0.0528	0.0539	0.0584
その他の公共サービス	0.1409	0.1324	0.1467	0.1500	0.1530	0.1569	0.1647
対事業所サービス	0.1020	0.1201	0.1241	0.1249	0.1307	0.1281	0.1299
対個人サービス	0.1069	0.1080	0.1072	0.1043	0.1024	0.1048	0.1063
事務用品・分類不明	0.0257	0.0189	0.0150	0.0148	0.0144	0.0144	0.0144
Domar ウェイト合計	2.0408	1.9430	1.8365	1.8011	1.7583	1.7639	1.8084

出典:実積 (2003)

表8-9 わが国における産業別の Domar ウェイトの変動

第1グループ	農林水産業,鉱業,繊維製品,石油・石炭製品,鉄鋼,事務用品・分類不明
第2グループ	食料品,パルプ・紙・木製品,化学製品,窯業・土石製品,非鉄金属,金属製品,一般機械,輸送機械,精密機械,その他の製造工業製品,建設,電力・ガス・熱供給
第3グループ	電気機械,水道・廃棄物処理,商業,運輸,対個人サービス
第4グループ	金融・保険・不動産,通信・放送,公務,その他の公共サービス,対事業所サービス

出典:実積 (2003)

業で実現された TFP を Domar ウェイトによって集約したものであるから，Domar ウェイトの合計が低下していることは，各産業において TFP が従来と同じように増加しても，マクロ経済全体として観察される TFP 成長率は減少することを意味する。換言すれば，わが国経済は全体として，個別産業における生産性改善がマクロ的に観察されにくい構造に変異してきたということになる。Domar ウェイトの定義からみて，これは中間財市場の一国全体の経済活動に占めるウェイトが減少していることを意味する。

次に，個別産業における Domar ウェイトの推移について分析する。先の表8－8には，1985年を基準とした場合の Domar ウェイトの増減を見た場合，ウェイトが減少している産業の方が圧倒的に多いことが示されている。ウェイトの変動をさらに詳しく見るため，全体を4つのグループに分けた（表8－9）。第1グループはウェイトがほぼ50％になっている産業，第3グループはウェイトにほぼ変動が見られない産業，第2グループは第1と第3の中間に位置する産業であり，ウェイトが1985年と比較して15％以上増加している産業は第4グループにまとめてある。

IT化の効果が金銭的に表現しうるアウトプットにつながりやすいと考えられる製造業に属する産業が第1グループあるいは第2グループに集中している一方で，IT化の成果が数値としては把握困難なケースが多いと思われるサービス産業については第3グループあるいは第4グループに属している。既存の統計資料を用いて IT 投資が TFP に及ぼす影響を計測する場合，生産量あるいは生産額の増加といった量的指標のみから判断せざるを得ないが，ここに示されたような Domar ウェイトの変動を考慮すると，マクロ経済として観察される TFP 成長率は過少に見積もられることになる。

表8－10は，1982年以降の米国について産業別 Domar ウェイトを算出したものである。ウェイトの合計については，わが国の場合と同様の減少傾向が観察されており，各産業において TFP が従来と同じように増加しても，マクロ経済全体として観察される TFP 成長率は減少することが示されている。にもかかわらず，米国においては1980年代初頭以降ほぼ継続的に TFP の改善が観察されているということは（第2章図2－4），産業レベルにおいてはマクロ的傾向から予想される以上の生産性改善が発生していることに

表8-10　米国のDomarウェイトの推移

	1982年	1987年	1992年	1996年	1997年	1998年
農林水産業	0.0609	0.0487	0.0378	0.0372	0.0358	0.0323
鉱業	0.0600	0.0274	0.0237	0.0222	0.0210	0.0168
食料品	0.0926	0.0871	0.0720	0.0646	0.0635	0.0615
繊維製品	0.0327	0.0329	0.0233	0.0205	0.0201	0.0186
パルプ・紙・木製品	0.0447	0.0528	0.0417	0.0415	0.0403	0.0394
化学製品	0.0419	0.0450	0.0399	0.0376	0.0385	0.0368
石油・石炭製品	0.0644	0.0337	0.0240	0.0218	0.0208	0.0152
窯業・土石製品	0.0139	0.0146	0.0097	0.0103	0.0102	0.0103
鉄鋼	0.0184	0.0162	0.0119	0.0128	0.0126	0.0118
非鉄金属	0.0147	0.0136	0.0104	0.0105	0.0106	0.0098
金属製品	0.0332	0.0329	0.0246	0.0253	0.0253	0.0255
一般機械	0.0432	0.0370	0.0296	0.0343	0.0337	0.0330
電気機械	0.0590	0.0699	0.0626	0.0521	0.0529	0.0504
輸送機械	0.0612	0.0759	0.0582	0.0576	0.0595	0.0612
精密機械	0.0137	0.0256	0.0210	0.0185	0.0177	0.0176
その他の製造工業製品	0.0700	0.0688	0.0537	0.0618	0.0612	0.0592
建設	0.1368	0.1514	0.1090	0.1111	0.1135	0.1146
電力・ガス・熱供給・水道・廃棄物処理	0.0690	0.0653	0.0549	0.0422	0.0401	0.0367
商業	0.1799	0.0884	0.1757	0.1860	0.1798	0.1768
金融・保険・不動産	0.2232	0.2871	0.2630	0.2750	0.2825	0.2901
運輸	0.0612	0.0710	0.0612	0.0609	0.0607	0.0608
通信・放送	0.0349	0.0397	0.0335	0.0424	0.0433	0.0449
公務	0.0242	0.0128	0.0129	0.0246	0.0256	0.0252
その他の公共サービス	0.2011	0.2342	0.2497	0.2386	0.2344	0.2326
対事業所サービス	0.1027	0.1542	0.1424	0.1646	0.1719	0.1827
対個人サービス	0.0801	0.0969	0.0892	0.0893	0.0894	0.0896
Domarウェイト合計	1.8518	1.8813	1.7361	1.7649	1.7676	1.7574

出典：実積（2003）

表8-11　米国における産業別のDomarウェイトの変動

第1グループ	繊維製品，電力・ガス・熱供給・水道・廃棄物処理，農林水産業，鉱業，石油・石炭製品
第2グループ	その他の製造工業製品，建設，金属製品，一般機械，窯業・土石製品，非鉄金属，食料品，鉄鋼
第3グループ	対個人サービス，公務，輸送機械，運輸，商業，パルプ・紙・木製品，化学製品，電気機械
第4グループ	対事業所サービス，金融・保険・不動産，通信・放送，精密機械，その他の公共サービス

出典：実積（2003）

他ならない。

　次に，わが国の場合と同じ基準で米国の産業を4つのグループに分類したものを表8－11に示す。いくつかの例外が見られるものの，ほとんどの産業について表8－9と同じグループに属している。すなわち，個別産業におけるTFP成長率のマクロ指標への集計ウェイトに関して，日米両国における経年的変化はほぼ同じ傾向を示していることになる。

4　本章のまとめ

　わが国におけるマクロレベルのE.C.要因を分析したことで得られた知見は次のとおりである。競争圧力や産業構造といったE.C.要因が，個別企業のIT投資がマクロ指標に集約されていくプロセスに関与し，IT生産性パラドクスの原因となる可能性が確認できた。

1. わが国の競争環境の観点から見た場合，個別企業レベルにおけるIT化の成果はマクロ経済指標に十分に反映しうる状況にある。すなわち，個別企業におけるIT化は当該企業の利潤拡大ではなく，価格低下を通じて消費者余剰を増大させている可能性が高い。
2. わが国において観察される近年のマクロの労働生産性成長率の大幅な低下は，経済を構成する各産業の労働生産性成長率の低下が主な原因であり，産業構造の変化が独立にもたらす影響は極めて小さい。
3. 日米両国において，マクロ統計に表れた労働生産性改善効果からIT製造業におけるIT革命の効果を類推する場合，過少推計に陥る可能性がある。また，近年の米国マクロ経済に観察される労働生産性成長率の急回復は，個別産業のレベルにおいては，より急激な労働生産性の上昇を意味している可能性があり，日米企業間の労働生産性の格差は見かけ以上に大きいことが予想される。
4. わが国経済は，個別産業におけるTFP改善がマクロ的に観察されにくい構造に変異してきた。したがって，マクロ経済として観察されるTFP成長率は個別産業で観察される動向よりも小さくなっている可能性が高い。

5. 近年の米国の産業レベルでは，マクロ的傾向から予想される以上のTFP改善が発生しているとみられる。

　注意すべきは，これら要因のいずれもが，個別企業の経営努力や政府のイニシアティブによっては如何ともしがたい外生要因に該当することである。したがって，本章のインプリケーションは，マクロ指標上に観察されるIT投資の効果を解釈する際には，そういった外生的E.C.要因を十分に考慮すべきということであり，マクロ指標自体に一喜一憂することは無意味であるということである。

　他方，本章における分析自体に問題がないというわけではない。まず，第2節での仮説検定に利用した関数形については，より詳細な理論的分析を行う余地がある。経済理論と整合的な望ましい関数形の探求は，今後の研究課題である。また，第3節においては産業レベルのデータを用いて分析を行ったが，産業レベルのデータ自体，マクロ経済データと同じく一定の集約データに他ならない。そのため，本章において論じたマクロ経済指標と産業レベルの事象の関係が，産業レベルの指標と個別企業レベルの事象にもそのまま当てはまる。IT投資は産業単位にではなく，あくまでも個別企業によって実施されるものであり，したがってその効果も個別企業レベルで発現するものであるから，マクロのE.C.要因としてウェイトを算出する場合，その単位は個別企業であることが望ましいことは言うまでもない。産業間でIT化の度合いが異なるのと同じく，同一産業に属する企業間でもIT化に対する温度差がありうることから，企業レベルのデータに基づくウェイトを分析しないと，IT生産性パラドクスの原因の解明にはつながらないという見解は極めて正当である。但し，そういった詳細な分析を試みようとした場合，何よりもまずデータ収集上の制約が極めて大きく，現実的ではない可能性が高い。

第9章　望ましいIT化支援政策とは

1　総括・今後の課題

　本書が目指したのは，IT投資の効果を分析するために適切なフレームワークを提案するとともに，当該フレームワークを用いて，IT投資の効果発揮メカニズムを左右する各種要因について実証的に明らかにし，IT投資に係るわが国の状況を説明することであった．本書の主要なメッセージ・結論は，以下の3点に集約できる．

1. 個別企業が行うIT投資がマクロ経済指標に影響を及ぼすためには，投資水準を確保するとともに，E.C.要因が十分に整備されている必要がある．また，IT投資がマクロ経済指標を左右するルートには，経済的なもののみならず，政治・社会的なルートが存在する．

2. わが国のIT化がマクロ経済に対して目に見えるような貢献をしていない理由の1つとして，わが国におけるE.C.要因の未整備や不適合，あるいは産業構造の変化を挙げることができる．したがって，IT化のマクロ的影響を評価するには，産業レベルあるいは企業レベルに焦点を当て，さらに，社会一般への外部性についても検討を拡げる必要がある．

3. 現在，わが国上場企業において整備が進められつつあるE.C.要因の中で，アンケート時点において，その有効性が確認できないものがある．有効性が観察される要因についても，企業生産の質的側面を改善するに

とどまり，生産性の改善のように量的に評価可能な貢献を生み出すまでには至っていない。

実証分析によって明らかになった個別のE.C.要因に係る知見をまとめたものが図9－1である。これらは主として2000年と2001年に実施したアンケートを分析して得られたものであるが，同様の知見は，他のデータでも確認されている。たとえば，西村・峰滝（2004）は，「特定サービス産業実態調査」を用いて日本の情報サービス産業を分析し，米国のコンピュータ産業において劇的な生産性向上をもたらした「モジュール化」[1]戦略（あるいは「アウトソーシング」戦略）が，わが国においてはTFPにマイナスの影響をもたらしていることを明らかにしている。

したがって，実証分析に係る今後の課題リストの筆頭には「わが国企業のIT化に対して真に有益な補完的経営施策の探索」が挙げられる。日本企業におけるIT化の個別実態を調査することで，米国において成果をあげているものとみられる各種経営施策がわが国において所期の効果を発揮できていない理由を明確にする必要もある。加えて，今回の分析枠組みを超えるE.C.要因の調査を行うことも重要である。たとえば，IT化に伴う人員調整のコストを左右する中途採用者向け労働市場の状況や，新規ビジネスの立ち上げの容易性といった外生的な環境要因に着目することも今後の研究課題である。

その他にも，日米以外の比較軸による検討が求められよう。IT化に関して，米国モデルがグローバルスタンダードであるとは限らない。たとえば，携帯電話の普及に関しては，西欧諸国が80％を超える普及率を示し，日米に大きく先んじている[2]。来るべき高度情報通信社会では，モバイル端末による常時

---

[1] 西村・峰滝（2004）では「独立して設計できる小規模なサブシステムを用いて，複雑な製品やプロセスを構築すること」（p.162）と定義され，アウトソーシングが成功する前提条件として位置付けられている。
[2] 2003年12月末時点の携帯電話普及率は，日本66.82％（PHSを含む），米国（プエルトリコを除く）53.46％であるのに対し，「プリペイド携帯電話が広く普及している西欧諸国やアジア・太平洋の一部の地域では，80％を超える普及率を示し，重複保有により普及率が100％を超える国も存在する」（情報通信総合研究所 2004, p.165）。

図9-1　E.C.要因についての検討結果

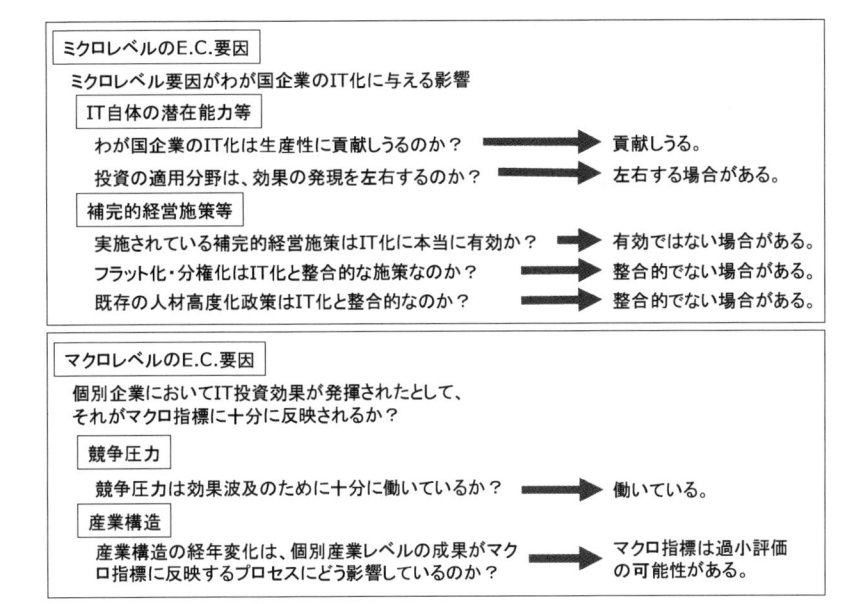

```
┌─────────────────────────────────────────────────────────────────┐
│ ミクロレベルのE.C.要因                                              │
│  ミクロレベル要因がわが国企業のIT化に与える影響                      │
│  ┌─IT自体の潜在能力等──────────────────────────────────────────┐ │
│  │ わが国企業のIT化は生産性に貢献しうるのか？   →  貢献しうる。    │ │
│  │ 投資の適用分野は、効果の発現を左右するのか？ →  左右する場合がある。│ │
│  └───────────────────────────────────────────────────────────┘ │
│  ┌─補完的経営施策等────────────────────────────────────────────┐ │
│  │ 実施されている補完的経営施策はIT化に本当に有効か？ → 有効ではない場合がある。│ │
│  │ フラット化・分権化はIT化と整合的な施策なのか？   → 整合的でない場合がある。│ │
│  │ 既存の人材高度化政策はIT化と整合的なのか？       → 整合的でない場合がある。│ │
│  └───────────────────────────────────────────────────────────┘ │
└─────────────────────────────────────────────────────────────────┘
┌─────────────────────────────────────────────────────────────────┐
│ マクロレベルのE.C.要因                                              │
│  個別企業においてIT投資効果が発揮されたとして、                      │
│  それがマクロ指標に十分に反映されるか？                              │
│  ┌─競争圧力─────────────────────────────────────────────────┐ │
│  │ 競争圧力は効果波及のために十分に働いているか？ → 働いている。     │ │
│  └───────────────────────────────────────────────────────────┘ │
│  ┌─産業構造─────────────────────────────────────────────────┐ │
│  │ 産業構造の経年変化は、個別産業レベルの成果がマク → マクロ指標は過小評価│ │
│  │ ロ指標に反映するプロセスにどう影響しているのか？   の可能性がある。 │ │
│  └───────────────────────────────────────────────────────────┘ │
└─────────────────────────────────────────────────────────────────┘
```

出典：筆者作成

ネットワーク接続あるいはその延長線上にあるユビキタスネットワークが基軸的なインフラストラクチャーとなっていくことが見込まれている。従って，今後の高度情報通信社会における企業活動の在り方を占うものとして西欧の今後が1つの参照モデルを提供するものと思われる。また，携帯電話の普及が急拡大しているアジア各国の状況も大いに参考になろう。IT投資効果発現メカニズムの分析についても，本書において採用した日米比較の視点に加えて，西欧諸国やアジア各国との実証的比較を行うことができれば，分析フレームワークをより精緻かつ公平なものとし，インプリケーションの有効性・頑健性を高めていくことが可能となる。

　また，政治・社会的メカニズムについては，本書では実証分析の対象とはしなかったが，IT化の影響をトータルに把握・分析するためには，この側面についても取り扱っていくべきである。

2　望ましいIT化支援政策［試論］

　本節では，民間企業レベルのIT化を支援するために展開されている政策の必要性と選択された具体的手法の適否という2つの点について，若干の評価・分析を試みる。

　IT化政策の是非を論じるにあたっては，本来，民間部門の自由な意思決定によって推進されるべきIT化に対し政府が介入する必要性を確認しなくてはならない。
　政府の介入を正当化するためには，一般論として，市場メカニズムによってもたらされる資源分配が効率性や公平性の点で問題があること，すなわち「市場の失敗」の存在を指摘することが必要である。しかしながら，「市場の失敗」がある1時点において存在したとしても，その状況が技術革新や自発的交渉等，民間セクターの自助努力により比較的容易に是正可能であれば政府介入を求める必要はない。他方，深刻な情報の非対称性の存在や，一定水準以上の取引コストの発生等により民間のイニシアティブだけでは状況が解決できないような場合，あるいは，解決に至る間の摩擦的損失が社会的・政治的な許容水準を凌駕するものである場合には，重大な「市場の失敗」として政府の介入が正当化される余地がある。
　その他にも，外生的な環境変化等に対する経済メカニズムの自律的調整に時間を要し，その間の市場機会の損失，あるいは外国企業による国内市場席巻が，当該国の経済厚生に重大な負の影響をもたらす場合には政府による介入が必要とされる。
　ただし，仮に重大な「市場の失敗」が存在するとしても，実際に政府の介入が発動されるためには，それが資源の有効活用の面から見て「効率的」であること，すなわち「政府の失敗」（政府介入によって引き起こされる非効率性）の規模が「市場の失敗」等がもたらす厚生損失よりも小さいことが保証されなくてはならない。「政府の失敗」は，規制者である政府と被規制者である企業の間の情報の非対称性や，第4章2－4節に示したような民主主義的意思決定過程の非効率（いわゆる「Arrowの不可能性定理」）や政府と国民の間の行動目的の不整合（プリンシパル・エージェント問題），あるい

は利益集団による政策形成過程への介入（レント・シーキング）等により，効率的ではない規制が執行されること，あるいは効率的に設計されていたはずの規制が非効率的に執行されることによってもたらされる。規制改革に関するOECD報告書（OECD 1997）によると，不適切な規制は，当該セクターの生産コストや価格を高止まりさせ，プロダクト・イノベーションやサービス品質の改善にマイナスの影響を与える[3]。もたらされる「政府の失敗」が「市場の失敗」よりも深刻なものであるならば，政府による介入等の措置を採らずに現状に甘んじることが「効率性」の観点からは望ましい選択となる。

　本書第3章では，IT投資は広範な外部性を生む可能性があることを示し，第4章では，その効果波及の経路が経済的な範囲にはとどまらないことを論じた。そういった外部効果あるいは波及効果は，市場経済体制の下では，ITを導入しようとする個別企業の意思決定には十分には反映されないので，実現される市場均衡は，通常，パレート最適性を満たさない。すなわち，資源配分に関する「市場の失敗」が，IT投資に関しては恒常的に生じている可能性が高い。加えて，第6章および第7章の分析によれば，企業の経営体制や高等教育システムがIT化の求めるものに十分には対応していないために，企業がITの潜在能力を十分に活用できず，そのため投資水準が低位かつ過少にとどまっているという状況が示唆された。経営体制は企業文化と密接不可分であり，教育システムの革新にはさまざまな政治的・社会的ハードルが存在する現状を考えると，IT投資の過少性という問題が一朝一夕に解決することは期待できない。

　要約すれば，わが国企業のIT化は，①IT投資の水準がそもそも過少であり，しかも，②当該投資には外部性があるため民間のイニシアティブに委ねた場合にはパレート最適性を満たさない結果しかもたらさない，という二重の非効率性を抱えている。さらに，民間のイニシアティブだけに委ねておい

---

[3] 具体的には次の5つの影響がもたらされるとしている。①企業の効率化インセンティブが削がれ資源配分ロスが生じる。②競争が阻害されるために超過レントが発生する。③サービスや製品に対する規制の結果，規模・範囲の経済性が十分に発揮されない。④政府・企業・消費者に多大な規制遵守コストを課す。⑤企業の研究開発やイノベーションが不十分にしか進まない。

たのでは，それらの解決は短期的には期待できないという状況にも直面している。したがって，経済活動の効率性を高める目的で，民間企業のIT投資意欲を刺激するとともに，ITの活用に伴う問題点の解決を支援するという役割を政府が果たすことを正当化できる余地は十分にあるものと解される。

その場合，次の着目点は，そういった「市場の失敗」が，政府の介入を要請するほどに重大であるか否か，言い換えれば，予想される「政府の失敗」を超える非効率性を発生させているのかどうかである。現時点では十分な判断材料がないのでこの点に関する見解は留保せざるを得ない。ただ，アンケート調査実施時点において，わが国の国際競争力の低下[4]がマスコミや産業界において注目され，多くの国民に問題視されていたという事実を考慮すれば，IT化のテンポを速めることで生産性改善を通じた競争力回復に貢献する政策を展開することが，経済的にはともかく，政治的には望ましい選択であったと思われる。

「政府の失敗」を凌駕する規模の深刻な「市場の失敗」が存在し，政府介入が正当化されたとしよう。その場合，具体的にどのような政策が採られるべきなのかが次の論点である。

IT投資が大きな外部性を有するため，あるいは，その波及メカニズムが経済的な範囲にとどまらないために，市場メカニズムに委ねておいたのでは最適な資源配分がもたらされないという問題点に対しては，公共経済学等の分野で議論されてきた様々な介入手段が考慮可能である。たとえば，外部性の問題については民間セクターに対する関連情報の提供やピグー税等の間接的規制手段が検討できる（三友・実積 1997a）。E.C.要因の未整備等の理由により企業のIT投資が過少にとどまるという点についても，同様の手段で個別企業の意思決定に対して影響を与える政策の適用がありうる。

---

[4] たとえば，World Economic Forum が発表した Global Competitiveness Report 2001-2002（Schwab et al. 2001）では，成長競争力指数（1人当たり GDP をベースに，IT 等の科学技術レベルやマクロ経済の実態から見た将来の経済成長力を総合評価したもの）に関し，景気の低迷からなかなか抜け出せない日本は，シンガポール（4位），台湾（7位）や香港（13位）を下回る 21 位と評価されていた。

第9章　望ましいIT化支援政策とは

図9－2　IT化支援政策

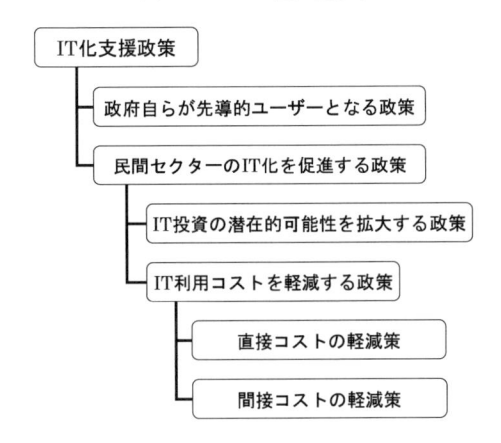

```
IT化支援政策
├─ 政府自らが先導的ユーザーとなる政策
└─ 民間セクターのIT化を促進する政策
   ├─ IT投資の潜在的可能性を拡大する政策
   └─ IT利用コストを軽減する政策
      ├─ 直接コストの軽減策
      └─ 間接コストの軽減策
```

出典：筆者作成

　図9－2は，IT化支援のために過去において実際に活用されてきた政策手法の分類を試みたものである[5]。市場経済を基本とするわが国においてIT化を促進するために政府が採ってきた政策は，「自らが先導的ユーザーとしてIT化を積極的に行うこと」，および，「民間セクターにさらなるIT化を進めるための直接的な動機付けを与えること」，の2つに大別することができる。IT基本戦略における重点政策分野の1つである「電子政府の実現」やe-Japan重点計画における「行政の情報化および公共分野におけるIT活用の推進」は前者の具体例である。

　民間セクターのIT化を促進するという後者の政策は，「IT投資の潜在的可能性を拡大する政策」，および，「ITを利用する際に（ユーザーである民間企業が）負担しなければならないコストを軽減することを通じて企業のIT投資に対する意欲を刺激する政策」，という2種類に分けることができる。前者の具体例が，IT関連の研究開発の推進とその成果の周知であり，e-Japan

---

[5] もちろん，ある政策の目的が必ずしも単一である必要はない。したがって，複数の目的を追求する政策の場合には複数のカテゴリーに属する可能性もある。

計画の課題リストには常に「研究開発の推進」が含まれている。「研究開発促進税制」や「開発研究用設備の特別償却制度」による IT 関連企業の研究開発への支援も同じカテゴリーに属する政策である。

　IT 化に伴いユーザー企業が負担すべきコストを削減する政策の例としては，まず，企業が導入する IT 機器そのもののコスト（直接コスト）を軽減する政策を挙げることができる。たとえば，「中小企業投資促進税制」は一定の条件を満たす IT 機器を取得する場合に特別償却や税額控除を認め，また，1999 年度から 2 年間にわたって実施された「特定情報通信機器の即時償却制度」（いわゆる「パソコン減税」）では，一定の条件の下で，IT 機器の取得金額全額について当該年度での損金算入を認めていた。産業用ロボット，NC 工作機械，電気通信設備などのメカトロニクス機器の導入を促進することで中小企業の生産性向上及び経営近代化を図ることを目指す「中小企業新技術体化投資促進税制」（「メカトロ税制」）も同じカテゴリーに含まれる。最近のものとしては，自社利用の IT 投資に対する優遇措置を定めた「IT 投資促進税制」（2003 年 1 月 1 日より適用）を挙げることができる。

　IT 導入の間接コストに着目した政策もある。2001 年より全国自治体で開催された IT 講習会，学校へのパソコンやインターネットの導入，さらには IT 教育プログラム受講に対する支援[6]は，一般国民の IT リテラシー向上を目的とした公共財・サービスの提供であるのと同時に，企業が IT 化に際して負担すべき従業員教育コストを分担するという効果を持つ。政府が主体となって電子商取引ルールを確立・整備することも，IT 導入に伴う間接コストの削減に寄与する。政府・地方自治体が公共事業としてネットワークインフラを整備し低廉な料金で民間の事業活動に開放することにも同様の効果が期待できる。総務省は 1991 年以来，移動通信用鉄塔施設整備事業を実施し，携帯電話等の移動通信サービスが使えない状態を解消することで地域間の情報格差の是正を目指してきている。これは電気通信事業者の地域展開を支援する措置であるが，同時に，民間企業が IT 機器・システムを利用してビジネスを行うための環境整備を公的に支援する措置としての一面も有する。福岡

---

[6] 厚生労働省が推進する「教育訓練給付制度」等がその具体例である。

県が整備している「ふくおかギガビットハイウェイ」[7]は民間セクターに対し事業目的を問わず無料で開放されているが，企業のネットワーク化を支援することで，個別企業のIT投資の価値を高める効果が期待できる。

さて，IT化に対する対応として図9－2に分類された政策群のなかで，従来（e-Japan戦略が採用される以前），主要ツールとして位置付けられてきたのは，税制上の措置等を通じてIT機器のコスト（IT化の直接コスト）を補助する直接的支援策と，公的インフラの整備であった。

企業が負担すべき直接コストを軽減することでIT化のテンポを上げるという直接的支援策は即効性が期待できるが，一方で，市場の価格メカニズムに直接介入するため，経済効率性の観点からは問題がある。すなわち，支援によってもたらされる相対価格の人為的な歪みが，新たな非効率性の源泉となり，経済厚生に対してマイナスのインパクトを生じさせ，支援策の効果を減殺してしまう。のみならず，E.C.要因の整備が不十分な状況下での投資拡大は，より深刻な生産性パラドクスを発生させる[8]。新規にIT投資を行った企業が，補完的要因の未整備あるいは不適合により，十分な成果を享受できなかった場合，投資マインドの冷え込みにつながり，景気の悪化を引き起こす可能性もある。2005年2月の月例経済報告で「景気は，一部に弱い動きが続いており，回復が緩やかになっている」と評されているように，わが国経済が本来あるべき力強さを取り戻すまでに至っていない点を考慮すれば，そうした事態はできる限り避けるべきである。

直接コスト削減政策に対し，民間企業のE.C.要因の整備を支援することを通じてIT化の間接コストを削減する方策は，新規投資の誘引の面からも，既存のITストックの有効活用の面からも，より望ましい影響をもたらすものと思われる。直接コスト削減策が新規投資の促進を通じたIT資産の増大にしか貢献しないのに対し，間接コスト削減は，当該効果に加え，すでに蓄積されたIT資産の有効活用を実現する。わが国企業も長期にわたる景気低

---

[7] 福岡県HP「http://www.pref.fukuoka.lg.jp/wbase.nsf/doc/gigabit_sumary.htm」
[8] 第7章5節を参照のこと。

迷の下，米国ほどではないにせよ，積極的にIT資産の蓄積を進めてきたところであり，2000年の民間IT投資は設備投資全体の23.5%を占める20.8兆円に達し，IT資本ストックは民間資本ストック全体の4.0%に達している（図1－2および図1－3）。そのため，間接コスト削減によりE.C.要因が改善された場合，その効果が及ぶ対象は巨大であり，大きな経済的効果が期待できる。

もちろん，間接コストを削減するための政策も，直接コスト補助と同じく市場メカニズムへの攪乱要因となり，効率性ロスをもたらす危険性がある。しかしながら，間接コストとして議論される対象には，公教育の改善や市場取引ルールの整備など，従来，市場メカニズムを通じた価格付け自体がなされていなかったものが少なからず含まれ，そういった財については現状以上に厚生が悪化する懸念は小さい。

加えて，ネットワークインフラ整備事業は，直接的に当該施設を利用するユーザーにとどまらず広範な波及効果を持つ。政府のイニシアティブが存在せずに，相互排他的なインフラが民間主体によって競合的に整備されるような場合には長期間にわたる厚生損失が発生する可能性がある。電子商取引に関する取引ルールの確立については，インフラ整備と同様の波及効果が期待できる上に，非競合性・排除不可能性という「純公共財」としての性格も備えている。波及効果の大きな財や純公共財は市場メカニズムに委ねておいたのでは不十分な整備しか進まず，公的介入を行うことによりパレート効率性改善に大きく寄与する[9]。

以上の諸側面を考慮した場合，同じ費用をかけるのであれば，直接コスト削減ではなく間接コスト削減に対して支出する方が，より望ましい結果が期待できよう。

同様に，政府自らが先導的ユーザーとなる「電子政府」構想，あるいは「IT関連の研究開発の推進」に関しても一定の効果が期待できる。

---

[9] 反面，インフラやルールを公的主体によって一元的に整備することは技術を当該時点で固定することにほかならず，採用技術の陳腐化による厚生損失を発生させうる。

政府自らがITユーザーとなる場合，IT化が政府活動の効率化をもたらすことが直接的効果としてまず期待される。e-Japan戦略IIにおいては，「効率的で質が高く，24時間365日ノンストップ・ワンストップの行政サービスを提供する」ことの実現が目指されている。

加えて，政府のIT化は，「政治・社会的メカニズムを通じた波及」（第4章2節）を改善するものであり，わが国の政治・行政システムの合理化・効率化により望ましい社会発展を実現するという効果を発揮する。e-Japan戦略IIでも，政府部門の効率化により「国民が必要な時に政治，行政，司法部門の情報を入手し，発言ができるようにすることで，広く国民が参画できる社会を形成する」ことが目標として掲げられている。のみならず，政府部門のIT化は，国民・民間企業に対し「電子的に公的手続を完結できる環境の創出」という公共財を提供することであり，それは企業IT化の環境条件の1つを整えることに他ならず，「間接コストの軽減策」という性質を併せ持つ。政府内部プロセスのIT化の現状および問題点を公開し[10]，企業内IT化のひな形として提供することを通じて，（たとえ反面教師であったとしても）民間セクターに対して「参照モデル」を提示するという貢献も期待できる。そういった点を政策の「効果」として評価することで，電子政府という政策をIT化支援策として正当化できる可能性は高まるものと思われる。

ただし，こういった効果を得るためには，導入されたITが潜在能力を遺憾なく発揮できる体制を構築することが必要である。しかしながら，市場圧力にさらされず，かつ，雇用システム等の変革に大きな政治的抵抗が予想される政府組織に，民間企業に先んじた形での自己変革の実現を望むことは困難であり[11]，政府機関が民間セクター以上のペースでIT親和的なE.C.要因

---

[10] 電子政府については，そのHP「http://www.e-gov.go.jp」で情報公開されている他，情報通信白書等において現状および問題点がまとめられている。
[11] たとえば，1980年代後半から実験・試行が繰り返され，近年，徐々に普及しつつあるテレワークが，国家公務員を対象に試行されたのは，民間に10年以上後れた1997年10月からである。詳細については，1997年10月23日付け郵政省報道発表資料を参照（日本郵政公社HP「http://www.japanpost.jp/pressrelease/japanese/sonota/971023j901.html」）。なお，2005年1月からは，総務省職員を対象に新たな実験が開始された（総務省HP「http://www.soumu.go.jp/s-news/2004/041227_13.html」）。

を整備していくことは期待できない。そのため，政府自身が先導的ユーザーとなるという政策については実行上の困難が予想できる。

　関連の研究開発を行うことによってITの限界生産力が上昇すれば，民間企業のIT投資はより促進される。研究開発の成果は一般に公共財としての性質を色濃く持つため，とりわけ，製品開発に直結しない基盤的研究開発において国や公共研究機関のイニシアティブが果たす役割は大きい。また，汎用技術であるITはその応用範囲が広大であるため，関連の技術開発は大きな外部経済を生じさせる。こういった点に着目すれば，ITの研究開発が公共政策として推進されることには十分な根拠がある。個別企業の視点から見れば，公的機関による研究開発は自らの研究開発の肩代わりであり，IT利用コスト（間接コスト）の削減をもたらす。

　本書に示した実証分析の結果も補完的経営施策の不適合がIT投資効果の発現を妨げていること，すなわち，問題点はIT投資そのものにではなく，それを活用する環境整備が不十分な点にあることを示唆している。そのため，IT利用の際に企業が負担しなければならない間接コストの削減策や，政府部門のIT化を通じた情報提供，公共財の提供等の措置が効果を発揮する可能性は高い。第7章5節のモデル分析からは，企業の既存の経験をIT環境の下でうまく活かす方策を提案すること，あるいは，ITによって損なわれる経験の価値を補完する施策の採用を支援すること等が政府の支援政策として要請されるが，これも企業の間接コスト削減につながる。

　以上の観点からすれば，IT基本戦略の重点4分野（表1-1），高度情報通信ネットワーク社会形成基本法第35条2項2～6号に基づく5つの重点政策分野（表1-2），および，同条2項7号に基づく横断的課題（表1-3）のいずれについても，個別企業のIT投資に直接の影響を及ぼそうとするものではなく，ITを活用する場合の間接コストの軽減化を目指すものであると評価できるため，IT振興のための政策としては的を射ていると判定できる。

　本節の議論を締めくくる前に，政策評価に関して1点指摘しておく。

IT投資がマクロ指標にどういった影響を及ぼすかについては，産業構造の変化等に左右されるため，マクロ的パフォーマンス自体に一喜一憂することは適当ではないことは第8章で明らかにしたとおりである。そのため，IT化支援政策の事後評価を行う場合，マクロ指標のみを判断基準とすることは適当ではなく，産業レベル（可能であれば企業レベル）のパフォーマンスの改善度合いに基づくことが望ましい。しかしながら，マクロ集計レベルの数値を取り扱う既存の公的統計では，政策判断に必要な分析結果を十分な精度で得ることが難しい。そのため，マクロレベル，セミマクロレベルの公的統計の充実・改善が望まれるとともに，個別企業レベルにおけるIT投資効果の発現態様をなんらかの形で把握することが必要となる。マクロレベルの統計については，近年，国際比較の観点からIT関連の統計量を修正し相互に整合的なものとする試みがJorgenson & Motohashi（2003）や元橋（2003）によってなされており，今後の展開が期待される。他方，個別企業レベルに関しては，本研究のように個別企業を対象にしたアンケート調査に基づく緻密な分析を蓄積していくことが主要なアプローチであろう。

3 結語

本書の実証分析からは，わが国企業のIT化に対する平均的な姿は次のように要約できる。

> 相当数の企業にとって，IT化の水準は過少にとどまっており，引き続きIT化を進めることが有益である。また，新聞や各種の経営関連誌上でIT化と同時に進めるべきとされている経営体質改善やビジネスモデルの転換を行っている企業は，自らが実施しているIT化の潜在能力に応じた成果を享受できていない。

「まえがき」に記したとおり，本書の現状認識は原論文（実積 2003）を執筆した2002年時点を基調とするものであり，したがって，この結論が本書出版時点の日本企業の姿とはそのまま重ならない可能性がある。とはいう

ものの，本書と整合的な最新の研究結果も存在することからみて，得られた知見は（たとえば形式知の取り扱いに必ずしも習熟してはいないといった）日本の企業文化の根底を流れる特質をある程度反映していると思われる。

　しかしながら，本書で示された知見を，わが国企業がIT技術を採用するにあたり，今後，時間を超えて永続的に妥当する普遍的知見であると解釈することもまた適切ではない。たとえば，IT導入に際しては一定の補完的経営施策の整備が必要であるという本書の分析フレームワークは，従来までのビジネスモデルや，社内外の人材育成システム等がITの活用を十分に想定して構築されたものではないという状況を前提条件として組み立てられている。「ITに革新性があり，したがって，既存の経験が十分に活かされない」という第7章で用いられたモデルの構築時にあたっても同じ条件が暗黙裏に前提とされている。したがって，IT化がさらに進展し，社会経済システムがIT環境に相応しい構造変化を成し遂げた後には，本書で展開されてきた議論は前提条件を維持できず妥当性を喪失してしまう。

　わが国社会のIT化が円滑に進展した暁には，ITは極めて普通の（あるいは基本的な）技術となり，新規のIT機器の導入は，過去の生産活動の経験と親和的であり，そのため，新しい経営施策やビジネスモデルを採用したり，IT化のために特段の人事配置や自己啓発施策を展開したりする必要性はなくなり，「生産性パラドクス」といった事象が生じる余地は存在しない。

　つまるところ，本書の知見は，「ITが新規技術である」という命題が成立している間のスナップショットに過ぎず，「IT導入に際し，日本企業に本来的に内在している特徴・問題点を捉えたもの」というよりは，「従来とは大きく異なる新規技術の導入に際し，日本企業に内在している特徴・問題点を捉えたもの」であり，アンケート実施時点において，たまたまITが「従来とは大きく異なる新規技術」に該当していただけかもしれない。したがって，ITの普及が一巡した段階において，本書の議論が依然として適用可能な分野があるとすれば，それは，ナノテクノロジーやロボットテクノロジーといった次世代のフロンティア技術であろう。

　本書が今後のわが国のIT化の促進，あるいは，産業・社会の高度化を論じる際の一助となれば，筆者にとって望外の幸せである。

補論 1　第 6 章で用いたデータの作成方法

1　総生産高 Y

　日経 NEEDS の企業財務データベースに収録されているデータから以下の算式に従い在庫調整済売上高の名目値を得る。但し，「商品・製品在庫変化」や「半製品・仕掛品在庫変化」のデータがない場合には，当該在庫変動をゼロと仮定している。

　　「売上高・営業収益」
　　　　± 「商品・製品在庫変化」± 「半製品・仕掛品在庫変化」

　当該名目値を，各産業の生産物に対応する「製造業部門別投入・産出物価指数」「総合卸売物価指数」「消費者物価指数」「企業向けサービス価格指数」（いずれも日経総合経済ファイルに収録）で 1999 年度を基準に実質化した値を，第 6 章における「総生産高」として用いた。

2　雇用者数 l

　日経 NEEDS の企業財務データベースに収録されている年度末「従業員数」の 2 期平均として年央従業員数を算出し，当該年度の雇用者数として用いた。

3　資本ストック k

　日経 NEEDS の企業財務データベースを用い，恒久棚卸法（Perpetual

Inventory Method : PI 法）に基づき各年度当初時点における有形固定資産ストックを，「総合卸売物価指数需要段階別・用途別指数」（日経総合経済ファイルに収録）を用いて 1999 年度を基準に実質化した値として算出し，第 6 章で用いる「資本ストック」としている。PI 法の利用に際しては，ベンチマークを 1969 年とし，Hayashi & Inoue (1991) の補論で示された手法を参考にしている。

4　中間投入量 X

日経 NEEDS の企業財務データベースに収録されているデータから以下の算式に従い名目値を得る。但し，「原材料・貯蔵品在庫変化」のデータがない場合には，当該在庫変動をゼロと仮定している。

「売上原価・営業原価」＋「販売費および一般管理費」
　　－「（製）労務費・福利厚生費」－「（製）（うち減価償却費）」
　　－「（販）役員報酬・賞与」－「（販）人件費・福利厚生費」
　　－「（販）（うち減価償却費）」±「原材料・貯蔵品在庫変化」

当該名目値を，各産業に対応する「製造業部門別投入・産出物価指数」，「総合卸売物価指数」（いずれも日経総合経済ファイルに収録）を用いて 1999 年度を基準に実質化した値を，第 6 章における「中間投入」として用いた。

5　資本稼働率 γ_k

製造業に属するサンプルに対しては，経済産業省資料により稼働率を割り当てた。製造業に属さない企業については同省の全産業活動指数あるいは第 3 次産業活動指数の対前年比あるいは過去 5 年間における最高値との比率を当該年度の稼働率とみなした。

6 労働稼働率 γ_L

　企業内失業の可能性を考慮するために，資本稼働率に類似の概念として労働稼働率を用いる。但し，本説明変数を既存データ等から入手することができないため，企業内失業が存在する場合，労働稼働率は当該企業の資本稼働率と同じである（$\gamma_L = \gamma_k$）と仮定した。一方，企業内失業がない場合については，$\gamma_L = 100\%$ である。

7 従業員1人当たりIT支出 S

　アンケートで得られた「情報関連諸経費合計」を，「総合卸売物価指数 精密機器」（日経総合経済ファイルに収録）で1999年度を基準に実質化したものを，雇用者数lと労働稼働率γ_Lを掛け合わせた値で除した数値を従業員1人当たりIT支出として用いた。この際，ITが現実の生産にインパクトを及ぼすまでの時間ラグを考慮し，各年度の値を翌年度の総生産高に対するインプットとして取り扱っている。

8 主成分得点として得られる変数

　主成分分析は，多変量データから変量間の相関をなくし，かつ元のデータの持つ変動に関する情報を極力失うことなく，より低次元の指標に統合しようとするものである。本手法についての理論的解説については，刈屋（1985）等に簡潔に取りまとめられている。

8-1 質的向上効果指数 Q

　企業が生み出すアウトプットの質的改善の程度は，アンケートで得られた回答を主成分分析の手法を用いて統合することで得られた指標（主成分得点）によって計測できると仮定した。固有ベクトルについては次表のとおり。

表A1-1　質的向上効果指数

1997年度から99年度にかけての業務改善状況	固有ベクトル
顧客層が拡大	0.3344
顧客・取引先に応じた製品・サービスの提供が容易化	0.4494
主力製品・サービスに対する顧客・取引先の満足度が向上	0.4240
製品・サービスの開発から販売までに要する時間が短縮	0.3528
経営層の意思決定に要する時間が短縮	0.3832
中間管理層の意思決定に要する時間が短縮	0.4066
他企業との情報交換、交流、連携が容易化	0.2643
固有値（第1主成分）	2.902
寄与率	41.450%

出典：筆者作成

8-2　情報処理効率改善効果指数　*ITQ*

　企業の情報処理効率の改善効果についても，アンケートで得られた回答を主成分分析の手法を用いて統合することで得られた指標によって計測できると仮定した。固有ベクトルについては次表のとおり。

表A1-2　情報処理効率改善効果指数

IT投資に直接由来する業務改善状況（2000年1月時点）	固有ベクトル
会社が取り扱う情報・データの量が増加	0.1934
会社が取り扱う情報・データの質が向上	0.2358
情報・データが迅速に収集可能	0.2734
情報・データ収集のためのコストが低下	0.2510
情報・データの高度・精緻な分析が可能	0.2922
企業間の連絡効率が向上	0.3086
企業間の取引コストが低下	0.2123
他社の情報入手が容易化	0.3037
自発的な情報発信が容易化	0.3464
物理的な移動を伴わずに交渉が可能	0.2606
他企業との交流の場に関する情報収集が容易化	0.3179
新製品、新規サービス、新業態が創造	0.2619
顧客・取引先からの問合せ、コミュニケーションが増加	0.3061
固有値（第1主成分）	4.285
寄与率	32.961%

出典：筆者作成

補論2　第8章で用いたデータの作成方法

1　資産収益率　ROA

　日経NEEDSの企業財務データベースに収録されている「使用総資本経常利益率」および「使用総資本利益率」を，本章における「資産収益率」として用いた。

2　ITストック　k_{IT}

　ITストックについては，ハードウェアのみを考慮した「IT資本ストック」と，ソフトウェア資産を加味した「IT資本ストック＋ソフトウェア資産」の2種類を考慮している。

　「IT資本ストック」については，アンケートで得られた「ハードウェア関連費用」から2種類の推計を行った。まず，当該数値の全額を，パーソナルコンピュータ以外の電子計算機に適用される法定減価償却スケジュールと同様のスケジュールで支出されているものと仮定し，法定償却率（5年間の減価償却期間に対応する定率法による償却率 0.369）で割り戻すことにより，ストック額を算出した。また，急速な技術進歩を加味し，購入年度で単年度償却されてしまうことを仮定してストック額を算出するバージョンも考慮することにした。

　一方，「ソフトウェア資産」については，急速な技術進歩と，頻繁なバージョンアップを考慮し，購入年度で単年度償却されてしまうことを仮定した。そのため，アンケートで得られた「ソフトウェア関連費用」をそのまま「資

産」として計上している。

なお，すべての金額は「総合卸売物価指数 精密機器」（日経総合経済ファイルに収録）で1999年度を基準に実質化されている。また，本章で採用された算出方法は，データの限界を考慮したセカンドベストの方法に過ぎないことに留意されたい。

3　雇用者数 l

日経NEEDSの企業財務データベースに収録されている年度末「従業員数」の2期平均として年央従業員数を算出し，当該年度の労働投入として用いた。

4　労働稼働率 γ_L

企業内失業の可能性を考慮するために，資本稼働率に類似の概念として労働稼働率を用いる。但し，本説明変数を既存データ等から入手することができないため，企業内失業が存在する場合，労働稼働率は当該企業の資本稼働率と同じである（$\gamma_L = \gamma_k$）と仮定した。一方，企業内失業がない場合については，$\gamma_L = 100\%$である。

5　売上高増加率 SG

日経NEEDSの企業財務データベースに収録されている「増収率（前年比）」を用いた。

6　労働装備率 CI

日経NEEDSの企業財務データベースに収録されている「労働装備率」を用いた。同比率は，有形固定資産合計2期平均から建設仮勘定2期平均を差し引いたものを年央従業員数で除して算出されている。

参考文献

Akerlof, G.A. (1970). The Market for "Lemons": Quality Uncertainty and the Market Mechanism. *Quarterly Journal of Economics*, 84(3), 488-500.

Allen, D. (1997). Where's the Productivity Growth (from the Information Technology Revolution)? *Federal Reserve Bank of St. Louis Review*, 79(2), 15-25.

Arrow, K.J. (1963). *Social Choice and Individual Values*, 2nd ed. New Haven: Yale University Press.

Autor, D.H., Levy, F. and Murnane, R.J. (2000). Upstairs, Downstairs: Computer-Skill Complementarity and Computer-Labor Substitution on Two Floors of A Large Bank. *NBER Working Paper*, 7890.

Autor, D.H., Levy, F. and Murnane, R.J. (2001). The Skill Content of Recent Technological Change: An Empirical Exploration. *NBER Working Paper*, 8337.

Baily, M. and Chakrabarti, A. (1988). *Innovation and the Productivity Crisis*. Washington, D.C.: The Brookings Institution.

Baily, M.N. and Lawrence, R.Z. (2001). Do We Have a New E-conomy? *AEA Papers and Proceedings*, 91(2), 308-312.

Baltagi, B.H. (1995). *Econometric Analysis of Panel Data*. New York: John Wiley & Sons.

Barua, A., Kriebel, C.H. and Mukhopadhyay, T. (1995). Information

Technology and Business Value: An Analytic and Empirical Investigation. *Information Systems Research*, 6(1), 3-23.

Bresnahan, T.F., Brynjolfsson, E. and Hitt, L.M. (1999). Information Technology, Workplace Organization, and the Demand for Skilled Labor: Firm-Level Evidence. *NBER Working Paper*, 7136.

Bresnahan, T.F., Brynjolfsson, E. and Hitt, L.M. (2002). Information Technology, Workplace Organization, and the Demand for Skilled Labor: Firm-Level Evidence. *Quarterly Journal of Economics*, 117(1), 339-376.

Breusch, T.S. and Pagan, A.R. (1980). The Lagrange Multiplier Test and Its Applications to Model Specification in Econometrics. *Review of Economic Studies*, 47(1), 239-254.

Brynjolfsson, E. (1993). The Productivity Paradox of Information Technology. *Communications of the ACM*, 36(12), 67-77.

Brynjolfsson, E. and Hitt, L.M. (1995). Information Technology as a Factor of Production: The Role of Differences among Firms. *Economics of Innovation and New Technology*, 3(4), 183-200.

Brynjolfsson, E. and Hitt, L.M. (1996). Paradox Lost? Firm-level Evidence on the Returns to Information Systems Spending. *Management Science*, 42(4), 541-558.

Brynjolfsson, E. and Hitt, L.M. (1997). Computing Productivity: Are Computers Pulling Their Weight? *Mimeo*.

Brynjolfsson, E. and Hitt, L.M. (1998). Beyond the Productivity Paradox: Computers are the Catalyst for Bigger Changes. *Communications of the ACM*, 41(8), 49-55.

Brynjolfsson, E. and Hitt, L.M. (2000). Computing Productivity: Firm-level Evidence. *MIT Working paper*.

Brynjolfsson, E. and Yang, S. (1996). Information Technology and Productivity: A Review of the Literature. *Advances in Computer*, 43, 179-214.

Brynjolfsson, E. and Yang, S. (1997). The Intangible Costs and Benefits of Computer Investments: Evidence from the Financial Markets. *Proceedings of the International Conference on Information Systems*, Atlanta, Georgia, December.

Clemons, E.K. (1991). Evaluation of Strategic Investments in Information Technology. *Communications of the ACM*, 34(1), 22-36.

Conger, J.A. and Kanungo, R.N. (1988). The Empowerment Process: Integrating Theory and Practice. *Academy of Management Review*, 13(3), 471-482.

Cooper, W.W., Seiford, L.M. and Tone, K. (1999). *Data Envelopment Analysis: A Comprehensive Text with Models, Applications, References and DEA-Solver Software*. Boston: Kluwer Academic Publishers.

Corrado, C. and Slifman, L. (1999). Decomposition of Productivity and Unit Costs. *American Economic Review*, 89(2), 328-332.

Council of Economic Advisors [CEA] (2002). *The Annual Report of The Council of Economic Advisors*. (萩原伸次郎[監訳] (2002).「2002年経済諮問委員会年次報告」『週刊エコノミスト臨時増刊6月3日号』)

David, P.A. (1990). The Dynamo and the Computer: An Historical Perspective on the Modern Productivity Paradox. *American Economic Review*, 80(2), 355-361.

Dean, E.R. (1999). The Accuracy of the BLS Productivity Measures. *Monthly Labor Review*, 122(2), 24-34.

Dewan, S. and Kraemer, K.L. (1998). International Dimensions of the Productivity Paradox. *Communications of the ACM*, 41(8), 56-62.

Dewan, S. and Kraemer, K.L. (2000). Information Technology and Productivity: Evidence from Country-Level Data. *Management Science*, 46(4), 548-562.

Domar, E.D. (1961). On the Measurement of Technological Change.

Economic Journal, 71(284), 709-729.

Doms, M., Dunne, T. and Troske, K.R. (1997). Workers, Wages, and Technology. *Quarterly Journal of Economics*, 112(1), 253-290.

European Commission (2000). *Report of the Conference on 21-22 February 2000: Towards a Sustainable Information Society*. European Commission.

Farrel, J. and Saloner, G. (1985). Standardization, Compatibility, and Innovation. *Rand Journal of Economics*, 16(1), 70-83.

Farrel, J. and Saloner, G. (1986). Installed Base and Compatibility: Innovation, Product Preannouncements, and Predation. *American Economic Review*, 76(5), 940-955.

Faucheux, S. (1997). Technological Change, Ecological Sustainability and Industrial Competitiveness. In Dragun, A. K. and Jakobsson, K. M. (eds.), *Sustainability and Global Environmental Policy: New Perspectives* (pp. 131-148). Cheltenham, UK: Edward Elgar Publishing.

Fischer, S. (1988). Symposium on the Slowdown in Productivity Growth. *Journal of Economic Perspectives*, 2(4), 3-7.

Franke, R.H. (1987). Technological Revolution and Productivity Decline: Computer Introduction in the Financial Industry. *Technological Forecasting and Social Change*, 31, 143-154.

Gordon, R.J. (2000). Does the New Economy Measure up to the Great Inventions of the Past? *Journal of Economic Perspectives*, 4(14), 49-74.

Greene, W.H. (2000). *Econometric Analysis*, 4th ed. New Jersey: Prentice Hall.

Greenspan, A. (1997). *Testimony of Chairman Alan Greenspan*. The Federal Reserve's Semiannual Monetary Policy Report, Before the Committee on Banking, Housing, and Urban Affairs. U.S. Senate, July 22.

Greenwood, J. and Jovanovic, B. (1998). Accouting for Growth. *NBER Working Paper*, 6647.

Griliches, Z. (1988). Productivity Puzzles and R&D: Another Nonexplanation. *Journal of Economic Perspectives*. 2(4), 9-21.

Gullickson, W. and Harper, M.J. (1999). Possible Measurement Bias in Aggregate Productivity Growth. *Monthly Labor Review*, 122(2), 47-67.

Hall, R.E. and Jorgenson, D.W. (1967). Tax Policy and Investment Behavior. *American Economic Review*, 57(3), 391-414.

浜屋敏 (2000). 「ITの活用と企業パフォーマンス」(LS研ホームページ: 会報 79号).

Hammer, M. (1990). Reengineering Work: Don't Automate, Obliterate. *Harvard Business Review*, July-August, 104-112.

Hausman, J.A. (1978). Specification Tests in Econometrics. *Econometrica*, 46, 1251-1271.

Hayashi, F. and Inoue, T. (1991). The Relation Between Firm Growth and Q with Multiple Capital Goods: Theory and Evidence from Panel Data on Japanese Firms. *Econometrica*, 59(3), 731-753.

林敏彦 (1992). 「ネットワーク経済の構造」 林敏彦・松浦克己(編)『テレコミュニケーションの経済学 寡占と規制の世界』 東洋経済新報社, 123-143.

Helpman, E. and Trajtenberg, M.A. (1998). Time to Sow and a Time to Reap: Growth Based on General Purpose Technologies. In Helpman, E. (ed.), *General Purpose Technologies and Economic Growth* (pp.55-84). Cambridge: The MIT Press.

Hitt, L.M. and Brynjolfsson, E. (1996). Productivity, Business Profitability, and Consumer Surplus: Three Different Measures of Information Technology Value. *MIS Quarterly*, 20(2), 121-142.

Hornstein, A. (1999). Growth Accounting with Technological Revolutions. *Federal Reserve Bank of Richmond Economic Review*, 85(3), 1-22.

Hulten, C.R. (1978). Growth Accounting with Intermediate Inputs. *The Review of Economic Studies*, 45(3), 511-518.

井上哲也 (1997). 「情報化関連産業の成長とその捕捉における問題について」『金融研究』 16(4), 55-82.

井上哲也 (1998). 「情報技術革新による経済へのインパクトと金融政策のあり方について」『金融研究』 17(4), 93-128.

伊丹敬之・伊丹研究室 (2001). 『日本企業の戦略と行動　情報化はなぜ遅れたか』 NTT出版.

IT戦略会議 (2000). 「IT基本戦略」

IT戦略本部 (2001a). 「e-Japan2002プログラム－平成14年度IT重点施策に関する基本方針－」

IT戦略本部 (2001b). 「e-Japan重点計画－高度情報通信ネットワーク社会の形成に関する重点計画－」

IT戦略本部 (2001c). 「e-Japan重点計画概要」

IT戦略本部 (2001d). 「e-Japan戦略」

IT戦略本部 (2002). 「e-Japan重点計画－2002」

IT戦略本部 (2003a). 「e-Japan戦略Ⅱ」

IT戦略本部 (2003b). 「e-Japan重点計画－2003」

IT戦略本部 (2004a). 「e-Japan戦略Ⅱ加速化パッケージ」

IT戦略本部 (2004b). 「e-Japan重点計画－2004」

IT戦略本部 (2004c). 「IT国際政策の基本的考え方」

International Telecommunication Union [ITU] (2003). *ITU Internet Reports: Birth of Broadband: Executive Summary*.

岩井孝夫 (2001). 「失敗に学ぶ情報化のポイント」『日経コンピュータ』 2001年1月1日号～12月17日号.

岩井孝夫・加藤三智子 (2000). 「失敗に学ぶ情報化のポイント」『日経コンピュータ』 2000年4月10日号～12月18日号.

実積寿也 (1996). 「テレコミューティングの波及効果－労働者の住居移転と通勤混雑の緩和を中心に－」『郵政研究所月報』9(6), 4-18.

実積寿也 (1999). 「テレワークによる都市構造変化」（『新時代の都市計画

第6巻 高度情報化と都市・地域づくり』(平本一雄編著)所収 第3章第1節) ぎょうせい.

実積寿也 (2003). 「情報化投資効果の発現要件と経済波及メカニズムの解明」(博士論文) 早稲田大学大学院国際情報通信研究科.

Jitsuzumi, T., Mitomo, H. and Oniki H. (2000). Contributions of ICT to Sustainable Information Society: Managerial, Macroeconomic, and Environmental Impacts in Japan. *Report of the Conference on 21-22 February 2000: Towards a Sustainable Information Society*, 62-65.

実積寿也・三友仁志・鬼木甫 (2001). 「わが国企業および産業における IT 投資の効果発現メカニズムについて－micro-macro linkages に関する日米比較－」『日本地域学会第 38 回年次大会学術発表論文集』501-506.

Jitsuzumi, T., Mitomo, H. and Oniki, H. (2001). ICTs and sustainability: the managerial and environmental impact in Japan. *Foresight*, 3(2), 103-112.

Jitsuzumi, T., Mitomo, H. and Oniki, H. (2002). IT Investment in Japan: A Look at the Factors Leading to Underperformance. *The ITS 14th Biennial Conference, Session G1 (Investment, Productivity and the Digital Divide)*, 75-97.

実積寿也・三友仁志・鬼木甫 (2002). 「わが国企業および産業における IT 投資の効果発現メカニズム－日本型シナリオの特徴の探索－」『地域学研究』 32(1), 231-244.

Jorgenson, D.W. (1963). Capital Theory and Investment Behavior. *American Economic Review*, 53(2), 247-259.

Jorgenson, D.W. and Motohashi, K. (2003). Economic Growth of Japan and the United States in the Information Age. *RIETI Discussion Paper Series*, 03-E-015.

Jorgenson, D.W. and Stiroh, K.J. (1999). Information Technology and Growth. *American Economic Review*, 89(2), 109-115.

Jorgenson, D.W. and Stiroh, K.J. (2000a). Raising the Speed Limit: U.S. Economic Growth in the Information Age. *Brookings Papers on Economic Activity*, 0(1), 125-211.

Jorgenson, D.W. and Stiroh, K.J. (2000b). U.S. Economic Growth at the Industry Level. *American Economic Review*, 90(2), 161-167.

Jorgenson, D.W., Gollop, F.M. and Fraumeni, B.M. (1987a). *Productivity and U.S. Economic Growth*. New York: toExcel.

Jorgenson, D.W., Kuroda, M. and Nishimizu, M. (1987b). Japan-U.S. Industry-Level Productivity Comparison, 1960-1979. *Journal of Japanese and International Economics*, 1(1), 1-30.

(株)情報通信総合研究所(2004). 『情報通信アウトルック 2005 IT 大競争時代を迎えて』 NTT 出版.

神戸伸輔(2004). 「入門 ゲーム理論と情報の経済学第 12 回 情報の経済学から見た日本の人事システム」『経済セミナー』 No.590, 60-68.

唐澤徹(2003). 『情報化投資による日本企業の生産性向上に対する組織構造改革および人的資本形成の相乗効果に関する実証的研究』(修士論文) 早稲田大学大学院国際情報通信研究科.

唐澤徹・実積寿也・三友仁志(2004). 「日本企業の生産性向上に対する情報化・組織構造改革・人的資本形成の相乗効果」『公益事業研究』56(1), 25-33.

刈屋武昭(1985). 『計量経済分析の基礎と応用』 東洋経済新報社.

経済企画庁調査局(2000a). 「IT 化が生産性に与える効果について－日本版ニューエコノミーの可能性を探る－」『政策効果分析レポート No.4』

経済企画庁調査局(2000b). 『日本経済の現況 2000』 大蔵省印刷局.

岸本哲也(1998). 『公共経済学 [新版]』 有斐閣.

北村行伸(1997). 「コンセプチュアライゼーションが経済に与える影響のメカニズムに関する展望－経済史および経済学からの論点整理－」『金融研究』 16(4), 83-113.

Klein, L.R. (1962). *An Introduction to Econometrics*. Englewood Cliffs: Prentice Hall. (大石泰彦[監修] 河野博忠[訳] (1988). 『計量経済学入

門』創元新社)

Korte, W.B. and Wynne, R. (1995). *Telework: Penetration, Potential and Practice in Europe.* Amsterdam: IOS Press.

高度情報通信社会推進本部 (1998).「高度情報通信社会推進に向けた基本方針」

高度情報通信社会推進本部 (1999).「高度情報通信社会推進に向けた基本方針-アクション・プラン-」

Kraemer, K. (2001). The Productivity Paradox: Is it Resolved? Is There a New One? What Does It All Mean for Managers. *Center for Research on Information Technology and Organizations Working Paper.*

Krugman, P. (1997). Seeking the Rule of the Waves. *Foreign Affairs*, 76(4), 136-141.

Lichtenberg, F.R. (1995). The Output Contributions of Computer Equipment and Personnel: A Firm-level Analysis. *Economics of Innovation and New Technology*, 3, 201-217.

Lipsey, R.G., Bekar, C. and Carlow, K. (1998). What Requires Explanation? In Helpman, E. (ed.), *General Purpose Technologies and Economic Growth* (pp.15-54). Cambridge: MIT Press.

Lucas, H.C. (1999). *Information Technology and the Productivity Paradox: Assessing the Value of Investment in IT.* New York: Oxford University Press.

Malone, T. (1997). Is Empowerment Just a Fad? *Sloan Management Review*, 38(2), 23-35.

Mas-Colell, A., Whinston, M.D. and Green, J.R. (1995). *Microeconomic Theory.* Oxford: Oxford University Press.

松平 Jordan (1997).「情報化がマクロ経済に与える影響」『FRI Review』1(2), 21-38.

松平 Jordan (1998).「日本企業における IT 投資の生産性」『FRI 研究レポート』37, 1-13.

Milgrom, P. and Roberts, J. (1990). The Economics of Modern Manufacturing: Technology, Strategy, and Organization. *American Economic Review*, 80(3), 511-528.

Milgrom, P. and Roberts, J. (1992). Economics, Organization & Management. New York: Prentice Hall. (奥野正寛・伊藤秀史・今井晴雄・西村理・八木甫[訳] (1997). 『組織の経済学』NTT 出版).

峰滝和典 (2000). 「日本の IT 革新と生産性② (ミクロ分析) IT 利用目的別の効果を推計 EDI では生産性押し下げも」『東洋経済統計月報』2000/11, 22-25.

三友仁志 (1995). 『通話の経済分析 外部性と料金の理論』日本評論社.

三友仁志・実積寿也 (1997a). 「テレコミューティングの私的効果と社会的効果」『平成 8 年度情報通信学会年報』 1-13.

三友仁志・実積寿也 (1997b). 「テレコミューティングが都市交通の混雑緩和に及ぼす影響」『高速道路と自動車』 26-31.

Mitomo, H. and Jitsuzumi, T. (1999). Impact of Telecommuting on Mass Transit Congestion: the Tokyo case. *Telecommunications Policy* 23(10/11), 741-751.

三友仁志・実積寿也・鬼木甫 (2001). 「情報通信技術による Sustainable Society の実現可能性とわが国における情報化投資の現状」『平成 12 年度 情報通信学会年報』 1-14.

三浦隆之 (2000). 「企業規模の内部的な規定要因は何か？－O.E.Williamson の最適企業規模モデルを手がかりにして－」『福岡大学商学論叢』 45(3), 265-303.

Moe, M. and Blodgett, H. (2000). *The Knowledge Web*. Merrill Lynch & Co., Global Services Research & Economics Group, Global Foundation Equity Research Department.

Morrison, C.J. and Berndt, E.R. (1991). Assessing the Productivity of Information Technology Equipment in the U.S. Manufacturing Industries. *NBER Working Paper*, 3582.

元橋一之 (2003). 「ニューエコノミーの定量的把握：IT 統計の現状と課題」

『経済統計研究』 31(3), 1-18.
Moulton, B.R. and Seskin, E.P. (1999). A Preview of the 1999 Comprehensive Revision of the National Income and Product Accounts: Statistical Changes. *Survey of Current Business*, 79(10), 6-17.
Moulton, B.R., Parker, R.P. and Seskin, E.P. (1999). A Preview of the 1999 Comprehensive Revision of the National Income and Product Accounts: Definitional and Classificational Changes. *Survey of Current Business*, 79(8), 7-20.
室田泰弘(編訳) (2002). 『ディジタル・エコノミー2002/03』 東洋経済新報社.
Nievelt, M.C.A.van. (1999). Benchmarking Organizational and IT Performance. In Willcocks, L.P. (ed.), *Beyond The IT Productivity Paradox* (pp.99-119). John Wiley & Sons, Chichester.
日本金融通信社 (2002). 「IT 意識調査 オフィスでのパソコン満足度」『Financial Information Technology』 (5), 4-10.
(社)日本サテライトオフィス協会(編) (1996).『日本のテレワーク人口調査研究報告書』(社)日本サテライトオフィス協会.
(社)日本テレワーク協会テレワーク白書編集委員会(編) (2000). 『テレワーク白書 2000』 (社)日本テレワーク協会.
Nilles, J.M. (1998). *Managing Telework: Strategies for Managing the Virtual Workforce*. John Wiley & Sons, New York.
西村和雄 (1995). 『ミクロ経済学入門 第2版』 岩波書店.
西村清彦・峰滝和典 (2004). 『情報技術革新と日本経済:「ニュー・エコノミー」の幻を超えて』 有斐閣.
Nonaka, I. and Takeuchi, H. (1995). *The Knowledge-Creating Company: How Japanese Companies Create the Dynamics of Innovation*. New York: Oxford University Press. (梅本勝博[訳] (1996).『知識創造企業』東洋経済新報社).
Nordhaus, W.D. (1972). The Recent Productivity Slowdown. *Brookings*

Paper on Economic Activity, 3, 493-536.

Oliner, S.D. and Sichel, D.E. (1994). Computers and Output Growth Revisited: How Big Is the Puzzle? *Brookings Papers on Economic Activity*, 0(2), 273-317.

Oliner, S.D. and Sichel, D.E. (2000). The Resurgence of Growth in the Late 1990s: Is Information Technology the Story? *FRB Finance and Economics Discussion Series Paper*, 2000-20, March.

Organization for Economic Co-operation and Development [OECD] (1997). *The OECD Report on Regulatory Reform Volume II: Thematic Studies*. Paris: OECD Publications.

Parthasarthy, R. and Sethi, S.P. (1993). Relating Strategy and Structure to Flexible Automation: A Test of Fit and Performance Implications. *Strategic Management Journal*, 14(7), 529-549.

Polanyi, M. (1966). *The Tacit Dimension*. London: Routledge & Kegan Paul.

Roach, S.S. (1989). America's White-Collar Productivity Dilemma. *Manufacturing Engineering*, August, 104.

Roach, S.S. (1991). Services Under Siege—The Restructuring Imperative. *Harvard Business Review*, 39(2), 82-92.

齋藤克仁 (2000a). 「ITの生産性上昇効果についての国際比較」『日本銀行国際局ワーキングペーパーシリーズ』 00-J-3.

齋藤克仁 (2000b). 「情報化関連投資を背景とした米国での生産性上昇」『日本銀行調査月報』2000(2), 71-105.

Saures, F.F., Cusumano, M.A. and Fine, C.H. (1995). An Empirical Study of Flexibility in Manufacturing. *Sloan Management Review*, 37(1), 25-32.

Schauer, T. (2000). What are the Conditions for a Sustainable Information Society? In European Commission, *Report of the Conference on 21-22 February 2000: Towards a Sustainable Information Society* (pp.45-48). European Commission.

Schmalensee, R. (1976). Another Look at the Social Valuation of Input Price Changes. *American Economic Review*, 66(1), 239-243.

Schwab, K., Porter, M.E., and Sachs, J.D. (2001). *The Global Competitiveness Report 2001-2002: World Economic Forum*. Oxford University Press.

Shafer, S.M. and Byrd, T.A. (2000). A Framework for Measuring Efficiency of Organizational Investments in Information Technology Using Data Envelopment Analysis. *Omega*, 28, 125-141.

(財)社会経済生産性本部 (2000a).『季刊生産性統計 (鉱工業・第三次産業)』(財)社会経済生産性本部.

(財)社会経済生産性本部 (2000b).『労働生産性の国際比較 (2000 年版)』(財)社会経済生産性本部.

(財)社会経済生産性本部 (2002).『労働生産性の国際比較 (2002 年版)』(財)社会経済生産性本部.

篠崎彰彦 (2003).『情報技術革新の経済効果−日米経済の明暗と逆転−』日本評論社.

Slifman, L. and Corrado, C. (1996). Decomposition of Productivity and Unit Costs. *Occasional Staff Studies*, OSS-1. Washington, D.C.: Federal Reserve Board.

Solow, R. M. (1956). A Contribution to the Theory of Economic Growth. *Quarterly Journal of Economics*, 70(1), 65-94.

Solow, R. M. (1957). Technical Change and the Aggregate Production Function. *Review of Economics and Statistics*, 39(3), 312-320.

Solow, R. M. (1960). Investment and Technical Progress. In Arrow, K.J., Karlin, S. and Suppes, P. (eds.), *Mathematical Methods in the Social Sciences 1959, Proceedings of the First Stanford Symposium* (pp.89-104). Stanford: Stanford University Press.

Solow, R. M. (1987). We'd Better Watch Out. *New York Times Book Review*, July 12, 36.

総務省(編) (2002). 『情報通信白書 平成14年版』 ぎょうせい.
Stiglitz, J.E. (1974). Growth with Exhaustible Natural Resources: Efficient and Optimal Growth Paths. *Review of Economic Studies, Symposium Volume*, 123-137.
Stiroh, K.J. (1998). Computers, Productivity, and Input Substitution. *Economic Inquiry*, 36(2), 175-191.
Stiroh, K.J. (2001a). Information Technology and the U.S. Productivity Revival: What Do the Industry Data Say? *Federal Reserve Bank of New York, Staff Reports*, 24(115).
Stiroh, K.J. (2001b). Investing in Information Technology. Federal Reserve Bank of New York. *Current Issues in Economics and Finance*, 7(6), 1-6.
Stoneman, P. (1995). Introduction. In Stoneman, P. (ed.), *Handbook of the Economics of Innovation and Technological Change* (pp.1-13). Oxford: Blackwell Publishers.
スピンクス, W.A. (1995). 「危機管理にテレワークを」平成7年4月29日付け日本経済新聞.
Tallon, P.P., Kraemer, K.L. and Gurbaxani, V. (2000). Executives' Perceptions of the Business Value of Information Technology: A Process-Oriented Approach. *Journal of Management Information Systems*, 16(4), 145-173.
田村正紀 (2000). 「IT導入が儲けに繋がらない理由」『PRESIDENT』2000年10月30日号, 122-127.
Thomas, K.W. and Velthouse, B.A. (1990). Cognitive Elements of Empowerment: An 'Interpretive' Model of Intrinsic Task Motivation. *Academy of Management Review*, 15(4), 666-681.
Thomas, R. and Naughton, K. (2001). The Confused Economy: Is The Business Cycle Dying? *Newsweek*, June 18, 26.
刀根薫 (1993). 『経営効率性の測定と改善―包絡分析法DEAによる―』日科技連出版社.

Triplett, J.E. (1999). Economic Statistics, the New Economy, and the Productivity Slowdown. *Business Economics*, 34(2), 13-17.

(財)運輸経済研究センター (1993).『平成2年大都市交通センサス解析調査報告書』(財)運輸経済研究センター.

U.S. Department of Commerce [DOC] (1999). *The Emerging Digital Economy II.*

U.S. Department of Commerce [DOC] (2002). *Digital Economy 2002.*

U.S. Department of Transportation [DOT], Federal Highway Administration (1993). *Transportation Implications of Telecommuting*, April. Washington D.C.: Government Printing Office.

Varian, H.R. (1992). *Microeconomic Analysis*, 3rd ed. New York: W.W.Norton & Company.

Varian, H.R. (1999). *Intermediate Microeconomics: A Modern Approach*, 5th ed. New York: W.W.Norton & Company.

Weber, S. (1997). The End of the Business Cycle? *Foreign Affairs*, 76(4), 65-82.

Weill, P. (1990). *Do Computers Pay Off?* Washington D.C.: ICIT Press.

Whelan, K. (2000). Computers, Obsolescence, and Productivity. *FRB, Finance and Economics Discussion Series Paper*, 2000-6.

White, H. (1980). A Heteroskedasticity-consistent Covariance Matrix Estimator and a Direct Test for Heteroskedasticity. *Econometrica*, 48(4), 817-838.

Willcocks, L.P. and Lester, S. (1999). In Search of Information Technology Productivity: Assessment Issues. In Willcocks, L.P. and Lester, S. (eds.), *Beyond the IT Productivity Paradox* (pp.69-97). New York: John Wiley & Sons.

Williamson, O.E. (1967). Hierarchical Control and Optimum Firm Size. *Journal of Political Economy*, 75(2), 123-138.

World Commission on Environment and Development [WCED] (1987).

  Our Common Future. Oxford: Oxford University Press.（環境庁国際環境問題研究会[訳]（1987）.『地球の未来を守るために』福武書店).

Xue, M. and Harker, P.T. (1999). Overcoming the Inherent Dependency of DEA Efficiency Scores: A Bootstrap Approach. *Mimeo*.

屋井鉄雄・岩倉成志・伊東誠（1993）.「鉄道ネットワークの需要と余剰の推計法について」『土木計画学研究・論文集』 No.11, 81-88.

吉岡完治（1989）.『日本の製造業・金融業の生産性分析』 東洋経済新報社.

郵政研究所（1995）.『2030年における我が国の労働力需給予測に関する調査報告書』 郵政研究所.

郵政省（1996）.『環境負荷低減型情報通信システムの普及方策に関する調査研究報告書』 郵政省.

著者略歴

実 積 寿 也（じつづみ・としや）

九州大学大学院経済学研究院助教授，博士（国際情報通信学），M.B.A. (Finance)，総務省情報通信政策研究所特別研究員。

1963 年生まれ。
1986 年　東京大学法学部卒業，郵政省入省。
1991 年　ニューヨーク大学 L.N.スターン経営大学院修了。
2003 年　早稲田大学大学院国際情報通信研究科修了。

総務省郵政研究所主任研究官，長崎大学経済学部助教授，日本郵政公社郵政総合研究所プロジェクト研究部長等を経て 2004 年より現職。

主な論文

"Impact of telecommuting on mass transit congestion : the Tokyo case"（共著），1999, *Telecommunications Policy*, Vol. 23, No. 10/11, pp. 741-751.

"Measuring DEA efficiency in cable television network facilities : what are appropriate criteria for determining the amounts of governmental subsidies?"（共著），2003, *Socio-Economic Planning Sciences*, Vol.37, No. 1, pp. 29-43.

「わが国企業および産業における IT 投資の効果発現メカニズム―日本型シナリオの特徴の探索―」（共著）2002 年『地域学研究』，32 巻 1 号，pp. 231-244.

「ネットワーク産業規制の平行進化―信書便市場の競争促進策―」2004 年『情報通信学会誌』，第 22 巻第 2 号（通巻第 75 号），pp. 73-80.

IT 投資効果メカニズムの経済分析
―― IT 活用戦略と IT 化支援政策 ――

2005 年 8 月 30 日初版発行

著　者　実　積　寿　也
発行者　谷　　隆　一　郎
発行所　㈶九州大学出版会
　　　　〒812-0053　福岡市東区箱崎 7-1-146
　　　　　　　　　　九州大学構内
　　　　電話 092-641-0515（直通）
　　　　振替 01710-6-3677
　　　　印刷／九州電算㈱・大同印刷㈱　製本／篠原製本㈱

© 2005 Printed in Japan　　　　　　ISBN4-87378-874-9